Krönung · Die Bank der Zukunft

AF003403

Hans-Dieter Krönung

Die Bank der Zukunft

Plattformen schaffen, Flexibilität und Leistungsfähigkeit sichern

Die Deutsche Bibliothek – CIP-Einheitsaufnahme

Krönung, Hans-Dieter:
Die Bank der Zukunft : Plattform schaffen, Flexibilität und
Leistungsfähigkeit sichern / Hans-Dieter Krönung. -
Wiesbaden : Gabler, 1996

ISBN-13: 978-3-322-82607-7   e-ISBN-13: 978-3-322-82606-0
DOI: 10.1007/978-3-322-82606-0

Der Gabler Verlag ist ein Unternehmen der Bertelsmann Fachinformation.

© Betriebswirtschaftlicher Verlag Dr. Th. Gabler GmbH, Wiesbaden 1996
Softcover reprint of the hardcover 1st edition 1996
Lektorat: Silke Strauß

Das Werk einschließlich aller seiner Teile ist urheberrechtlich geschützt. Jede Verwertung außerhalb der engen Grenzen des Urheberrechtsgesetzes ist ohne Zustimmung des Verlags unzulässig und strafbar. Das gilt insbesondere für Vervielfältigungen, Übersetzungen, Mikroverfilmungen und die Einspeicherung und Verarbeitung in elektronischen Systemen.

Höchste inhaltliche und technische Qualität unserer Produkte ist unser Ziel. Bei der Produktion und Verbreitung unserer Bücher wollen wir die Umwelt schonen: Dieses Buch ist auf säurefreiem und chlorfrei gebleichtem Papier gedruckt. Die Einschweißfolie besteht aus Polyäthylen und damit aus organischen Grundstoffen, die weder bei der Herstellung noch bei der Verbrennung Schadstoffe freisetzen.

Die Wiedergabe von Gebrauchsnamen, Handelsnamen, Warenbezeichnungen usw. in diesem Werk berechtigt auch ohne besondere Kennzeichnung nicht zu der Annahme, daß solche Namen im Sinne der Warenzeichen- und Markenschutz-Gesetzgebung als frei zu betrachten wären und daher von jedermann benutzt werden dürften.

Umschlaggestaltung: Schrimpf und Partner, Wiesbaden
Satz: Fotosatz L. Huhn, Maintal

ISBN-13: 978-3-322-82607-7

Für meine „Mädels"
Konny, Julia, Teresa und Sophia

Zum Geleit

Dramatische Wettbewerbsveränderungen und insbesondere die Entwicklung in der Informationstechnologie dynamisieren die Veränderungszyklen in der Branche der Finanzdienstleister – der Begriff Bankenbranche greift hier schon zu kurz – in nie gekanntem Ausmaß. Sie bringen Herausforderungen für ein Management, das bisher eher in einem statischen Umfeld agierte und dessen Verhalten von Konformität geprägt war. Dieses Spannungsfeld zwischen neuen Anforderungen und – bisher ausreichenden – Managementfähigkeiten bildet den Nährboden, auf dem der Siegeszug angeblich neuer Managementkonzepte – wie Lean Banking, TQM, Reengineering, etc. – gedeihen kann und die jedem Unternehmen den Erfolg in Aussicht stellen, solange nur rezeptgetreu verfahren wird.

Aber auch ein tieferer Blick in die herkömmlichen, ökonomisch fundierten Strategie-, Organisations- und Managementtheorien erkennt keine Erklärungsansätze für wirklich komplexe – also komplizierte und dynamische – Prozesse, wie sie der dauerhafte Aufbau eines Kompetenz- oder Wettbewerbsvorteils für Unternehmen darstellt. Diese Kluft zwischen konzeptionellen Erklärungsansätzen und den Beobachtungen in der Realität des praktischen Bankgeschäfts haben Hans-Dieter Krönung in den letzten Jahren unserer gemeinsamen beruflichen Tätigkeit stark beschäftigt, und wir haben uns in vielen Diskussionen über dieses Phänomen auseinandergesetzt.

Das vorliegende Buch, in dem der Autor nun seine Überlegungen zusammengefaßt hat, reiht sich nicht ein in die Liste der zahllosen Bücher zu modernen Managementansätzen, sondern will mit seinen unkonventionellen Thesen einen Leitfaden geben, eine neue Art des Denkens zu lernen. Es ist ein Buch für jene, die wirklich etwas verändern wollen und die keine Angst vor dem unorthodoxen Denken haben. So soll der Leser dem Verfasser in die Welt der naturwissenschaftlichen Beobachtungen folgen, um am Beispiel des furchtbaren Ausbruches des Vulkans Krakatau im vorigen Jahrhundert Ausmaß und Wirkung von eruptiven Veränderungen zu verstehen oder in der dargestellten Auseinandersetzung mit den verhaltensbiologischen Analysen und Modellen zu einem neuen Verständnis von Wettbewerb und Strategie geführt werden.

Der Leser wird keine Patentlösungen für sich finden, aber das Buch gibt ihm immer wieder Hilfestellungen für eine notwendigerweise individuell zu formulierende Geschäftsstrategie, indem es die individuelle Positionierung und die bestehenden Kompetenzen kritisch in Frage stellt. Dem einen oder anderen wird sich während der Lektüre auch die Frage stellen, ob er nun Manager, Verwalter oder Architekt sein will – oder kann.

Hans-Dieter Krönung will als Manager Architekt sein, und für beides gilt wohl, daß man große Werke nur aufbauen bzw. die Zukunft nur gestalten kann, wenn man sie zuerst als Vision entwirft.

Frühjahr 1996 DR. HANS-RUDOLF FLESCH
MITGLIED DES VORSTANDES DER DG BANK

Inhaltsverzeichnis

Zum Geleit 7

Einleitung 13

Kapitel 1:
Katastrophen, Evolution und Wettbewerb 23

1. Krakatau und das Katastrophenmanagement der Natur . . 23
2. Das „elektronische" Krakatau im Finanzdienstleistungsmarkt 27
3. Richtung und Kraft als Motivatoren der Veränderung 37

Kapitel II:
Das Prinzip der konkurrenzbedingten Ausschließlichkeit . . . 43

1. Das Wesen der Differenzierung 43
2. Information als zentrales Bankprodukt 48
3. Differenzierungsmuster im deutschen Bankenmarkt 57
4. Personal und Systeme als Hebel zur Differenzierung 76

Kapitel III:
Organisation als Wettbewerbsvorteil 81

1. Anforderungen an die Bankorganisation der Zukunft 81
2. Reorganisationsansätze im deutschen Bankenmarkt 83
3. Die Bedeutung der Aufbauorganisation für den Unternehmenserfolg 94
4. Geschäftsprozeß und Geschäftsprozeßverantwortung als zentrale Ansatzpunkte für den Unternehmenserfolg 96

Kapitel IV:
Die Plattform-Organisation 105

1. Plattform als organisatorisches Leitbild 105
2. Prozeßdefinition als strategische Fragestellung 109
3. Die Plattform-Organisation als Management-Konzept für die Bank der Zukunft 118
4. Plattform-Organisation und Kernerfolgsfaktoren 127

Kapitel V:
Sinn und Unsinn der Kundensegmentierung 135

1. Bill Gates' Welt 135
2. Regionalprinzip und alternative Vertriebssysteme 138
3. Dialog und Einzelkunden-Marketing 141
4. Vom Massengeschäft zum Einzelkunden-Management ... 144
5. Das Einzelkunden-Management in der Plattform-Organisation 150
6. Die Bedeutung der Informationstechnologie für Einzelkunden-Management und Lebenszeitbetrachtung 154
7. Organisatorische Imperative für die individualkundenorientierte Bank 158

Kapitel VI:
Die Renaissance des Produktes 163

1. Standardprodukt und Standardinstrument 163
2. Geschäftsfeldentwicklungen 165
3. Erfolgsmuster, Qualität und Sortiment 174
4. Das Produkt als Vertriebsimpuls 178
5. Die Produktkonzeption in der Plattform-Organisation ... 185

Kapitel VII:
Fluch und Segen der Informationstechnologie 189

1. „Strategic Alignment" der Informationstechnologie 189
2. Kosten-Nutzen-Management 196
3. Der Plattformansatz in der Informationstechnologie 205
4. Die logische Zielarchitektur der Bank der Zukunft 211
5. Informationstechnologie und Plattform-Organisation 219

Kapitel VIII:
Engpaßfaktor Personal 223

1. Mensch, Information und Motivation 223
2. „Change Management" als Herausforderung 229
3. Anforderungsprofile in der Plattform-Organisation 236
4. Erfolgsgeheimnis Führung 240

Kapitel IX:
Wettlauf mit der Zeit 245

1. Vielfalt im Wettbewerb der Zukunft 245
2. „Structure follows Strategy" 247
3. Mut zum Wandel 250

Einleitung oder „Was will dieses Buch"?

Konrad Lorenz, der Mitbegründer und Nestor der vergleichenden Verhaltensforschung, hat einmal gesagt: „Die Menge an Traditionen, die von einer Generation über Bord geworfen werden muß, nimmt von Generation zu Generation zu." In Zeiten der Veränderung und des gesellschaftlichen oder wettbewerblichen Wandels sind Erfahrung und Routine daher mitunter eine Belastung, denn sie erschweren es, Bekanntes und Bewährtes „über Bord zu werfen".

Wir leben zweifellos in einer Zeit des rasanten und dramatischen Wandels „von der atomaren zur digitalen" Welt, wie Negroponte es formuliert. Die Umwälzungen in der Gesellschaft und in den Märkten haben auch das Bankgewerbe erfaßt, eine Branche, die sich noch bis vor kurzem in einem quasi wettbewerbsfreien Raum wähnte. Und wenn Hilmar Kopper, der Sprecher des Vorstandes der größten deutschen Bank, mit den Worten zitiert wird, sein Haus werde sich in den kommenden fünf Jahren stärker verändern als in den vergangenen fünfzig, so ist dies zweifelsohne mehr als eine Drohung an den Wettbewerb oder die eigenen Mitarbeiter; es macht deutlich, daß sich auch in Bankenkreisen die Erkenntnis durchgesetzt hat, daß nachhaltige Veränderungen notwendig sind, um im Wettbewerb dauerhaft bestehen zu können.

Von den Umwälzungen im Markt und im Wettbewerb sind dabei nicht nur große, im internationalen Geschäft tätige Banken betroffen. Vor allem auch der breite Kreis der kleinen und mittleren Institute, der „bankgewerbliche Mittelstand" der Sparkassen und Volks- und Raiffeisenbanken sowie der Spezialinstitute, ist von den Veränderungen direkt betroffen. Die technologischen Möglichkeiten des Home-Banking, des Direct-Banking, des Discount-Brokerage usw. tragen den Wettbewerb mit zum Teil völlig neuen Wettbewerbern in jedes Wohnzimmer und jedes Büro.

Wesentliche traditionelle Wettbewerbsvorteile gerade der kleineren Banken werden dadurch in Frage gestellt, wie z.B. die räumliche Nähe zum Kunden und die besseren Informationen über den Kunden und seine Bedürfnisse. Vielleicht wird Cartellieri also doch recht behalten, der schon 1990 sagte: „Im Inlandsgeschäft der Banken wird das Angebot an Standardprodukten nur von den Anbietern mit der größten Kostendegression durchgehalten werden können, d. h. von rationellen Großanbietern. Auch hier hat die einzelne Volksbank, Sparkasse oder Regionalbank mit dem Standardangebot etwa dieselbe Chance wie der Tante-Emma-Laden gegen durchrationalisierte Ketten mit ihrer dahinterstehenden effizienten Einkaufs- und Vertriebsstruktur."

Die Technologie ist eine ganz wesentliche Triebfeder für die Veränderungen im Bankenmarkt. Sie führt zu einer nahezu vollkommenen Transparenz über die Märkte, was das Verharren einzelner Wettbewerber in bestimmten regionalen oder produkt- bzw. kundenspezifischen Nischen sehr viel schwieriger macht. Die Technologie ermöglicht neuen Wettbewerbern, wie z.b. Software-Herstellern oder Netzanbietern, in das Geschäft mit Finanzdienstleistungen einzudringen. Andere, ehemals traditionelle Geschäftsfelder der Banken, wie die KFZ-Finanzierung, sind ja bereits fast vollkommen in den Händen der „Near-Banks" bzw. der Bankentöchter von Herstellern. Die internationalen Kapitalmärkte und die verschärften aufsichtsrechtlichen Bestimmungen tun ein übriges, um das Management der Banken vor immer neue Herausforderungen zu stellen.

Aus welcher Sicht man es auch immer betrachten mag, der deutsche Bankenmarkt befindet sich in einem strukturellen Wandel. Ob man es als längst überfällige Aufbruchstimmung begrüßt oder den Verlust traditioneller Werte bedauert, ist unerheblich, denn der Wandel ist nicht aufzuhalten. Man muß sich auf ihn einstellen. In dieser bewegten Zeit setzt in vielen Banken eine nicht immer produktive Hektik ein. Viele Banken folgen beinahe wie die Lemminge allen „neuen" Vertriebsinstrumenten und -kanälen, wie auch immer die individuellen Kosten-Nutzen-Analysen aussehen mögen. Im Internet vertreten zu sein oder nicht, erscheint schon fast als eine Schicksalsfrage.

Nur nicht den Anschluß verlieren, heißt die Devise in einer Branche, in der in der Vergangenheit und zum Teil auch heute noch nur darauf geachtet wurde (und wird), die Dinge bloß nicht anders als andere Banken zu handhaben. Konformität war und ist vielfach das kennzeichnende Strukturmuster des Denkens und Handelns im deutschen Bankenmarkt. Beobachtet man die jetzt in vielen Teilen des Marktes aufkommende Umtriebigkeit der Banken, hat man mitunter den Eindruck, es werde nach dem Motto verfahren: Als sie die Orientierung verloren, verdoppelten sie die Geschwindigkeit.

So muß es nicht verwundern, daß für das in der Fülle der operativen Themen des Tagesgeschäftes stehende und operative Fragen stellende Bankmanagement ein eigener Markt entstanden ist, der operative Fragen beantworten helfen will. Konferenzen, Publikationen und Berateraufträge boomen wie nie mit Schlagworten wie Lean-Banking, Total-Quality-Management, Business-Reengineering und vielem mehr. Industrielle Erfolgsrezepte werden auf die Banken übertragen, als sei eine Bank im Grunde nichts anderes als ein Chemieunternehmen oder ein Maschinenbauer. Es ist ein wenig wie in der Zeit der Wunderheiler und Rattenfänger, eine Zeit, über die wir doch gerne milde lächeln.

Die Herausforderung an das Bankmanagement von heute ist vor allem die Bewältigung der enormen Komplexität des Geschäftes. Der grundlegende Unterschied zu den Veränderungsprozessen in der Vergangenheit ist, daß sich nicht mehr nur ein Parameter des Geschäftes, etwa die Zinsstruktur, verändert, sondern daß sich alle Parameter gleichzeitig und mit wachsender Geschwindigkeit verändern, so wie es am Beispiel der technologischen Entwicklungen besonders deutlich wird.

Man kann daher nicht mehr in einem an sich konstanten Markt- und Wettbewerbsumfeld an einem Rädchen drehen und abwarten, was passiert. Man muß heute an allen Stellschrauben permanent drehen und darf dabei die Übersicht nicht verlieren. Das ist die eigentlich neue Dimension des Bankmanagements von heute und dies erfordert in der Tat das Über-Bord-Werfen vieler liebgewonnener Rituale und Gewohnheiten.

Das vielleicht größte Defizit im heutigen Bankmanagement ist daher auch, daß zwar viele operative, aber praktisch keine strategischen Fragen gestellt werden. Wenn es nicht mehr nur eine oder zwei, sondern viele Handlungsalternativen gibt, die darüberhinaus mit nicht unbeträchtlichen Investitionen verbunden sind, braucht man vor allem eine klare Sichtweise auf die Rolle der Banken und ihr Produkt sowie eine ebenso klare strategische Positionierung der eigenen Bank im

Markt, um eine Orientierung in diesem komplexen und dynamischen Geschäft zu haben. Gerade die momentanen Veränderungen im wettbewerblichen Umfeld und die neuen Technologien berühren fundamental das Selbstverständnis dessen, was Bankgeschäft in der Zukunft eigentlich sein soll. Bedeutet Banking in der Zukunft, Bankdienstleistungen in von Dritten (Nichtbanken, Netzanbieter) angebotene, rein technische Vetriebskanäle einzuspeisen, oder bedeutet es, eigene Netze bereitzustellen und neben den eigenen auch andere Services einzuspeisen?

Ist die Bank der Zukunft die Herrscherin über die Informationskanäle oder nur über die Produktgestaltung? Was ist das eigentliche Produkt der Banken überhaupt?

Diese und ähnliche Fragen werden praktisch nicht gestellt und daher auch nicht beantwortet. Ohne klare Antworten auf diese Fragen dürfte es jedoch jedem Bankmanager schwerfallen, sich in der wachsenden Komplexität und Dynamik des Bankmanagement zurechtzufinden und das Wesentliche vom Unwesentlichen zu unterscheiden. So ist es zum Beispiel eine belanglose Frage, ob sich die Universalbank deutscher Prägung im Wettbewerb der Zukunft durchsetzen kann oder ob deutsche Banken sich in Richtung Trennbankensystem à la USA entwickeln müssen. Diese Frage ist deshalb belanglos, weil man die wettbewerblichen Chancen der Universalbank erst beurteilen kann, wenn man ihre Möglichkeiten ausgeschöpft hat. Da dies aber bei weitem noch nicht geschehen ist und die Vielfalt der Gestaltungsmöglichkeiten für einen Anbieter von Finanzdienstleistungen eher noch zunehmen dürfte, ist eine solche Frage allenfalls von akademischer Natur.

Sich in einer komplexen und dynamischen Umwelt zu bewegen, erfordert nicht das Lösen vom operativen Detail, sondern statt dessen das Erarbeiten einer Grundphilosophie des Geschäftes, eines Rahmens als gedanklicher Plattform, die die Komplexität und Dynamik des Umwelt- und Unternehmensgeschehens erfaßt und zu einem Gesamtkonzept verdichtet. Es ist, als entwerfe man einen komplizierten Schaltplan. Erst wenn alle Leitungen verlegt und verbunden sind, wenn die gegenwärtigen und künftigen Anforderungen berücksichtigt sind und die Flexibilität gegeben ist, auch auf unvorhersehbare Änderungen kurzfristig reagieren zu können, erst dann ist der Schaltkreis geschlossen und es kann Strom fließen. Erst dann geht auch ein Licht auf.

Ohne einen solchen Rahmen, ohne einen Schaltplan, erliegt das Management schnell dem „Perlenketten-Syndrom". Es wird Problem für Problem, wie die Perlen an einer Schnur, abgearbeitet, ohne die Gesamtrichtung des eigenen Tuns zu überblicken. Das aktuelle Problem ist dabei immer das wichtigste, weil man nur dadurch weiter, das heißt, zum nächsten Problem, kommt.

Mit der Zeit geht dann der Blick für das Wesentliche verloren, und wer das Wesentliche vom Unwesentlichen nicht mehr zu unterscheiden weiß, kann auch seinen Mitarbeitern keine Orientierung mehr geben. Wer kennt die Gefahr dieses Problemes nicht aus eigener Erfahrung?

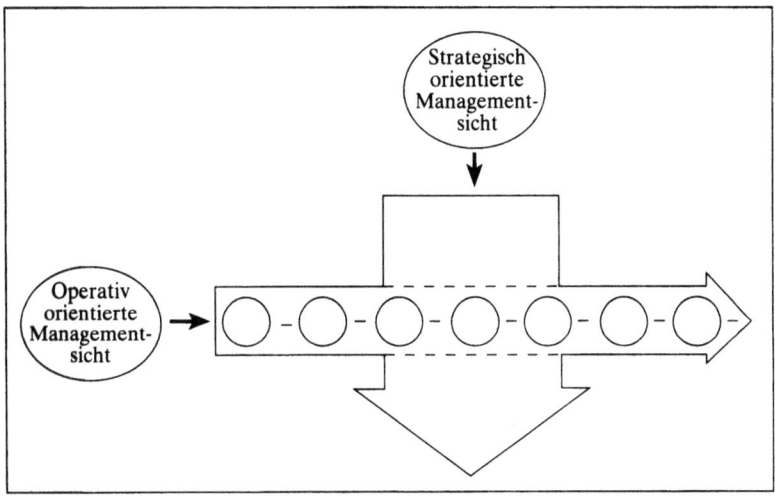

Abbildung 1: Das Perlenketten-Syndrom

Das vorliegende Buch möchte helfen, das „Perlenketten-Syndrom" im Bankmanagement zu vermeiden.

Wer ein gedankliches Gesamtkonzept für das Bankmanagement entwerfen will, der findet im ökonomischen Umfeld wenig Unterstützung. In ihrem Bemühen um wissenschaftliche Anerkennung hat sich die Ökonomie bemüht, ihre Erkenntnisse in mathematische Formeln zu kleiden. Der Vorteil dieser Vorgehensweise ist die leichtere „Portierbarkeit", das heißt, die zu beschreibenden Sachverhalte werden abstrahiert und können somit einfacher, quasi wie ein Laborversuch, beschrieben und diskutiert werden. Der gravierende Nachteil dieser Vorgehensweise ist der Verlust an Realität. Die Vielfalt der persönlichen Motive der am ökonomischen Wettbewerb Beteiligten läßt sich nicht in mathematischen Modellen abbilden, die auf stringenten Prämissen basieren. Ökonomische Modelle taugen daher fast überhaupt nicht zur Erklärung komplexer und dynamischer Prozesse wie etwa denen des Wettbewerbs.

Einen großen Vorteil bieten demgegenüber verhaltensbiologische Analysen und Modelle, da diese Arbeiten, z.b. bei Darwin, ganz explizit auf der Beobachtung und Abbildung der komplexen Realität des Lebens schlechthin und seiner Veränderung aufbauen. Das eigentliche Grundlagenwerk für den Wettbewerb, auch für den Wettbewerb der Finanzdienstleister, ist daher zweifellos das Werk von Charles Darwin: „Über die Entstehung der Arten durch natürliche Zuchtwahl oder die Erhaltung begünstigter Rassen im Kampf ums Dasein" von 1859.

Eine wesentliche Erkenntnis aus dem Studium verhaltensbiologischer Arbeiten ist, daß ein Überleben im Wettbewerb nur auf der Basis der Unterscheidung, der Differenzierung, möglich ist. Nur wer sich von seinen Wettbewerbern unterscheidet, kann sich dauerhaft durchsetzen. Diese Erkenntnis, die sich in Banken erst langsam durchsetzt, ist immerhin schon weit über hundert Jahre alt.

Auch lehrt die Lektüre und Übertragung dieser Arbeiten, Unternehmen und Organisationen nicht als Maschinen mit einer den physikalischen Gesetzmäßigkeiten gehorchenden Mechanik zu verstehen, sondern als komplizierte Organismen mit individuellen Strukturen und Beziehungsgeflechten. In der Vernachlässigung dieser Erkenntnis könnte ein wesentlicher Grund für die bescheidenen Erfolge bei dem Bemühen um dauerhafte Veränderung in den Banken liegen. Viele der modernen, klinisch reinen Management-Ansätze führen nicht zu den angestrebten und versprochenen Erfolgen, weil sie die gegebene Realität in den Banken nicht adäquat abbilden.

Nun sind andererseits auch verhaltensbiologische Modelle nicht einfach auf die Realität in den Banken zu übertragen. Banken sind keine Ameisenvölker und Bankmitarbeiter keine Arbeiter mit genetisch einprogrammierten Verhaltensmustern. Eine Bank kann nicht auf die Veränderungen im Markt mit Mutationen reagieren, die über Generationen andauern.

Ein wesentlicher Unterschied zwischen dem Wettbewerb in der Natur und dem ökonomischen Wettbewerb liegt eben darin, daß die Teilnehmer am ökonomischen Wettbewerb die Möglichkeit haben, ihr Verhalten kurzfristig an Veränderungen anzupassen, ja sogar die Gesetzmäßigkeiten des Wettbewerbs mitunter selbst zu beeinflussen. Je intensiver der Wettbewerb, umso flexibler die Strategie.

Differenzierung und Flexibilität sind also die Kernerfolgsfaktoren im Wettbewerb, vor allem im ökonomischen Wettbewerb. Für die Banken bedeutet dies angesichts des sich rapide verschärfenden Wettbewerbs zum einen ein radikales Durchdenken der eigenen Positionierung im Markt und zum anderen die Schaffung flexibler Strukturen.

Die eigene Positionierung im Markt kann dabei nur bankindividuell erfolgen. Allgemeingültige Rezepte für den Markterfolg gibt es nicht. Was für die eine Bank richtig ist, kann für die andere fatale Folgen haben. Die Anforderungen aus dem jeweiligen Markt und die Fähigkeiten der eigenen Organisation variieren von Bank zu Bank, sind aber wesentliche Faktoren zur Festlegung der Strategie.

Das Gebot der Flexibilität läßt sich nur durch die Schaffung entsprechend flexibler Organisationsstrukturen erfüllen. Dabei muß ein Ausgleich zwischen der Motivation des einzelnen Mitarbeiters im Sinne dezentralen Unternehmertums einerseits und der Einheitlichkeit des Marktantritts der Bank andererseits gefunden werden, denn die Differenzierung im Wettbewerb kann nur gelingen, wenn die Bank eine eindeutige Positionierung vornimmt.

Im vorliegenden Buch wird auf der Basis einer umfangreichen Analyse der Differenzierungsmuster für Banken ein solcher Organisationsansatz entwickelt und hinsichtlich seiner Umsetzbarkeit untersucht. Das hier vorgestellte Konzept der Plattform-Organisation verbindet die dezentrale Flexibilität mit der geschlossenen Verantwortung für den Marktantritt. Dabei ist die Plattform-Organisation nicht als aufbauorganisatorisches Musterkonzept mißzuverstehen, sondern vielmehr als Management-Konzept, d.h. als Anleitung zum Bau des bankindividuellen Schaltplanes. Das Konzept der Plattform-Organisation gewinnt seine Kraft vor allem aus der Berücksichtigung und Integration aller wesentlichen Erfolgsfaktoren der Bank, von der Vertriebsausrichtung bis zum personalwirtschaftlichen Konzept.

Folgerichtig gliedert sich das Buch in drei Teile. Im ersten Teil (Kapitel I. und II.) wird ausführlich auf die Marktveränderungen im Bankenmarkt eingegangen und gezeigt, wie sich Banken im Wettbewerb entsprechend differenzieren können und welche Erfolgsmuster es gibt.

Im zweiten Teil des Buches (Kapitel III. und IV.) wird herausgearbeitet, daß die Organisation der Bank einen wesentlichen Beitrag zum Markterfolg leisten kann und daß allein durch das Konzept der Plattform-Organisation die komplexen Anforderungen aus Markt- und Organisationssicht integriert werden können.

Der dritte Teil des Buches (Kapitel V. bis VIII.) stellt dar, wie sich eine nach dem Konzept der Plattform-Organisation ausgerichtete Bank bezüglich der wesentlichen Problemfelder bzw. Erfolgsfaktoren darstellt. Es werden die Bereiche Vertrieb, Produktentwicklung, Informationstechnologie und Personalmanagement hinsichtlich ihrer Anforderungen untersucht, und es wird verdeutlicht, warum nur die Plattform-Organisation alle diese Anforderungen optimal umsetzt.

Die Bank der Zukunft wird sich am Konzept der Plattform-Organisation orientieren müssen, wenn sie im Wettbewerb bestehen will. Dabei ist von untergeordneter Bedeutung, in welchem Gewand sie dem Wettbewerb entgegentritt, ob als Investment-Bank oder als Flächenversorger mit Basisdienstleistungen im Stile einer Sparkasse.

Entscheidend ist, ob und inwieweit sich das Management der grundsätzlichen Aufarbeitung der strategischen Positionierung der eigenen Bank stellt. Insofern ist dieses Buch auch kein Rezeptbuch für den Erfolg, sondern vielmehr eine Checkliste, mit der die Qualität der eigenen Strategieentwicklung gesichert werden kann.

Vor allem soll dieses Buch nachdenklich machen und Sensibilität für die Komplexität und Dynamik des Bankgeschäftes wecken. Dementsprechend umsichtig und sorgfältig, aber auch zielstrebig müssen die Arbeiten im Management der Banken angegangen werden. Etwas mehr Mut zum Wandel dürfte es schon sein.

Daß dieses Buch in der vorliegenden Form entstehen konnte, verdanke ich vor allem den folgenden Personen, die sich der Mühe der Vorablektüre unterzogen und aus Sicht der Praktiker wichtige Anregungen und Kritik lieferten:

- Dr. Hans-Paul Bürkner, Senior Vice President der Boston Consulting Group in Frankfurt
- Dr. Johann-Rudolf Flesch, Mitglied des Vorstandes der DG BANK in Frankfurt/M.
- Dr. Rolf Flechsig, Direktor bei der Norddeutschen Landesbank in Hannover
- Harold Hörauf, Partner bei Trinkaus & Burkhardt in Düsseldorf
- Hubert Piel, Mitglied des Vorstandes der Westdeutschen Genossenschafts Zentralbank in Düsseldorf
- Franz Schäfer, Mitglied des Vorstandes der Stadtsparkasse in Köln.

Desweiteren danke ich meiner Sekretärin, Frau Heike Bonhage, für ihre Unterstützung und Mitarbeit bei der Überarbeitung des Manuskriptes und der Erstellung der Grafiken.

Im Frühjahr 1996   HANS-DIETER KRÖNUNG

I. Katastrophen, Evolution und Wettbewerb

1. Krakatau und das Katastrophenmanagement der Natur

Edward O. Wilson, der international führende Ameisenforscher von der Harvard University, beschreibt in seinem aufsehenerregenden Werk „Der Wert der Vielfalt" den Untergang der kleinen Insel Krakatau am 27. August 1883. Er zitiert den ersten Offizier des amerikanischen Dreimasters W.H.Besse, der sich zum Zeitpunkt der Katastrophe 84 Kilometer ost-nordöstlich von Krakatau, am Eingang der Sundastraße, befand. Der Offizier notierte damals in sein Logbuch:

„...eine tiefhängende, schwarze Wolke von der Krakatau-Insel her aufzog, das Barometer fiel sprunghaft um einen Zoll, dann stieg und fiel es plötzlich um einen Zoll zugleich, rief alle Mann zusammen, holten alle Segel sicher ein, kaum waren wir damit fertig, als das Schiff von einer heftigen Sturmbö erfaßt wurde; lasse Backbordanker werfen, alle Ketten gesichert, Wind erreicht Orkanstärke; lasse Steuerbordanker werfen, seit 9 Uhr morgens war es allmählich immer dunkler geworden, und als die Sturmbö uns erfaßte, war es finstrer als in der schwärzesten Nacht; es war Mitternacht zur Mittagszeit, mit der Bö setzte ein starker Aschenregen ein, die Luft war so stickig, daß man kaum atmen konnte, bemerkte auch einen strengen Schwefelgeruch, alle Männer fürchteten zu ersticken; fürchterliches Getöse vom Vulkan her, der Himmel voller Lichtblitze, die in alle Richtungen liefen und die Finsternis dunkler erscheinen ließen denn je; das Heulen des Windes, der durch die Takelage fuhr, war eines der schauerlichsten Erlebnisse, das man sich vorstellen kann, eines, das niemand an Bord je vergessen wird, alle glaubten, die letzten Tage der Erde seien gekommen; das Wasser strömte mit einer Geschwindigkeit von 12 Meilen pro Stunde in Richtung des Vulkans, um 16 Uhr flaute der Wind ab, nur noch vereinzelte Explosionen, nachlassender Aschenregen; konnte das Deck übersehen; das Schiff war von Unmengen feiner Asche, die wie Bimsstein aussah, überzogen; sie klebte wie Leim an den Segeln, der Takelage und den Masten."

Um zu erklären, was an jenem Morgen vor mehr als einhundert Jahren zwischen Sumatra und Java geschah, muß man im wahrsten Sinne des Wortes etwas tiefer gehen.

Das Innere der Erde besteht aus flüssiger Materie, nur ein verschwindend kleiner Anteil, die Erdkruste, ist fest. Bewegungen im heißen, dichten Erdinnern führen zu Faltenbildung und Brüchen in der Erdkruste und lassen geschmolzenes Gestein an die Erdoberfläche gelangen. Durch diese sogenannten tektonischen Kräfte entstehen Landschaftsformen wie Gebirgszüge, Vulkane und Grabenbrüche. Die Erdkruste selbst besteht ihrerseits aus verschiedenen Platten unterschiedlicher Struktur und Entstehungsgeschichte. Diese Platten werden von den tektonischen Kräften in Driftbewegungen gebracht, so daß sie mit unterschiedlicher Geschwindigkeit und Richtung auf dem flüssigen Erdkern treiben. Wenn sich diese Platten aneinander reiben oder gar ineinander schieben, entstehen Erdbeben, Vulkanausbrüche und andere Katastrophen.

Wissenschaftler kennen heute die Driftgeschwindigkeiten der Platten, haben die geografischen Gebiete gekennzeichnet, die besonders „katastrophengefährdet" sind, und können mitunter bereits an bestimmten Anzeichen einen nahenden Vulkanausbruch ankündigen, wie 1985 spektakulär beim Ausbruch des Pinatubo auf den Phillippinen vorgeführt.

Katastrophen wie die von Krakatau sind in der erdgeschichtlichen Entwicklung keine Besonderheit. Sowohl für aus dem Erdinnern herrührende Katastrophen wie auch für von außen verursachte Katastrophen, wie bspw. Meteoriten, haben die Wissenschaftler relativ präzise Eintrittswahrscheinlichkeiten berechnet. So ist es sogar ziemlich sicher, daß etwa alle zehn bis 100 Millionen Jahre ein Vulkanausbruch oder Meteoriteneinschlag stattfindet, der die ganze Biosphäre ins Wanken bringt und dabei einen Großteil der zu diesem Zeitpunkt lebenden Arten auslöscht.

An dieser Stelle setzt das spezifische Interesse des Soziobiologen Wilson ein, besonders für die rasche Wiederbesiedlung zerstörter Lebensräume, wie der Überreste von Krakatau.

Die Insel war weitgehend zerstört, nur zwei Überreste, Rakata und Anak Krakatau, waren bestehen geblieben. Dennoch fand ein französisches Expeditionsteam bereits neun Monate später wieder Leben auf der Insel vor, obwohl eine breite Wasserstraße zu überwinden war. Und bereits ein Jahr nach der Katastrophe entdeckten Biologen wieder Gräser und Pflanzentriebe. Etwa 30 Jahre später war die Insel praktisch wieder von Flora und Fauna besiedelt, allerdings mit gravierende Veränderungen gegenüber dem historischen Zustand.

Ein Teil der Arten war auf die Insel zurückgekehrt, ohne sich oder seine Verhaltensweisen verändert zu haben. Viele Arten aber kehrten verändert, angepaßt an die neuen äußeren Zustände, zurück, und man fand auch zahlreiche neue Arten, die nun einen geeigneten Lebensraum auf dem Rest des alten Krakatau gefunden hatten.

Die Biologen machen für dieses Phänomen der zügigen Wiederbesiedlung von durch natürliche Katastrophen zerstörten Gebieten die ungeheure Artenvielfalt verantwortlich. Die Vielfalt der Arten ermöglicht es dem Leben, aus einem unerschöpflichen Reservoir immer wieder geeignete „Kandidaten" für die Besiedlung auch der unwirtlichsten Gebiete zu finden. Und diese Vielfalt befindet sich noch dazu in einem andauernden Veränderungsprozeß, der kontinuierlich Arten verschwinden und neue entstehen läßt.

Katastrophen sind in der Natur durchaus Katalysatoren für Veränderungen. „Denn so geht es in der nichtmenschlichen Welt zu. Die stärksten Gewalten der natürlichen Umwelt prallen auf die elastischen Kräfte des Lebens, und es geschieht so gut wie nichts. Seit Urzeiten, 150 Millionen Jahren, entwickeln sich die Arten in eine Richtung, die es ihnen erlaubt, genau diese Form und Stärke natürlicher Gewalteinwirkung zu absorbieren. Sie schrieben das voraussagbare Auftreten von Unwettern in die Buchstaben ihrer Gene ein. Tiere und Pflanzen nutzen mittlerweile gewohnheitsmäßig schwere Regenfälle und Überschwemmungen für Ereignisse ihres Lebenszyklus. Sie bedrohen Rivalen, paaren sich, jagen, legen Eier in neuentstandene Tümpel und graben Schutzhöhlen in die aufgeweichte Erde" (Wilson).

Katastrophen dokumentieren auch die Dynamik der natürlichen Entwicklungen. Sie erhöhen durch ihre lokale Destruktion und Regeneration die Vielfalt des Lebens. Aus dem zerstörten wird neuer Lebensraum, neue Chancen für Arten, sich einen Platz zum Überleben zu sichern.

So wird deutlich, daß Krakatau, so ungeheuer seine Zerstörungswucht auch war, so spektakulär sich uns dieses Ereignis auch präsentieren mag, im Ablauf der Natur ein normales Ereignis darstellt, dessen Eintreten bei Vorhandensein entsprechender Meßeinrichtungen sogar in etwa hätte vorhergesagt werden können.

Für die komplexe und dynamische Umwelt bedeutete Krakatau nur eine kurzfristige Unterbrechung in der Besiedlung der Insel durch eine unüberschaubare Vielfalt von Arten.

Gerade die Vielfalt der Arten macht den Reichtum des Lebensraumes deutlich und schafft damit erst die Möglichkeit, schnell auf Veränderungen in der Umwelt zu reagieren. Dabei bieten Katastrophen für flexible Arten mehr Chancen als Risiken, da neue Anforderungen gestellt werden, denen weniger flexible Arten nicht gerecht werden und daher verschwinden. So bietet jede Katastrophe die Chance, den eigenen Lebensraum zu erweitern. In einem dynamischen Umfeld, wie es die Natur darstellt, bedeutet Stillstand Rückschritt, d.h. jede Art ist permanent bestrebt, die optimale Anpassung an den Lebensraum sicherzustellen und ist dadurch einer ständigen Veränderung unterzogen.

Die Evolutionstheorie beschreibt diesen Wettbewerb der Arten als einen andauernden Kampf um die beste Anpassung an eine gegebene Umwelt. Der Wettbewerb der Arten basiert auf der unüberschaubaren Vielfalt, den genetischen Eigenheiten jeder Art, die sie jeweils einzigartig macht, und der Dynamik der natürlichen Veränderungen der Lebensräume. Dabei stellen Katastrophen wie die von Krakatau die kraftvollste Form einer Veränderung dar, auch wenn sie meist lokal begrenzt sind. Veränderungen im natürlichen Lebensraum verlaufen also nicht kontinuierlich, sondern können in unterschiedlichen Regionen auch völlig verschiedene Intensitäten und Geschwindigkeiten aufweisen. Entscheidend ist, daß die Überlebensfähigkeit jeder Art davon abhängt, wie sie die unterschiedlichen Einwirkungen der Veränderungen adaptieren kann, wie elastisch sie zu reagieren in der Lage ist, ohne ihre Identität als spezielle Art zu verlieren.

2. Das „elektronische Krakatau" im Finanzdienstleistungsmarkt

Es ist vielleicht ungewöhlich, den deutschen Bankenmarkt als einen natürlichen Lebensraum für verschiedenen „Arten" von Finanzdienstleistungs-Anbietern zu beschreiben. Wer sich jedoch der Mühe unterzieht, Phänomene aus einem bestimmten Fachgebiet in einem anderen Bereich zu übertragenb, stößt mitunter auf vergleichbare Muster und Prozesse, die helfen, Problemstrukturen deutlicher herauszuarbeiten und besser zu verstehen.

Wettbewerb ist kein Privileg des Wirtschaftslebens. Der natürliche Wettbewerb der Arten hat schon eine etwa 150 Millionen Jahre längere „Geschichte" als der ökonomische; den Wettbewerb im Bankenmarkt kann man mit solchen Dimensionen überhaupt nicht vergleichen.

Der deutsche Bankenmarkt steht vor tiefgreifenden strukturellen Veränderungen. Begriffe wie Wettbewerb, Überlebensfähigkeit, Katastrophen und – vor allem – Veränderung prägen zunehmend die Diskussion im und über den Bankenmarkt. Noch nicht vergessen ist das Wort von den Banken als der „Stahlindustrie der 90er Jahre". Und wer die Ertragsentwicklung der deutschen Banken im Langzeitver-

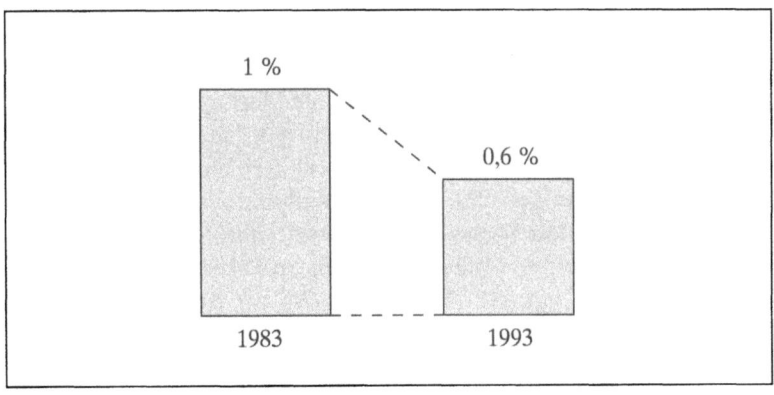

Abbildung 2: Entwicklung des durchschnittlichen Teilbetriebsergebnisses aller deutschen Banken

gleich analysiert, wird schwerlich von einer positiven Entwicklung sprechen. Von 1983 bis 1990 fiel das durchschnittliche Teilbetriebsergebnis von etwa 1 % auf 0,6 %.

Die durchschnittliche Eigenkapitalrendite aller deutschen Banken ging im gleichen Zeitraum um die Hälfte zurück und hat mit etwa 10 % vor Steuern einen historischen Tiefstand erreicht.

Die Rekordergebnisse zu Beginn der 90er Jahre waren zu großen Teilen auf Sondereffekte, wie z.b. glänzende Kapitalmärkte und Wiedervereinigung, zurückzuführen. Viele Banken profitieren noch zur Mitte des Jahrzehnts von diesen Sondereffekten durch Auflösen überhöhter Wertberichtigungen, die in den Zeiten gebildet wurden, als die handelsrechtlich ausgewiesenen Gewinne explodierten.

Läßt man diese Sondereffekte außen vor, so steht es um das Kerngeschäft der Banken nicht zum besten. Die Durchschnittsrendite des Geschäftes liegt heute schon etwa auf dem Niveau der Grundstoffindustrie und die Vermutung liegt nahe, daß manche Banken in ihrem Kerngeschäft bereits rote Zahlen schreiben.

Der Lebensraum Wirtschaft wird für manche „Arten" zu knapp. Eine Katastrophe, und nichts anderes ist eine Strukturbereinigung in einem Markt, steht bevor und es werden sich nur diejenigen Unternehmen behaupten, die sich den neuen Anforderungen am besten anpassen können.

Eine nachhaltige Strukturbereinigung ist bspw. im amerikanischen Bankenmarkt in vollem Gange, während er sich in Deutschland erst andeutet. So zeigt Abbildung 3, daß sich die Marktpositionen der Top-Wettbewerber während der vergangenen zehn Jahre in den USA bereits deutlich, in Deutschland dagegen praktisch nicht verschoben haben. Auch wird die Zahl der Bankfusionen und -übernahmen in den USA mittlerweile quartalsweise angegeben, während dies in Deutschland in nennenswertem Umfang allenfalls im Verband der Volks- und Raiffeisenbanken mit der dort stattfindenden Konsolidierung der kleinen Banken geschieht.

Die Strukturbereinigung im deutschen Bankenmarkt wird im wesentlichen von fünf Einflußfaktoren getrieben, die als tektonische Kräfte für die Bewegung im Markt sorgen.

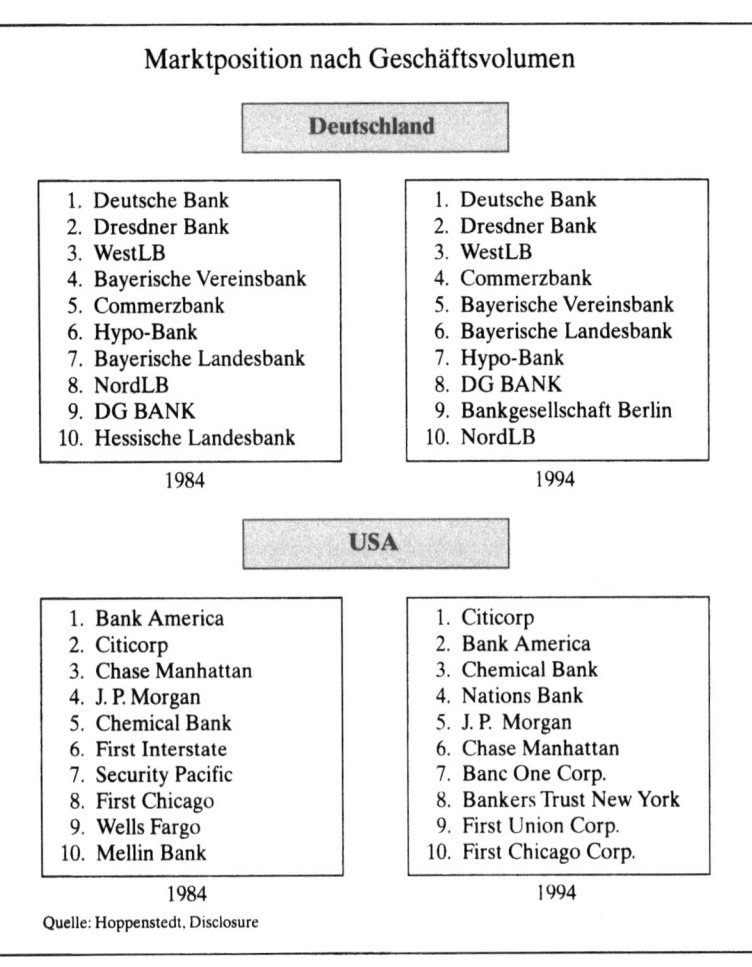

Abbildung 3: Marktpositionen der Top-Wettbewerber in Deutschland und den USA

Zunächst einmal verschärft sich angesichts sinkender Margen der Wettbewerb zwischen den Banken. Dies ist für eine Branche, in der der Konformitätsgedanke stets hochgehalten wurde, eine bemerkenswerte Veränderung. Dieser verschärfte Wettbewerb erfaßt alle Breiche des Bankgeschäftes, vom Werbeantritt bis zur Konditionengestaltung. Gegenseitige Absprachen bei Großkunden, gegenseitige

Information oder gemeinsame Arbeitskreise werden seltener. Damit wird auch die Transparenz der Situation der Wettbewerber, die in Bankenkreisen sehr hoch ist, deutlich reduziert.

Der zweite Einflußfaktor für die Strukturbereinigung sind die wachsenden Anforderungen der Bankkunden selbst. Zum einen werden die Bankkunden fachkundiger, d.h. sie fragen nach höherer Beratungsqualität und anspruchsvolleren Produkten. Der Trend zum Wertpapier als Anlageform anstelle des Sparbuches erfordert einen höheren Beratungsaufwand sowie eine höhere Beratungsqualität, bringt aber andererseits durchschnittlich einen geringeren Ertrag. Große institutionelle Anleger gehen verstärkt dazu über, ihre Kapitalanlagen selbst zu managen. Große und mittelständige Unternehmen finanzieren sich am Kapitalmarkt zunehmend ohne Einschaltung ihrer etablierten Banken.

Zum anderen verändert sich das Einkaufsverhalten der Privatkunden. Durch die neuen Technologien und die wachsende Anzahl von Haushalten mit PC erwarten immer mehr Kunden, daß ihre Bank über den Bildschirm erreichbar ist. Diese Entwicklung eröffnet neue Möglichkeiten der Kundenansprache, birgt jedoch auch das Risiko der vollkommenen Transparenz des Angebotes durch Vergleich mit Konkurrenzangeboten. Gerade für Filialbanken besteht in dieser Entwicklung ein erhebliches Investitionsschutz-Risiko hinsichtlich der getätigten Investitionen in die Filialstrukturen.

Der dritte Faktor, der die Strukturbereinigung vorantreiben wird, sind die Aktivitäten der Non- bzw. Near-Banks, d.h. der Unternehmen, die zwar keinen Bankstatus besitzen, aber dennoch Finanzdienstleistungen anbieten. Hierbei sind zum einen die Allfinanzkonkurrenten wie z.B. Versicherungen oder die Banktöchter von produzierenden Unternehmen oder Warenhausketten, zum anderen aber auch Software-Häuser wie z.B. Microsoft, die über Homebanking-Software Bankdienstleistungen anbieten können. Gerade an diesen Beispielen wird deutlich, daß das klassische Bankgeschäft kein Erbhof für die Banken ist. Jede heute von einer Bank angebotene Dienstleistung ist prinzipiell auch von einer Nicht-Bank darstellbar.

Der vierte Einflußfaktor ist das verstärkte Aufkommen neuer Produkte und Technologien. Das Eintreten in das Multimedia-Zeitalter wird neue Technologien zur gezielteren Kundenansprache hervorbringen, die über Dialogverfahren wesentlich feinere Kundensegmentierungen zulassen, als sie heute möglich sind. Je größer die Zahl der potentiellen Anbieter von Finanzdienstleistungen, umso größer auch die Zahl der tatsächlichen oder vermeintlichen Produktinnovationen. Dies erschwert es naturgemäß der einzelnen Bank, mit den erforderlichen Innovationszyklen Schritt zu halten.

Der fünfte, aber nicht unwesentlichste Einflußfaktor für eine Strukturbereinigung sind die verschärften aufsichtsrechtlichen Bestimmungen. Der Aufwand zur Steuerung einer klassischen Bank steigt expon-

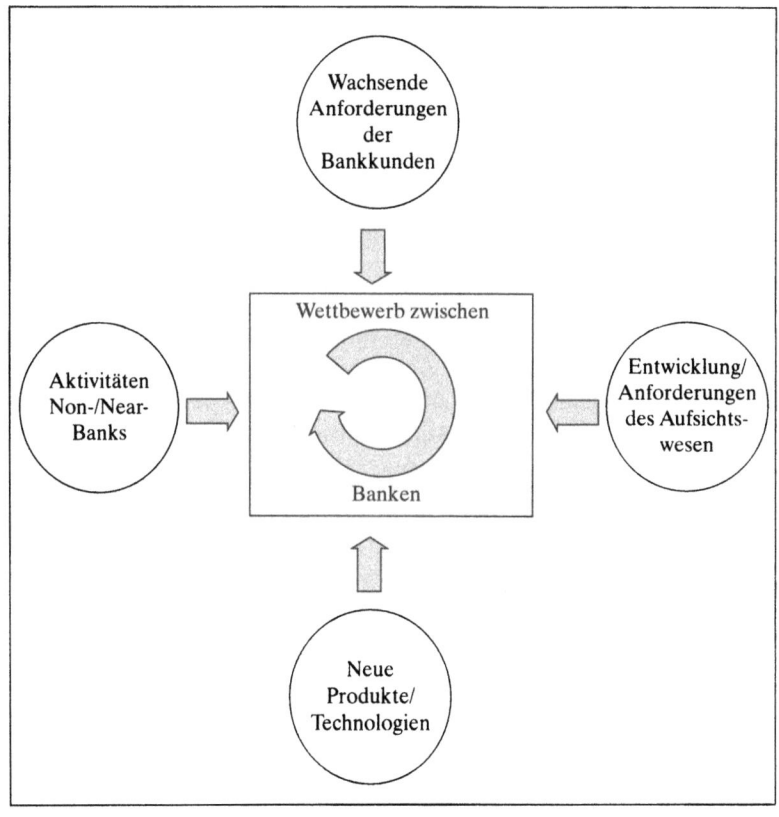

Abbildung 4: Wettbewerbsbestimmende Faktoren im Bankgeschäft

tentiell zum Wachstum der Transparenz. Risikosteuerungssysteme, Meldewesen und Ergebnisdarstellung erfordern schon heute aufwendige Prozesse und entsprechende Kompetenzen, die von einer wachsenden Zahl von Banken nicht bereitgestellt werden können. Die wachsende Komplexität und Dynamik des Geschäftes erfordert aber die jederzeitige Kenntnis des gefahrenen Risikos, vor allem, wenn die Margen im klassischen Kundengeschäft weiter erodieren. Hier wird es, schon „von Amts wegen", zu Strukturbereinigungen kommen.

Es handelt sich bei den beschriebenen Einflußfaktoren um tektonische Kräfte im wahrsten Sinne des Wortes. Und wie die tektonischen Kräfte im Erdinnern auch, sind diese Einflußfaktoren und die ihnen zugrundeliegende Driftrichtung schon seit geraumer Zeit bekannt. Sie waren und sind ausschlaggebend für die rückläufige Durchschnittsrendite der Banken seit nunmehr über zehn Jahren.

Jede dieser Entwicklungen läuft also schon seit Jahren ab; die neue Qualität ist, daß alle Einflußfaktoren, vor allem durch die neuen Technologien, nun auch gemeinsam für die Masse der Banken ausschlaggebend werden. Gerade die neuen Vertriebsmöglichkeiten und die Beschleunigung der Produktinnovationen berühren jede Bank, unabhängig von ihrer regionalen Position. Die im internationalen und im Großkundengeschäft üblichen Wettbewerbssituationen lassen sich mit Hilfe innovativer Technologien bald in jeden Haushalt transformieren. Was spricht dagegen, daß künftig Kosumentendarlehen per elektronischem Katalog aus einer Fülle von Angeboten, nach den Konditionen gegliedert, ausgewählt werden?

Durch die dramatischen Veränderungen von Markt und Wettbewerb im Bankgeschäft müssen die klassischen Managementmethoden und Strategien kritisch überprüft werden. In einer Welt instabiler werdender Rahmenbedingungen muß auch das Management veränderte Techniken anwenden. Bislang wurde den sich abzeichnenden Entwicklungen, insbesondere dem wettbewerbsinduzierten Druck auf das Stammgeschäft, nicht mit einer Anpassung der Vertriebs- und Qualitätsmaßstäbe begegnet, sondern vor allem mit Diversifikationsmaßnahmen. Dies hatte den Vorteil, ohne gravierende Veränderungen in den Management-Methoden und -prozessen vermeintlich altbewährte Tugenden auf neue Geschäftsfelder übertragen zu können.

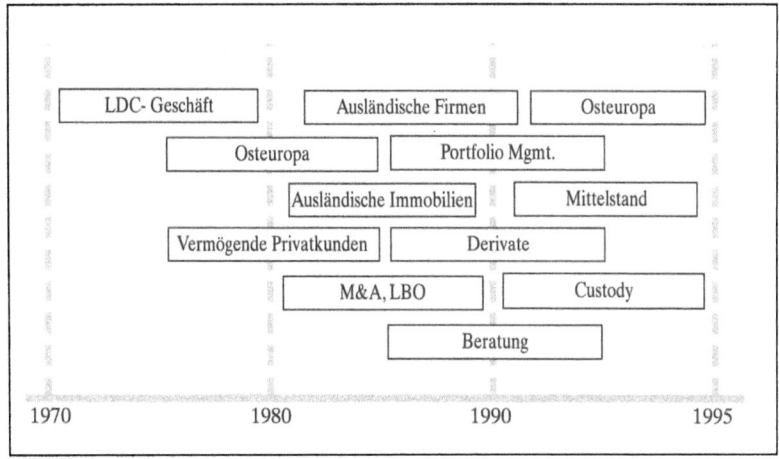

Abbildung 5: Diversifikationspfade deutscher Banken

Die negativen Effekte der zum Teil unprofessionellen und überzogenen Diversifikationen werden jedoch immer deutlicher. Verbreiterung der Aktivitäten ohne die entsprechende Verbreiterung und Vertiefung der Fähigkeiten der Bank führt zu vielen Marginalaktivitäten, die zwar kleinere Zusatzerträge bringen, aber auch zu hohen Kosten durch Set-up-Input und zu hohen Risiken durch unzureichende Marktkenntnis führen.

Marginalaktivitäten wie LDC-Kreditgeschäft, Immobilien- und Leasinggeschäfte sowie Venture-Capital-Aktivitäten folgen oft dem gleichen verhängnisvollen Ablauf. Zunächst wird das Geschäftsfeld entdeckt, es findet sich eine Lobby, es wird oberflächlich analysiert und schließlich investiert. Die Anfangsverluste wegen des geringen Geschäfts und der hohen Anlaufkosten (Personal, Systeme, Risiken) werden als normal eingeschätzt, optimistischen Planungen folgen regelmäßig schmerzhafte Korrekturen. Nach einigen Jahren wird deutlich, daß das Geschäftsfeld wohl auf Dauer unprofitabel bleiben wird. Es wird ein letzter Restrukturierungsversuch durchgeführt, bis dann nach einiger Zeit endgültig das Geschäft „redimensioniert" wird.

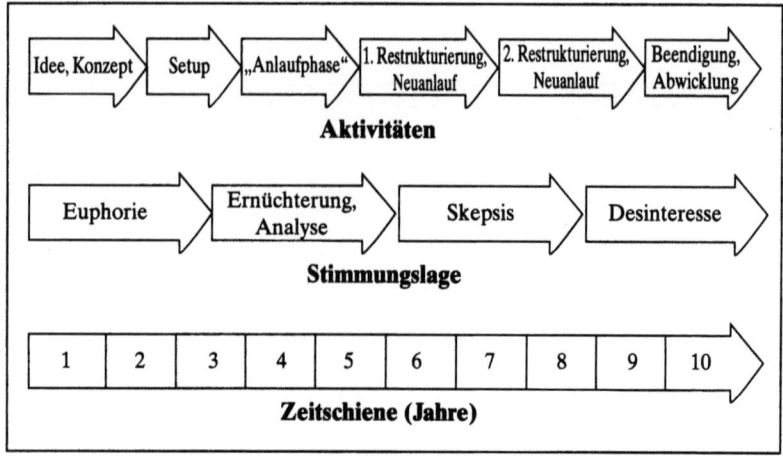

Abbildung 6: Typischer Lebenszyklus von Marginalaktivitäten

Unter Wettbewerbsgesichtspunkten ist klar, daß Marginalaktivitäten besonders teuer sind und keineswegs zu dauerhaften Zusatzerträgen führen, sondern im Normalfall das Bankergebnis nachhaltig belasten.

Erst die Zuordnung aller tatsächlich entstehenden Kosten und Risiken zeigt oft die wirkliche Profitabilität des Geschäftes auf. Meist sind die Kostenverrechnungen in den Banken aber so oberflächlich, daß wesentliche Teile der tatsächlichen Kosten und Risiken der Marginalaktivitäten durch das Stammgeschäft alimentiert werden. Wenn sich die Mitarbeiter einen Großteil ihrer Zeit mit exotischen Produkten und Prozessen beschäftigen müssen und die Bank nicht die Möglichkeit hat, dies auch verursachungsgerecht zuzuordnen, kommt es zu einer Fehlallokation von Kosten auf Geschäfte und leicht zu einer Mißinterpretation der Profitabilität der Marginalaktivitäten mit ihren höheren Bruttomargen.

Ein typisches Beispiel für diese Problematik war in vielen Banken die Behandlung des Themas DTB (Deutsche Terminbörse). Der Grundsatzbeschluß, an der DTB direkt oder indirekt teilzunehmen, war meist schnell getroffen. Maßgeblich waren oftmals weniger wirtschaftliche als vielmehr Imagegründe. Wer nicht dabei war, lief Gefahr, in den Augen der anderen Banken als weniger „sophisticated", d.h. weniger innovativ, zu erscheinen. Verbunden mit oft geringen

Kenntnissen über die der DTB zugrundeliegenden Funktionsmechanismen und einem entsprechenden „Druck" vieler Handelsbereiche in den Häusern wurden von den Geschäftsleitungen nicht selten zweistellige Millionenbeträge allein in die Technik investiert, die über lange Zeit durch geringe Erträge überhaupt nicht alimentiert wurden. Es steht zu vermuten, daß sich das Abenteuer DTB für viele Banken bis heute nicht gelohnt hat.

In manchen Häusern herrscht darüberhinaus nicht einmal eine hinreichende Transparenz über die entsprechenden Kosten. Die Abbildung z.b. der Investitionen in die Technik für die DTB geschieht oft genug noch in einem Gesamtbank-EDV-Budget, so daß nur die direkten Kosten wie Personalkosten und Gebühren den entsprechenden Erträgen des DTB-Geschäftes gegenübergestellt werden. In diesem Fall muß es nicht verwundern, wenn der Geschäftsleitung das wahre Kosten-Nutzen-Verhältnis der Teilnahme an der DTB verborgen bleibt.

Diversifikationen ohne entsprechende Fähigkeiten können nicht dauerhaft erfolgreich sein. Eine Art kann ihren Lebensraum nur dann erweitern, wenn sie sich dort gegenüber anderen Konkurrenten durchsetzen kann, sonst geht sie unweigerlich zugrunde. Das Gebot in Zeiten der Veränderung lautet daher auch, sich auf sein Kerngeschäft, seinen Lebensraum, zu konzentrieren. Der Ausbau der eigenen Wettbewerbsvorteile hat Vorrang vor dem Aufbau neuer Fähigkeiten.

Allerdings, die Konzentration bzw. Fokussierung der Strategie, der Ressourcen und der operativen Ziele auf bestimmte Kernaktivitäten ist des deutschen Bankers Sache nicht. Vom beinahe missionarischen Eifer des Universalbankers getrieben, eröffnet er Zusatzaktivität um Zusatzaktivität und schwächt die Bank damit systematisch. Vor allem unter dynamischen Wettbewerbsgesichtspunkten ist Diversifikation sogar ein erhöhtes Risiko. Anders als bei einem Wertpapier-Portfeuille, das seit Markowitz nach Risiko-Ertrags-Kennziffern gesteuert wird, kann eine Organisation nicht einfach Aktivitäten streichen und neue beginnen, sondern es besteht eine nicht unerhebliche Abhängigkeit vom Stammgeschäft. Erodieren die Erträge im Stammgeschäft, können die Zusatzaktivitäten in der Regel keinen gegensteuernden Effekt produzieren. Sie belasten dagegen die Bank bei der notwendigen Konzentration auf das Kerngeschäft.

So wie sich jede Art im natürlichen Wettbewerb nur durchsetzen kann, wenn sie ihre spezifischen Vorteile permanent ausbaut, so kann eine Bank die Strukturbereinigungen im Markt nur überstehen, wenn sie ihr Kerngeschäft stärkt. Jede Zusatzaktivität, die nicht in engem Zusammenhang mit dem Kerngeschäft steht oder direkt von ihm profitiert, kann nur betrieben werden, wenn sie sich ohne jede Unterstützung durch das Kerngeschäft rechnet. Sie hat dann den Charakter eines „Sahnehäubchens", das man gerne mitnimmt. Die Bank muß sich jedoch darüber im klaren sein, daß es nur eine Frage der Zeit ist, bis dieses Geschäftsfeld von einem darauf spezialisierten Wettbewerber eingenommen wird. Im Gegensatz zu der Offensivstrategie im eigenen Kerngeschäft sind bei Zusatzaktivitäten Defensivstrategien auf die Dauer unvermeidbar.

Mit der Diskussion um Fokussierung und Diversifikation befinden wir uns nicht mehr im Bereich operativer Fragen des Bankgeschäftes, sondern mitten in den strategischen Grundsatzfragen. Angesichts der Dynamik und Komplexität der Marktentwicklung und der damit verbundenen Unsicherheit tendiert der risikoscheue Banker, wie die meisten von uns auch, zu einer breit angelegten Strategie, einer Diversifikation. Dies widerspricht jedoch dem Gebot der Fokussierung.

Überzogene Diversifikation schwächt die Bank systematisch; Fokussierung, so könnte man argumentieren, gleicht dagegen einem Roulette-Spiel. Wenn die Bank mit ihrer fokussierten Strategie daneben liegt, wird sie verdrängt und stirbt. Die Antwort auf dieses Problem lautet lapidar, aber wahr: Sie darf eben nicht (zu lange) daneben liegen.

In einem dynamischen Wettbewerbsumfeld kann nicht mit statischen Instrumenten und Begriffen operiert werden. Eine Strategie, die im geplanten Zeitraum für die Bank nicht die erwarteten Erfolge bringt, muß so kurzfristig wie möglich angepaßt werden (können). Dies erfordert Flexibilität und Steuerung gleichermaßen. In einem dynamischen Umfeld ist daher keine Maßnahme dauerhaft richtig oder falsch, sondern nur der momentanen Situation angemessen oder unangemessen.

3. Richtung und Kraft als Motivatoren der Veränderung

Im natürlichen Wettbewerb der Arten siegt immer das Leben. Gleichgültig, ob eine Katastrophe ganze Landschaften verwüstet oder der gewöhnliche Zustand der ruhigeren evolutionären Veränderung vorherrscht, immer sichert die Vielfalt der Arten den Weiterbestand des Lebens.

Im ökonomischen Wettbewerb gilt prinzipiell das gleiche. Der Markt mit seinen Gesetzen geht über erfolglose Wettbewerber hinweg und läßt die Gescheiterten zurück. Aus Sicht der einzelnen Art wie der einzelnen Bank ist diese Tatsache natürlich wenig tröstlich. Die Aufgabe besteht ja gerade darin, die einzelne Bank im Wettbewerb erfolgreich überleben zu lassen.

Zwischen dem natürlichen und dem ökonomischen Wettbewerb gibt es einen wesentlichen Unterschied, der bereits erwähnt wurde. Bruce D. Henderson, der Gründer der Boston Consulting Group, formuliert diesen Unterschied so: „Und tatsächlich würden wirtschaftlicher und biologischer Wettbewerb nach dem gleichen Muster allmählicher evolutionärer Veränderung ablaufen – wenn es die Unternehmensstrategen nicht gäbe: Sie können ihre Vorstellungskraft und ihre Fähigkeit zum logischen Denken darauf verwenden, die Wirkungen des Wettbewerbs und das Tempo der Veränderungen zu beschleunigen; mit anderen Worten, Strategie wird von Phantasie und Logik ermöglicht. Ohne diese beiden Bedingungen erfolgen Verhalten und Taktik entweder intuitiv oder als Ergebnis bedingter Reflexe." Diese Unterscheidung ist von herausragender Bedeutung, denn man könnte den Eindruck haben, auch Banken würden ab und an eher intuitiv oder als Ergebnis bedingter Reflexe (auf Aktivitäten anderer Banken) gesteuert werden.

Nach Ansicht von Wilson sind Ameisenkolonien deshalb so überaus zahlreich, weil sie genetisch fixierte „Superorganisationen" bilden, in denen eine Arbeiterin nicht nur die Aufgabe hat, Nahrung zu suchen, sondern auch Teil eines Informationsnetzes ist, das jederzeit eine schnelle Reaktion auf äußere Einflüsse erlaubt. Banken hingegen zeichnen sich, wie alle menschlichen Organisationen, dadurch aus, daß den in ihr arbeitenden Menschen kein bestimmtes Verhaltensmuster genetisch „einprogrammiert" ist, das ihr Verhalten umfassend determiniert.

Tatsächlich verhalten sich viele Strategen aber so, als könne den Mitarbeitern ein bestimmtes Denken und Handeln einprogrammiert werden. Hendersons Unterscheidung gilt daher vor allem für eine einzelne Person oder einen kleinen Kreis von Personen. Eine Bank mit zwei-, fünf- oder zwanzigtausend Mitarbeitern handelt nicht nach einem geschlossenen Meinungsbild, sondern jeder Mitarbeiter entscheidet an seinem Arbeitsplatz jederzeit nach seiner Überzeugung. Dies ist der wesentliche Unterschied zur Ameise, deren Verhaltensmuster einprogrammiert ist. Der Preis für diese Konformität im Handeln der Ameise ist eine deutlich geringere Flexibilität. Während Verhalten bei Tieren weitgehend determiniert ist, verfügt der Mensch grundsätzlich über die Freiheit, bewußt Entscheidungen zu treffen und somit flexibel zu agieren und zu reagieren.

Wenn wir unsere Banken als Organismen verstehen, die einerseits in einem komplexen und dynamischen Umfeld die bestmögliche Anpassung an die Anforderungen des Marktes suchen müssen, die andererseits jedoch auch eine Fülle selbständiger Wertesysteme und Motivationsstrukturen der Mitarbeiter beinhalten, so wird schnell verständlich, warum nachhaltige Veränderungen in den Banken so schwierig sind. Was zentral gewollt wird, ist noch lange nicht an jedem Point of Sale (POS) oder Point of Action (POA) gleichlautend umgesetzt.

Es kann andererseits auch nicht alles zentral vorgedacht und vorgeschrieben werden. Die Markt- und Wettbewerbsanforderungen sind zu komplex, um an einer Stelle gesamthaft analysiert und in Anweisungen umgesetzt zu werden. Eine streng hierarchisch ausgerichtete Organisation wird daher niemals die erforderliche Flexibilität vorweisen können, um einen komplexen und dynamischen Markt wie den Finanzdienstleistungsmarkt fein genug analysieren und bearbeiten zu können.

Mancher Manager ist daher versucht, Anarchie zu predigen und untereinander konkurrierende Vertriebsmannschaften auf die Kunden loszulassen. Das dezentrale Unternehmertum, so meint man, werde sich dann am ehesten entfalten und für die Bank als Ganzes den größten Ertrag bringen.

Der Denkfehler dabei ist, daß es neben der Kraft des dezentralen Unternehmertums auch die Notwendigkeit der eindeutigen Richtung gibt. Die Natur lehrt uns, daß eine Art eine eindeutige Positionierung braucht, um sich im Wettbewerb einen Platz zu erobern. Nur wenn der Kraft auch die Richtung gegeben wird, setzt sie sich durch.

Die Kunst des Managements eines komplizierten Organismus in einer dynamischen Umwelt ist die Verbindung von Kraft **und** Richtung.

„Kraft" eines Organismus Bank bedeutet Motivation und Kompetenz der Mitarbeiter sowie entsprechende operative Prozesse und Strukturen. Sie stellen gewissermaßen die Gene der Bank dar.

„Richtung" gibt die kommunizierte und gelebte Vision und die Strategie, die dem Organismus seinen Platz im Wettbewerb zuweist und Veränderungsimpulse aufnimmt und umsetzt.

Unsere Managementphilosophien und -technologien leiden darunter, daß wir diese Gesamtheit von Kraft und Richtung in unserer Arbeit nicht entsprechend berücksichtigen. Viele Ansätze beschäftigen sich mit strategischen Arbeiten und Konzepten, ohne die Komponente Kraft, d.h. die gegebene Realität des zu verändernden Organismus einzubeziehen. Im Ergebnis führt dies dazu, daß eine an sich überzeugende Strategie nie zur Umsetzung gelangt, weil sie im „Gestrüpp" der internen Strukturen und Regelwerke versickert. Es gelingt nicht, die Vielfalt der individuellen Wertesysteme hinreichend für das Gesamtziel nutzbar zu machen.

Andere Managementansätze vernachlässigen strategische Gesichtspunkte und konzentrieren sich auf die Optimierung bestehender Abläufe, ungeachtet der Frage, ob ein bestimmter Geschäftsprozeß in seiner bestehenden Form dauerhaft überhaupt benötigt wird. Oder es werden aufwendige Aus- und Fortbildungsprogramme entwickelt, ohne die aus der Strategie resultierenden künftigen Anforderungen zu kennen. Auch in der Informationstechnologie sind solche Verfahrensweisen weit verbreitet.

Die Natur bindet Kraft und Richtung zusammen. Man kann es in jedem Frühling erneut beobachten. Die einem Pflanzentrieb innewohnende Kraft wird durch die Sonne geweckt; sie gibt ihm Richtung. Triebe, denen dagegen die Kraft fehlt, können auch durch die Sonne nicht an das Licht gebracht werden.

In gleicher Weise können Strategien, die die Individualität des Organismus nicht einbeziehen, niemals erfolgreich sein; sie werden nicht angenommen. Ohne abgestimmte strategische Vorgaben fehlt der Kraft zur Veränderung die Richtung; sie wird daher immer suboptimale Ergebnisse produzieren.

Kraft und Richtung in einem dynamischen Markt- und Wettbewerbsumfeld zusammenzubinden, erfordert auch ein völlig anderes Verständnis von Veränderung. Alle Arten in der Natur befinden sich in einem permanenten Veränderungsprozeß. So wie sich Bedingungen in einem Lebensraum niemals statisch, sondern immer im Wandel darstellen, so ändert sich auch jede Art gemäß der ihr eigenen Art und Geschwindigkeit. Gentechnische Laboruntersuchungen zeigen heute, daß bei manchen Arten wesentliche Genveränderungen sogar schon innerhalb einer Generation möglich sind.

Veränderungen finden daher niemals ruckartig, sondern kontinuierlich, bestenfalls in Wellen statt und sie werden vom Organismus selbst getrieben. Demgegenüber versuchen die meisten Banken bis heute, Veränderungen quasi in einem Gewaltakt, in einem großen Projektansatz, am besten noch unter externer Leitung, zu erreichen. Gerade die weit verbreiteten Lean-Banking- oder Reengineering-Ansätze predigen, Fähigkeiten und Prozesse einmalig und radikal auf ein höheres Niveau zu bringen, anstatt eine permanente Anpassungsfähigkeit der Bankorganisation und damit der gesamten Bank zu schaffen und sicherzustellen. Können Impulse auch von externen Beratern gegeben werden, so muß doch die permanente Wandlungswilligkeit und -fähigkeit (die Kraft) aus der Organisation der Bank selbst, von den Führungskräften und den Mitarbeitern, dargestellt werden.

Eine moderne Bankorganisation muß den Raum für eine flexible, permanente Veränderungskultur schaffen. Sie muß der Richtung Ausdruck geben und das dezentrale Unternehmertum fördern. Sie ist einzubetten in ein Managementkonzept, das die Komplexität und Dynamik des Geschäftes erfaßt und integriert.

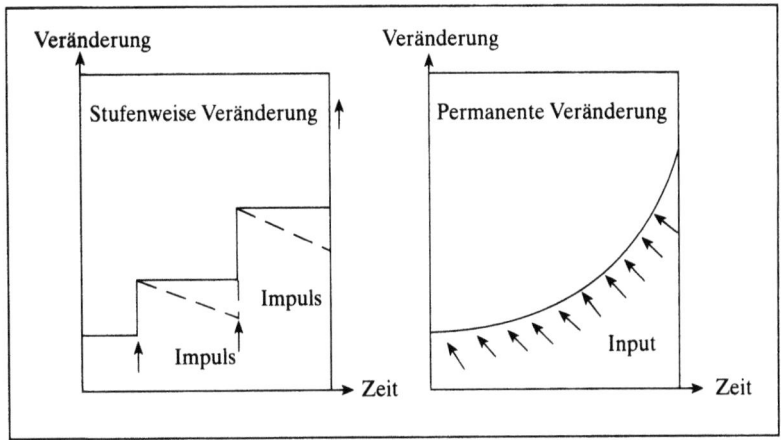

Abbildung 7: Stufenweise vs. permanente Veränderungen

Ein solches Managementkonzept wird in der Folge erarbeitet, vorgestellt und diskutiert. Das Konzept der Plattform-Organisation verbindet Kraft und Richtung auf der Basis eines bankindividuellen Strategiekonzeptes. Basis jedes bankindividuellen Strategieentwurfs (der Richtung) ist dabei das Prinzip der konkurrenzbedingten Ausschließlichkeit.

II. Prinzip der konkurrenzbedingten Ausschließlichkeit

1. Das Wesen der Differenzierung

Als der Biologe G.F. Gause im Jahre 1934 sein „Prinzip der konkurrenzbedingten Ausschließlichkeit" veröffentlichte, konnte er nicht ahnen, daß eben dieses Prinzip etwa 60 Jahre später als Basis grundsätzlicher Überlegungen in der Strategiediskussion deutscher Banken dienen könnte.

Gause hatte in einer Vielzahl von Einzelexperimenten mit Kleinstlebewesen, sogenannten „Protozoen", nachgewiesen, daß zwei Tierchen ein und derselben Gattung in einem Reagenzglas mit genügend Nahrung nicht auf Dauer nebeneinander überleben können. Nur ein Tierchen einer bestimmten Gattung konnte in einer räumlich und nahrungsmäßig begrenzten Umwelt überleben. Unterschieden sich die Tierchen jedoch ihrer Gattung nach, wenn auch nur geringfügig, so fanden sie einen Weg der dauerhaften Koexistenz.

Gause formulierte nach dieser Erkenntnis das „Prinzip der konkurrenzbedingten Ausschließlichkeit", von dem man annehmen kann, es sei sogar geeignet, eine neue ökonomische Wettbewerbstheorie zu begründen, um die alten, überwiegend statischen Wettbewerbsmodelle durch ein realitätsnäheres, dynamisches Konzept zu ersetzen.

Das „Prinzip der konkurrenzbedingten Ausschließlichkeit" stellt die alles entscheidende Frage des ökonomischen Wettbewerbes: „Welche Existenzberechtigung hat welches Unternehmen aufgrund welcher besonderen Fähigkeiten im Wettbewerb?"

Die Banken müssen lernen, sich von den etablierten und anderen, heute noch nicht bekannten Anbietern, die z.B. über wichtige technische Medien (z.B. Datenübertragungsnetze) oder erworbenes Knowhow verfügen, positiv zu unterscheiden. Um dies leisten zu können, muß sich das Bankmanagement intensiv mit dem Wesen der Differenzierung auseinandersetzen.

Das „Prinzip der konkurrenzbedingten Ausschließlichkeit" leistet hierbei wichtige Hilfestellung, indem es die Frage stellt: „Worin unterscheidest Du Dich im Wettbewerb zugunsten Deines Kunden von Deinem Konkurrenten?"

Die Frage nach der Differenzierung mutet vielen Top-Managern in Banken noch heute als Dokumentation der Unkenntnis bankspezifischer Besonderheiten oder gar als Frevel an, hat man sich doch Zeit seines – bislang erfolgreichen – Lebens an dem orientiert, was die anderen Banken machen. In keiner Branche in Deutschland ist der Konformitätswille so ausgeprägt, wird bei Veränderungsvorschlägen so häufig danach gefragt, wie andere Häuser dies regeln, wie im Bankgewerbe. Viele deutsche Banker wähnen sich zu Unrecht noch in einem quasi wettbewerbsfreien Raum, in dem Absprachen über Konditionen oder Strategien zu den Usancen des Gewerbes zählen.

Die Frage nach der positiven Unterscheidung vom Wettbewerb ist eine Kernfrage der künftigen Ausrichtung von deutschen Banken. Vor allem lenkt sie den Blick auf die Wahrnehmung durch den Kunden. Ein vermeintlicher Unterschied zum Wettbewerber, den der Kunde nicht registriert, dient nicht der Differenzierung.

Dabei leidet das Finanzgewerbe ganz generell unter dem Problem, daß die wenigsten Kunden ein klares Produktverständnis haben. Ist nicht das Geld der einen Bank so gut wie das Geld der anderen?

Mit einem grundsätzlich vergleichbaren Problem kämpft bspw. auch die Mineralölwirtschaft mit ihren Tankstellen. Wie kann man den Kunden davon überzeugen, daß er den Kraftstoff der eigenen Marke kauft und dafür eventuell einen Umweg in Kauf nimmt?

Die Anstrengungen dieser Branche richten sich denn auch seit geraumer Zeit darauf, den Kunden eine Palette von Dienstleistungen rund um den Kraftstoff sowie eine Qualitätsbotschaft für das jeweilige Produkt anzubieten. In diesem Zusammenhang wurden große Anstrengungen unternommen, die Tankstellen nicht mehr nur als Ansammlung von Zapfsäulen, sondern als Einkaufsstätte zu positionieren, eben weil Kunden auf diesem Weg die Umgehung der Ladenschlußzeiten mit dem Tanken verknüpfen konnten.

Auch wird sehr stark über den Qualitätsaspekt für den Kraftstoff geworben, um dem Kunden maximale Sicherheit für sein liebstes Objekt, das Auto, zu vermitteln. Dies trägt einem besonderen deutschen Kulturwesen Rechnung; in den USA wird diesbezüglich wenig über Qualität, dagegen viel mehr über den Preis geworben.

Auch die deutschen Banken haben ihre Werbeaktivitäten gesteigert. Im Zeitraum 1990 bis 1993 stiegen die Werbeaufwendungen um fast 50 %. Dies belegt, daß die Banken die Bedeutung der indirekten Kundenansprache bereits erkannt haben.

Über den Werbeantritt bzw. die entsprechenden Botschaften allein kann eine nachhaltige Differenzierung im Markt natürlich nicht gelingen. Es kommt vielmehr darauf an, die verschiedenen Ebenen, auf denen eine Bank mit ihrem Kunden in Kontakt kommt, integriert zu betrachten und mit einem geschlossenen und konsistenten Konzept zu bearbeiten.

Es darf dann eben nicht vorkommen, daß eine Bank mit ihrer hohen Kompetenz in Anlagefragen wirbt, dagegen in allen Research-Vergleichsstudien auf hinteren Plätzen landet. Eine Bank, die sich besonders kundennah gibt, muß dann sicherstellen, daß alle Mitarbeiter bis

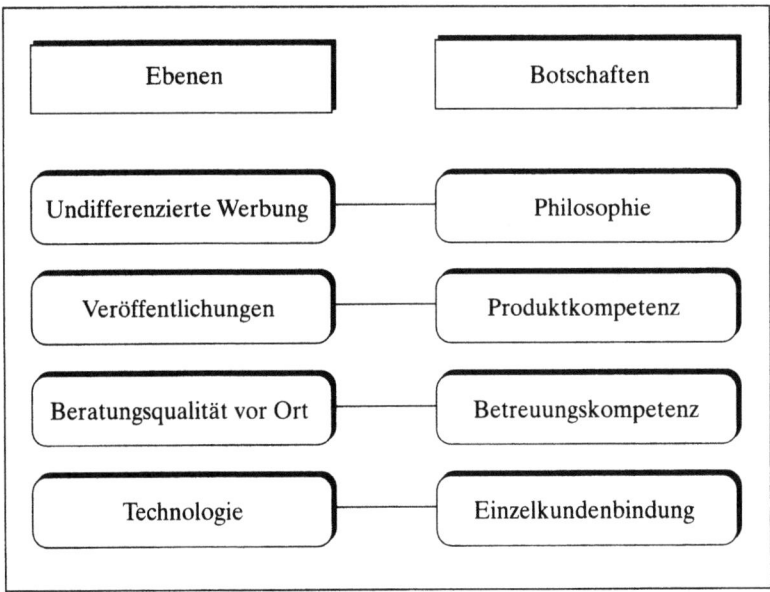

Abbildung 8: Ebenen der Differenzierung

zur Telefonistin diese Botschaft auch für den Kunden erkennbar überbringen können.

Grundsätzlich lassen sich vier Ebenen der Kommunikation mit dem Kunden unterscheiden, die als Plattform für Differenzierungsansätze genutzt werden müssen. (Abbildung 8)

Die Stärke der Kundenbindung nimmt dabei von oben nach unten zu. Durch undifferenzierte Werbemaßnahmen kann eine Bank ihre Unternehmensphilosophie transparent machen, auf ihre anhaltende Marktpräsenz hinweisen und dokumentieren, daß sie die Themen der Zeit aufgreifen kann.

Der Kunde registriert somit keine für seine konkreten Problemstellungen relevanten Signale, er nimmt jedoch bestimmte Kernbotschaften auf einer eher emotionalen Ebene wahr. Inwieweit solche emotionalen Empfindungen zu konkreten Entscheidungen beim Kunden führen, ist, vor allem in Banken selbst, umstritten. Unbestritten ist jedoch, daß Werbung zur Kommunikationsstrategie und damit zur Differenzierung beitragen kann.

Deutlicher lassen sich Initiative und Ergebnis bei der Kommunikation von Produktkompetenz in Verbindung bringen. Mit der Kommunikation der Produktkompetenz ist dabei nicht gemeint, was eine Bank in ihrer Werbung verspricht.

Hier ist vielmehr gemeint, daß sich in Kundenkreisen Meinungen und Erfahrungen in konkreten Umfragen und Analysen zu Erkenntnissen verdichten, welche Bank in welchem Feld besondere Stärken bzw. besondere Schwächen hat.

So wird bspw. detailliert erfaßt, wie Fondsmanager die Researchqualität einzelner Häuser etwa für deutsche Aktien einschätzen. Oder es wird die Qualität von Fondsmanagern selbst durch institutionelle Anleger bewertet. Eine weitere Verbreitung werden auch die durch Verbraucherorganisationen durchgeführten Vergleiche von Preis-Leistungs-Verhältnissen einzelner Dienstleistungen erreichen. Diese Analysen haben einen deutlich höheren Einfluß auf konkrete Entscheidungen von Kunden für oder gegen eine bestimmte Bank. Auf dieser Ebene stellt sich die Bank einem konkreten Qualitätscheck ihrer „Produktkompetenz". Durch die wachsende Verbreitung elektronischer Medien werden solche Informationen künftig jedem Kunden zur Verfügung stehen.

Die heute sicherlich dominante Ebene für die Kommunikation zwischen Kunde und Bank ist immer noch der persönliche Kontakt zwischen dem Kunden und dem Kundenberater der Bank. Unabhängig von Werbebotschaften und Analysen besteht heute noch, vielfach bis hinauf in anspruchsvollste Geschäftsfelder, eine starke persönliche Beziehung zwischen dem Kunden und seinem Betreuer. Anlage- und Finanzierungsentscheidungen sind eben oft genug schwierige persönliche Entscheidungen, bei denen ein Vertrauensverhältnis deutlich schwerer wiegt als bspw. Konditionen. Und selbst im anspruchsvollen kommerziellen Großkundengeschäft sterben die starken persönlichen Beziehungen nicht aus, sondern dienen nach wie vor als „Streben" in der Kunde-Bank-Beziehung.

Das Differenzierungspotential wird auf dieser Ebene in erster Linie durch die handelnden Personen bestimmt, und so besteht das Problem vieler Investment- und Privatbanken vor allem darin, mit dem Weggang einzelner hochkarätiger Mitarbeiter nicht auch einen Großteil ihres Geschäftes zu verlieren bzw. erst gar nicht erpreßbar zu werden.

Die Beratungsqualität am POS/POA wird ganz überwiegend durch den persönlichen Faktor, nicht unerheblich aber auch durch räumliche Ausstattung der Geschäftsräume und die Qualität von Unterlagen bestimmt. Alle diese Faktoren tragen dazu bei, daß sich die Bank von ihren Wettbewerbern differenzieren kann.

Mit der fortschreitenden Automatisierung von Teilen des Bankgeschäftes bekommt ein weiterer Baustein der Kommunikationsbeziehung zwischen Bank und Kunde eine deutlich höhere Bedeutung, nämlich die Technik.

Die stabilste Kundenbeziehung besteht dann, wenn der Kunde wegen seines technischen Equipments gar nicht anders kann, als das Geschäft mit der eigenen Bank zu tätigen. Die meisten Banken haben die Bedeutung der Technik als eigenständige Qualität in der Kundenbeziehung bereits erkannt. „Electronic Banking" und „Home Banking" sind Begriffe, in denen zum Ausdruck kommt, daß die Technik ganz wesentlich die Kunde-Bank-Verbindung in der Zukunft mitgestalten wird.

Die, zum Teil kostenlose, Bereitstellung von Anschlüssen für Geld- und Devisengeschäfte, für Liquiditätsmanagement, für die Vermögensberatung oder den Zahlungsverkehr führt eben dazu, daß der Kunde über eine höhere Hürde muß, wenn er die Bankbeziehung wechseln will. Diese Strategie ist der Vorgehensweise der Mineralölgesellschaften vergleichbar, die markenbezogene Tankkarten zur automatischen Abbuchung der Beträge ausgeben, weil der Kunde damit nur ungern bei anderen Tankstellen anhält (ähnlich agieren auch Verbrauchermarkt-Ketten oder Fluggesellschaften).

Die Technik schafft eine neue Qualität der Kundenverbindung. Sie sorgt für die stärkste Bindung, die ein Kunde mit einer Bank eingehen kann und will.

Insofern besteht für die Bank die Chance, über die Gestaltung der Technik, über deren Leistungsfähigkeit und Benutzerfreundlichkeit, eine positive Differenzierung gegenüber dem Wettbewerb zu leisten.

2. Information als zentrales Bankprodukt

Das Wesen der Differenzierung besteht also darin, alle Kommunikationswege zum Kunden für die jeweils zu vermittelnden Inhalte zu nutzen und in einem konsistenten Konzept zu integrieren.

Die weit wichtigere Komponente der Differenzierung ist jedoch die inhaltliche. Die Nutzung der Kommunikationsebenen legt ja noch nicht fest, was kommuniziert werden soll. Für den Kunden hat die Kommunikationsebene, über die die Bank ihn erreicht, meist keinen eigenständigen Wert. Der Kunde unterscheidet die verschiedenen Anbieter anhand deren Produkt. Wie beim Kauf eines neuen Autos entscheidet primär das Produkt und nur am Rande der Verkaufsraum oder die Werbeprospekte. So ist für eine Bank z.B. das Internet einer von vielen möglichen Vertriebskanälen, also Kommunikationsebenen, über den der Kunde erreicht werden kann. Der Kunde kommuniziert aber doch nicht mit einer bestimmte Bank, weil sie im Internet präsent ist, sondern in erster Linie, weil er ein Finanzierungs- oder ein Anlageproblem zu lösen hat, für das er eine Bank braucht. Der Kommunikationskanal ist dann zweitrangig, vor allem, wenn einmal alle

Banken im Internet vertreten sein werden. Daß ihr Wettbewerbsvorteil nur zeitlich begrenzt ist, ist eben ein Nachteil der „neuen" Vertriebswege.

Was ist aber das Produkt der Bank, mit dem sie sich gegenüber dem Wettbewerb differenzieren kann? Ein Produkt kann nur etwas sein, was andere Banken nicht in derselben Form anbieten oder anbieten können. Ein komplettes Produkt ist auch dadurch gekennzeichnet, daß es dem Kunden verschiedene Komponenten bietet, die für seine Entscheidungsfindung relevant sind.

So ist z.b. bei einem Kreditgeschäft für den Kunden entscheidend, wie er informiert wird und nicht der Kreditvertrag oder die Auszahlung. Das eigentliche Kernprodukt der Bank ist somit die Information.

Der Kunde hat ein Finanzierungsproblem und nimmt Kontakt mit verschiedenen Banken auf. Er läßt sich informieren, prüft die Qualität der Beratung und die Konditionen und entscheidet sich, die Finanzierung durch die aus seiner Sicht beste der verschiedenen Banken vornehmen zu lassen.

Bis zu dem Zeitpunkt der Entscheidung des Kunden hat sich die Bank nur über die Qualität der Beratung, d.h. über die Information dargestellt und – hoffentlich – positiv von ihren Wettbewerbern unterschieden. Dabei ist bspw. die Information über die Bewilligungsdauer ganz

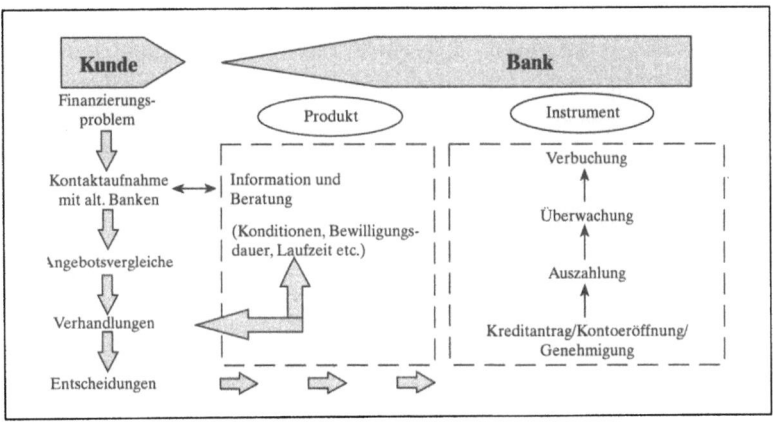

Abbildung 9: Kundensichtweise im Kreditgeschäft

entscheidend, kann aber letztlich vom Kunden erst nach erfolgter Bewilligung, also nach seinem Entscheidungszeitpunkt, überprüft werden. Der administrative Teil des Geschäftes, d.h. der in der Bank anfallende Aufwand der Kreditbearbeitung, ist für die Entscheidung des Kunden ohne jede Bedeutung.

Es ist Teil der überzogenen Selbstorientierung von Banken, das Kreditgeschäft als etwas besonders Anspruchsvolles anzusehen, weil der Bearbeitungsaufwand innerhalb der Organisationen meist sehr hoch und sehr kompliziert ist. Für den Kunden ist jedoch ein Finanzierungsproblem oftmals wesentlich leichter zu lösen als ein Anlageproblem, von dem seine künftige persönliche Lebensqualität abhängen kann.

Es kann auch um die Information bezüglich einer optimalen, zuverlässigen Abwicklung eines Exportgeschäftes gehen oder um die Qualität der Beratung in Anlagealternativen für einen vermögenden Privatkunden. Entscheidend ist, daß die Bank sich nicht durch den Kredit oder die Geldanlage an sich differenziert, sondern durch die Qualität der Information über den Kredit oder die Anlageoption, denn praktisch jede Bank kann heute Kredite vergeben, Geldanlagen durchführen oder Exportaufträge ausführen. Es kommt aber darauf an, dem Kunden deutlich zu machen, daß er bei der eigenen Bank das Geschäft machen sollte, weil er hier den besten Service, d. h. die beste Information, für sein Geld erhält.

Im Wettbewerb kommt es längst nicht mehr nur darauf an, dem Kunden den besten Service zu bieten. Die Bedeutung der Information als Produkt der Bank resultiert vor allem daraus, daß der Kunde mit ihrer Hilfe ständig neu gewonnen werden muß. Die Zeiten, wo die Kunden ihr ganzes Leben lang nur mit einer Bank zusammenarbeiteten, sind vorbei. Der moderne Bankkunde wählt aus.

Der Auswahlprozeß bspw. bei einem bestehenden Finanzierungsproblem findet gewiß nicht über die Vorlage von alternativen Kreditverträgen der Wettbewerber statt, sondern über eine Vielzahl von Informationen, die der Kunde entweder direkt (über ein Beratungsgespräch oder ein Terminal) oder indirekt (über Werbung, Broschüren oder Kontaktpersonen) erhält und verarbeitet. Der Kunde entscheidet dann gezielt anhand der vorliegenden Informationen.

Das Produkt der Bank ist also die Information bzw. die Beratung des Kunden über alternative Finanzierungsinstrumente; die Qualität der Information entscheidet über Erfolg oder Mißerfolg der Bank im Wettbewerb.

Die Informationsqualität muß daher im Zentrum der Differenzierungsstrategie der Banken stehen. Dies bedeutet einen nicht zu unterschätzenden Paradigmenwechsel für das Management, das bislang unter Kundenorientierung nicht mehr verstanden hat als das Anbieten verschiedener Anlage- oder Finanzierungsdienstleistungen, die von anderen Wettbewerbern auch angeboten werden. Der Paradigmenwechsel besteht darin, die Bank als angebotsorientiertes, akquirierendes Unternehmen zu verstehen und nicht als nachfragegetriebene Institution, die vom zufälligen Geschäft lebt.

Eine Information entfaltet ihren Wert und damit ihren Preis erst kundenindividuell, d.h. die Information muß sich ihren Kunden suchen. Anders als der „Anbieter" von Finanzdienstleistungen, der auf Kunden wartet, muß die Bank der Zukunft zwingend permanent „kundensuchend", d.h. akquisitorisch tätig sein.

Dies ist vor allem deshalb notwendig, weil der Wettbewerb mit Non- und Near-Banks zunehmend auch durch eine Koppelung von Primärgeschäft, dem Warengeschäft, und der Finanzdienstleistung als Sekundärgeschäft gekennzeichnet ist:

⇨ Der KfZ-Hersteller erreicht seine Kunden über Werbemaßnahmen und/oder kundenindividuelle Marketingaktionen. Der Kunde kauft ein Fahrzeug und der Händler bietet die Finanzierung über die herstellereigene Bank an.

⇨ Der Handelskonzern wirbt um seine Kunden in regionalen Zeitschriften oder im Fernsehen und bietet die Finanzierung der Großeinkäufe über ein eigenes Kreditkartensystem an.

Auf diesem Wege werden sukzessive Geschäftsfelder „captive", d.h. das Finanzierungsgeschäft ist zwar potentiell vorhanden, für die abwartende Bank ist es aber praktisch nicht erreichbar, weil sie keine Kenntnis von diesen Geschäften vor deren Abschluß erhält; das Finanzierungsgeschäft läuft deshalb meistens ohne sie.

Aber nicht nur bei der Verteidigung oder Wiedereroberung von Geschäftsfeldern, sondern auch im Wettbewerb mit anderen Banken in banktypischen Geschäftsfeldern wie dem Firmenkundengeschäft ist das Selbstverständnis als Informationsproduzent, d.h. als „kundensuchendes", aktives Institut zwingend notwendig.

Die meisten Banken kennen zwar ihre Kunden, nicht aber deren Probleme. Ist der Kunde erst einmal soweit, daß er weiß, wie er sein Problem lösen kann, hat die Bank im Wettbewerb meist schon verloren.

Die Kunst des erfolgreichen Wettbewerbs besteht darin, die Probleme des Kunden früher als dieser oder wenigstens zeitgleich mit ihm zu erkennen und Lösungsmöglichkeiten zu entwickeln; auch dies ist kennzeichnend für das „Produkt" Information. In vielen Fällen ergibt eine strategische Analyse der Geschäftsaktivitäten des Kunden sowie seiner finanziellen Situation bereits eine Fragestellung, die sich der Kunde in ihrer Konsequenz selbst noch nicht verdeutlicht hat. Die Markterfolge ausländischer Investmentbanken im deutschen Firmenkundengeschäft sind durch diese Methodik erklärbar.

Die Darstellung der Problematik und der Lösungsmöglichkeiten muß zwangsläufig kundenindividuell ausgearbeitet sein. Die bankintern produzierten und an den Kunden gelieferten Informationen sind das maßgeschneiderte Produkt der Bank für den Kunden im Sinne eines Financial Engineering.

Versteht sich eine Bank als Informationsproduzent, muß sie auch mit den Charakteristika von Informationen umgehen können.

Informationen entfalten ihren Wert nicht nur durch ihre Kundenorientierung, sondern auch in Abhängigkeit von der Zeitschiene. So sind bspw. Kursinformationen von den Geld- und Devisenmärkten für den Händler, der sein Buch zu führen hat, nur kurzfristig, d.h. bis zur Änderung eines Kurses von Wert. Für den Researcher haben aber auch historische Kurse einen besonderen Wert, da er für die Analyse der Kursverläufe und deren Prognose Datenbanken füllen muß.

Für den professionell agierenden Großanleger, z.B. eine Versicherung, sind die Konditionen der gesamten Anlagepalette stündlich oder mindestens täglich abzubilden. Für den „kleinen" Sparer ist allenfalls der festgeschriebene Sparzins für die kommenden Monate oder Jahre interessant.

Der mittelständische Firmenkunde möchte von seiner Bank in regelmäßigen Abständen (in der Regel quartalsweise) volkswirtschaftliche

Informationen über die Auslandsmärkte. Der international tätige Großkunde erwartet Detailinformationen aus den relevanten Märkten, die den Charakter von Insiderwissen haben und daher nur kurzfristig werthaltig sind.

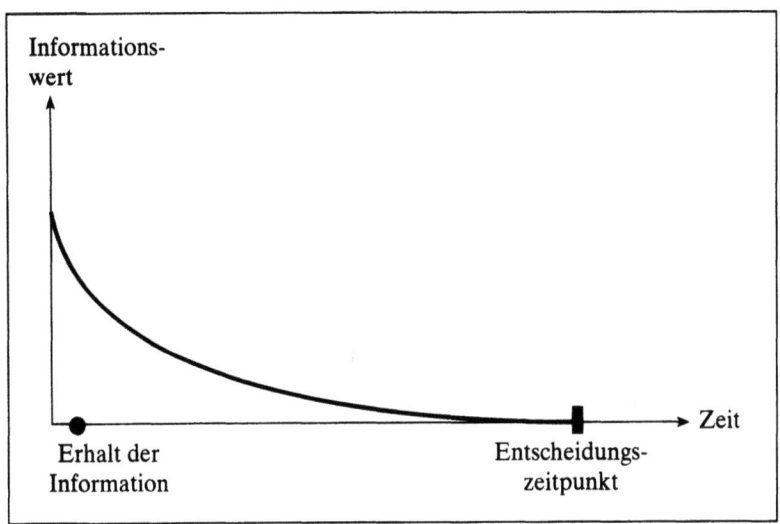

Abbildung 10: Der Informationswert auf der Zeitschine

Eine Bank ist somit ein hochkomplexer, informationserzeugender Organismus, dessen Fähigkeiten sowohl dem eines Nachrichtensenders als auch dem eines wissenschaftlichen Gutachters entsprechen müssen. Dies stellt besondere Anforderungen an die Informationssysteme und die Mitarbeiter.

Die Informationsqualität in sachlicher und zeitlicher Hinsicht ist also der entscheidende Hebel zur Differenzierung im Wettbewerb. Dabei muß die erforderliche Qualität der Information erzeugt, d.h. produziert werden. Informationserstellung ist ein Produktionsprozeß in Reinkultur. Banken sind somit produzierende Industrieunternehmen mit einem spezifischem Produkt, der Information über Finanzdienstleistungen.

Die Qualität des Produktes Information ist von zwei Parametern abhängig:

- der persönlichen Beratungsqualität des Kundenbetreuers
- der Qualität der Informationssysteme

Die Beratungsqualität in dem hier verstandenen Sinne ist die persönliche Komponente des Informationstransportes, d.h. die Fähigkeit des Kundenbetreuers oder Produktspezialisten, am Point of Sale objektive Tatbestände wie Zinsen, Laufzeiten oder Handlungsempfehlungen dem Kunden zu erläutern und in einem akzeptierbaren Problemlösungsansatz zu konkretisieren. Auch wenn weite Teile des Routinegeschäftes der Banken künftig über Maschinen abgewickelt werden, so wird doch die Qualität der Mitarbeiter allgemein und besonders im Vertrieb eine zunehmend entscheidende Rolle spielen. Die überproportional zunehmende Komplexität der Problemlösungsalternativen macht es dem einzelnen Kunden immer schwieriger, zu Entscheidungen zu gelangen. Auch wenn die Kunden insgesamt immer kompetenter werden und zum Teil professioneller agieren als manche Bank, so liegt doch die Kernkompetenz der Banken gerade darin, für den Kunden beratend tätig zu sein und die Komplexität zu reduzieren. Dies kann über standardisierte Angebote im Mengenkundengeschäft ebenso gelingen wie durch professionelles Financial Engineering im gehobenen kommerziellen Geschäft.

Persönliche Beziehungen, Vertrauen und persönlicher Einsatz sind Differenzierungs- und damit Erfolgsfaktoren, die daher nicht hoch genug eingeschätzt werden können. Motivierte und qualifizierte Mitarbeiter sind deshalb auch in Zeiten härter werdenden Wettbewerbs kein Luxus, sondern im Gegenteil dringend notwendiger Baustein zur erfolgreichen Existenzsicherung jeder Bank. Dies zu negieren hieße, darauf zu vertrauen, daß der künftig typische Bankkunde alle Facetten seines komplexen Problemes kennen, priorisieren und darüber entscheiden kann. Dies alles müßte er in einer sich immer rascher verändernden Welt mit immer kürzeren Produktlebenszyklen und strategisch offenen Fenstern beherrschen.

Wenn, so muß man sich fragen, der Kunde alles weiß und alles kann, warum braucht er dann noch eine Bank?

Die Qualität der Systeme für Informationsbeschaffung, -verarbeitung und -abwicklung stellt den zweiten zentralen Erfolgsfaktor dar. Dabei handelt es sich primär um die DV-technische Ausstattung der Bank entlang der Wertschöpfungsketten.

Kundeninformationssysteme für private und institutionelle sowie gewerbliche Kunden, bearbeitungsunterstützende Systeme im Eigenhandel oder der Kreditbearbeitung, Abwicklungssysteme im Zahlungsverkehr oder Auswertungssysteme für Meldewesen und Controlling binden heute nicht nur durchschnittlich zwischen zehn und zwanzig Prozent der Gesamtkosten, sondern stellen auch einen entscheidenden Erfolgsfaktor dar.

So hängt die Qualität der Bankdienstleistung im Kreditgeschäft mitentscheidend davon ab, wie lange es von der Antragstellung bis zur Bewilligung eines Kredites dauert. Leistungsfähige Systeme ermöglichen dem Entscheider eine schnelle Prüfung und Entscheidung, so daß Beratungsqualität und Bewilligungszeit (systemabhängig) ein wettbewerbsfähiges Angebot darstellen. Insofern ist die Gestaltung mindestens eines Teils der Systeme eine strategische Aufgabe, weil hier ein wesentlicher Differenzierungsansatz für die Bank besteht. Damit wird auch bereits ein Risikofaktor des überwiegenden Einsatzes von Standardsoftware deutlich.

Gleiches gilt im Prinzip auch für Handelssysteme. So ist für eine regional ausgerichtete, überwiegend im Mengenkundengeschäft tätige Volksbank die Gestaltung von Handelssystemen kein vorrangiges Differenzierungskriterium, wohl aber für die entsprechende Zentralbank, deren Fähigkeit zur optimalen Gestaltung des Liquiditätsmanagement und der Fristentransformation wesentlich davon abhängt, wie leistungsfähig die Informations- und Bestandsführungssysteme ihrer Treasurer und Händler sind.

Die Privatbank muß, deutlich ausgeprägter als die Sparkasse, ihre sensible Klientel der hochvermögenden Privatkunden oder institutionellen Anleger mit zeitnahen Informationen über Marktfenster versorgen, damit diese Anlagechancen schnell ausnutzen können. Gleichermaßen wichtig sind leistungsfähige Systeme der Portfolioanalyse und des Risk-Management, deren Gestaltung die Anschrift der Information beeinflußt und somit ein erhebliches Differenzierungspotential darstellt.

Die Liste der möglichen Beispiele ist gleichermaßen lang wie überzeugend und macht deutlich, daß die Gestaltung der Informationssysteme eine strategische Dimension hat. Die Gestaltung der Informationssysteme ist wie die Geschäftsstrategie für jede Bank ein individuelles Problem, da jedes Haus in einem individuellen strategischen Umfeld arbeitet und daher von der spezifischen Marktsituation abhängig ist. Die Informationssysteme unterstützen die Mitarbeiter bei der Bearbeitung des spezifischen Marktumfeldes und müssen daher zwingend auf diese Rahmenbedingungen hin konzipiert sein. Dies bedeutet auf keinen Fall eine generelle Absage an Standardsoftware, sondern fordert die Erarbeitung einer bankindividuellen Systemarchitektur und -strategie, in die sehr wohl Standardanwendungen eingebunden sein können.

Personalqualität und Systemqualität sind also die entscheidenden Hebel für die Banken zur Differenzierung im Wettbewerb der Zukunft. Dabei sind beide Faktoren auch gleichermaßen maßgeblich für die Erlös- und Kostenstruktur der Bank, denn zusammen binden sie durchschnittlich 70 – 80 Prozent der Gesamtkosten.

Das Produkt der Banken ist die Information, und über die Qualität der Information differenziert sie sich letztendlich gegenüber ihren Mitbewerbern. Die Qualität der Information wird hierbei durch sachlich-rationale wie auch durch emotionale Faktoren bestimmt.

Allen Kommunikationsebenen gemein sind die beiden Produktivfaktoren Personal und Systeme. Sie treten immer gemeinsam in Erscheinung. Die persönliche Komponente am „Point of Sale" muß durch adäquate Technik unterstützt sein, sonst mangelt es der Beratung an Substanz. Andererseits verkauft die Technik nicht von selbst; es bedarf der qualifizierten Anwendungsberatung durch Fachkundige.

Die Informationsqualität steht daher im Zentrum der Differenzierungsstrategie der Banken. Dies bedeutet einen wesentlichen Paradigmenwechsel für das Management, das bislang unter Kundenorientierung nur das Anbieten verschiedener Anlage- oder Finanzierungsdienstleistungen, die von anderen Wettbewerbern auch angeboten werden, verstanden hat.

Differenzierung ist das Ergebnis einer bankindividuell zu erarbeitenden Strategie. Wie sich eine Bank differenziert, welche Inhalte und Botschaften sie über die einzelnen Kommunikationsebenen den Kunden vermittelt, wie sie die Gewichtung der Ebenen, d.h. der Vertriebskanäle, zueinander beurteilt, kann nur sie selbst bestimmmen.

Die anstehenden Strukturveränderungen im deutschen Bankenmarkt werden zeigen, welche Banken ihre Hausaufgaben in puncto Strategie und Differenzierung gemacht haben.

3. Differenzierungsmuster im deutschen Bankenmarkt

Der Strukturwandel im deutschen Bankenmarkt vollzieht sich natürlich nicht plötzlich, sondern über einen längeren Zeitraum hinweg. Schon immer gab es Banken in Deutschland, die ihre Marktposition tendenziell besser behauptet haben als andere. Dabei ist auffällig, daß kein Unterschied im Erfolg der Marktbearbeitung zwischen den einzelnen Bankengruppen (öffentlich-rechtliche, genossenschaftliche, private Institute) zu erkennen ist, d.h. kein Institut ist aufgrund der Zugehörigkeit zu einer der Bankengruppen prinzipiell bevorzugt oder benachteiligt.

Vergleicht man die Profitabilität der 100 größten Banken in Deutschland, gemessen am Anteil des Teilbetriebsergebnisses am Geschäftsvolumen des Jahres 1994, mit dem jeweiligen Geschäftsvolumen der Institute (Abbildung 12), so zeigt sich, daß im Bereich kleiner und

Organisation/Gruppe	Anzahl Institute
Sparkassen (inkl. Landesbanken, DGZ)	656
Volks- und Raiffeisenbanken (inkl. reg. Zentralbanken /DG BANK)	2664
Privatbanken	331
Spezialinstitute, Realkreditinstitute, KI mit Sonderaufgaben, Bausparkassen	85

Abbildung 11: Bankengruppen in Deutschland

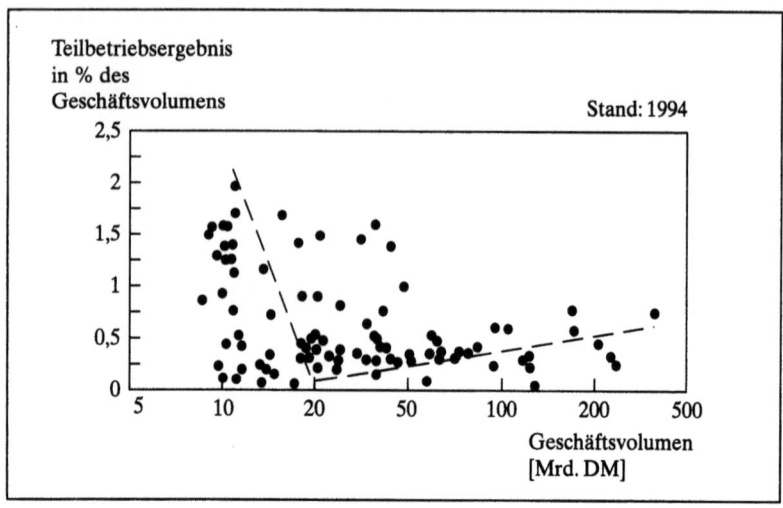

Abbildung 12: Profitabilitäts-/Größen-Diagramm des deutschen Bankenmarktes 1994

mittelgroßer Institute sowohl hochprofitable als auch schwach profitable Wettbewerber zu finden sind. Auch im Bereich der großen Institute ab einem Geschäftsvolumen von etwa 50 Mrd. DM ist die Profitabilität sehr unterschiedlich, wobei hier zu gelten scheint: Je größer, je besser.

Man mag einwenden, daß das Teilbetriebsergebnis nur eine schwache Aussagekraft besitzt, weil außerordentliche Effekte nicht berücksichtigt werden. Außerdem ist die Analyse, weil sie nur auf einem Jahr (1994) basiert, allenfalls als Stichprobe zu bewerten.

Beide Einwände sind im Prinzip richtig, müssen aber vor dem Hintergrund der bezweckten Aussage relativiert werden. Für die Marktstrukturanalyse, die hier durchgeführt wird, ist das Teilbetriebsergebnis eine ausreichende Orientierungsmarke, da der Abstraktionsgrad hoch und die Vergleichbarkeit zwischen den Instituten daher gewahrt ist. Ein Institut, das unprofitabel ist, kann durch außerordentliche Effekte nicht zu einem hochprofitablen Unternehmen getrimmt werden, vor allem nicht über einen längeren Zeitraum. Insofern ist für die Aussage wichtig, daß auch eine Analyse von Teilbetriebsergebnis und Geschäftsvolumen für das Jahr 1984

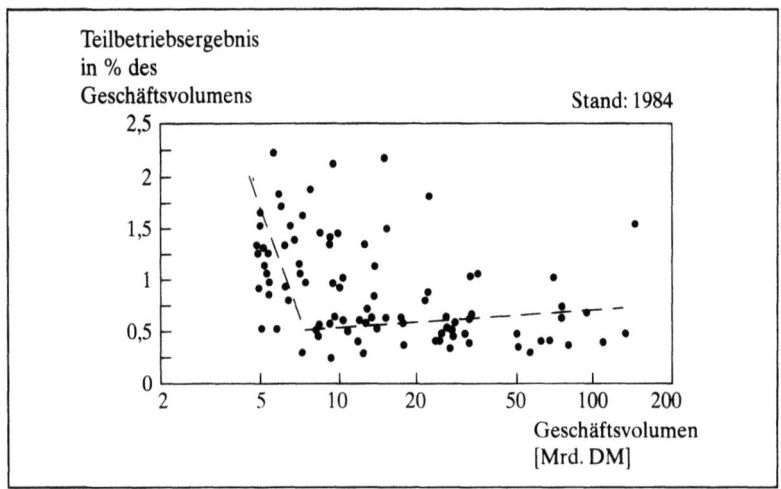

Abbildung 13: Profitabilitäts-/Größen-Diagramm des deutschen Bankenmarktes 1984

für die untersuchten Banken ein identisches Strukturbild ergibt, nämlich das eines Hockeyschlägers.

Ein Übereinanderlegen der 84er und der 94er Analyse belegt eindeutig den negativen Ergebnistrend der wichtigsten deutschen Banken und die Beständigkeit des „Hockey-Stick"-Syndroms.

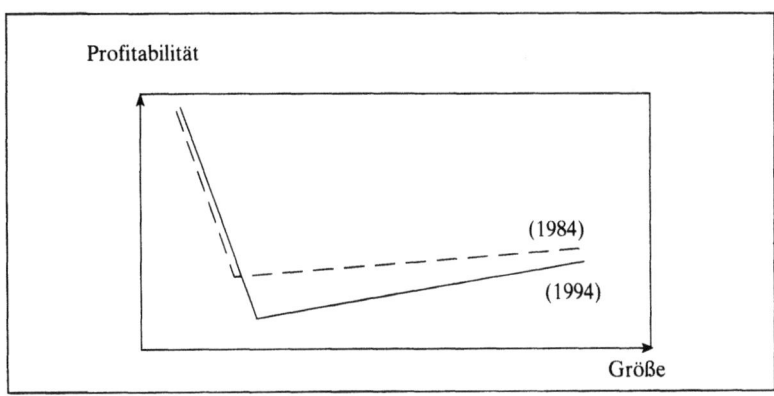

Abbildung 14: Profitabilitäts-/Größen-Diagramm des deutschen Bankenmarktes 1984 versus 1994

Das Ergebnis belegt vor allem auch die Aussage, daß es große Unterschiede in der Profitabilität kleiner und mittlerer Institute gibt, daß aber vor allem die Institute, die zwischen 30 und 150 Mrd. DM Bilanzsumme haben, tendenziell eine schwächere nachhaltige Profitabilität aufweisen. Die Hypothese hierfür lautet, daß diese Banken weder die kritische Masse haben, um als Großbank über die erforderlichen „Economies of Scale" verfügen zu können, andererseits aber dem Rahmen einer kleinen und spezialisierten Bank entwachsen sind.

Natürlich gibt es eine Reihe von Erklärungen, die die Positionierung bestimmter Institute in dem Diagramm erklären. So sind Landes- und Zentralbanken in erster Linie zur Unterstützung der Sparkassen bzw. der Volks- und Raiffeisenbanken gegründet worden und sollen nicht auf Kosten dieser Banken hochprofitable Veranstaltungen werden. Bestimmte Spezialinstitute wie Hypothekenbanken haben ein enges Betätigungsfeld und mögen dies als Nachteil empfinden.

Tatsächlich aber sind die Marktbedingungen für alle Banken praktisch gleich. Den nicht im Privatkundengeschäft tätigen Banken fehlen die günstigen Einlagen, dafür benötigen sie andererseits kein aufwendiges Filialsystem. Die im gewerblichen Geschäft weniger stark engagierten Banken tun sich schwerer mit der Anlage der Gelder, haben dafür aber deutlich geringere Risikokosten.

Insofern sind die Potentiale zur Ertragssteigerung für alle Institute gegeben, zumal die Streuung der Werte bewirkt, daß manche Banken gegen den Durchschnittstrend besonders erfolgreich oder erfolglos gewesen sind, obwohl sie sonst keine Auffälligkeiten zeigen.

Die Beobachtung, daß Größe und Profitabilität nicht in einem Korrelationsverhältnis stehen, gilt nicht nur für den deutschen Markt. Auch in USA, Frankreich und Großbritannien lassen sich entsprechende Korrelationen nicht feststellen.

Es scheint vielmehr, wie in Deutschland auch, so zu sein, daß andere Faktoren als die schiere Größe für den Erfolg einer Bank ausschlaggebend sind.

Bei den erfolgreichen kleinen und mittelgroßen Instituten können zwei Typen unterschieden werden, nämlich Regional- und Produktspezialisten.

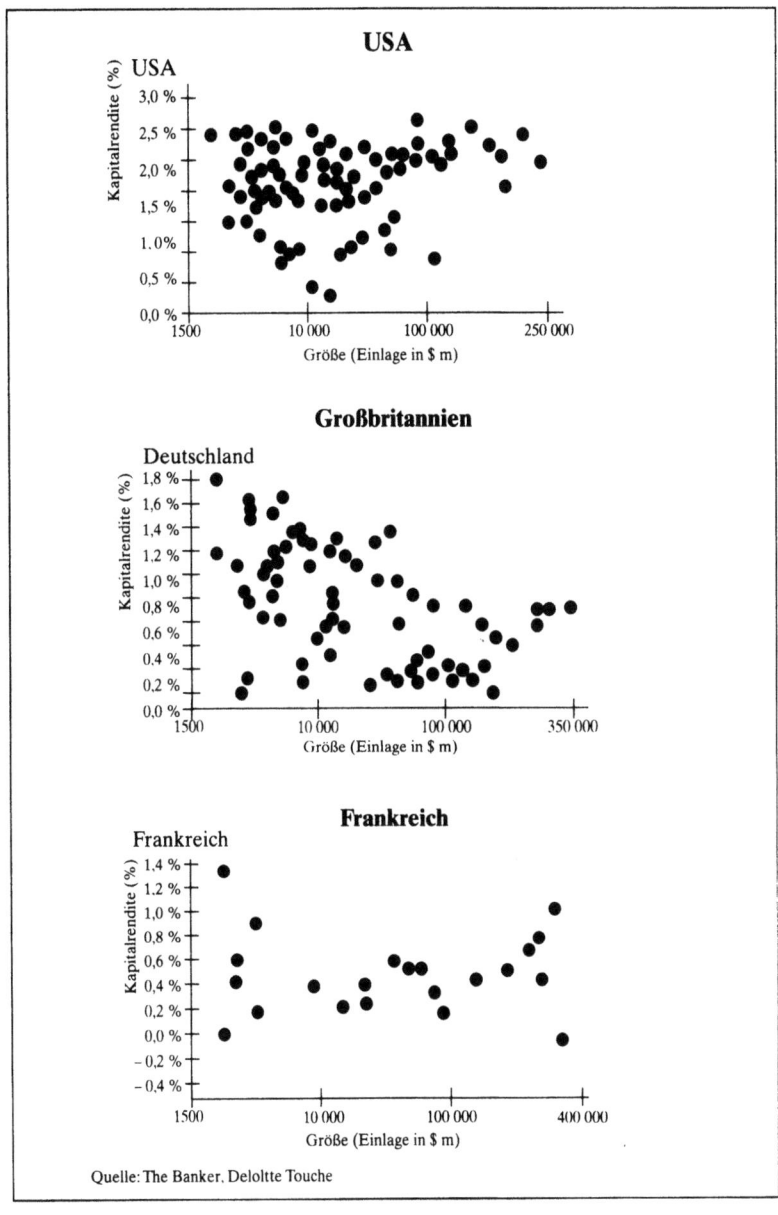

Abbildung 15: Größen-/Profitabilitäts-Korrelationen USA, Großbritannien und Frankreich

Regionalspezialisten bearbeiten den ihnen durch politische, rechtliche oder organische Festlegungen zugeordneten regionalen Markt. Typische Regionalspezialisten sind Sparkassen und Volks- und Raiffeisenbanken, die durch Verbandsstrukturen sowie Gebietsdefinitionen auf einen klar abgegrenzten Regionalmarkt ausgerichtet sind. Dabei agieren sie in Zusammenarbeit mit den ebenfalls in der Regel regional ausgerichteten Landes- bzw. Zentralbanken als „Vollsortimenter", d.h. sie bieten prinzipiell alle Finanzdienstleistungen an.

Entscheidender struktureller Wettbewerbsvorteil der Regionalspezialisten ist die räumliche Nähe zur Kundschaft über die Filialnetze sowie die regionalspezifische Ausrichtung der Bank im Hinblick auf die gesellschaftliche Integration sowie die besonderen Dienstleistungsanforderungen der Region. So ist für eine in einer ländlichen Region agierende Sparkasse das Anforderungsprofil an das Dienstleistungsangebot deutlich anders als für eine in einem Ballungsgebiet angesiedelte Stadtsparkasse.

Die räumliche Nähe zur Kundschaft ist für den Regionalspezialisten ein strategischer Erfolgsfaktor, weil die „Grundversorgung" mit Finanzdienstleistungen vor allem für das Mengengeschäft (heute noch) die Präsenz vor Ort erfordert. Kunden im Mengengeschäft fragen vor allem Standardprodukte nach, die praktisch keinen Beratungsbedarf erfordern. Solche Geschäfte werden „um die Ecke" erledigt, beim Einkaufen oder auf dem Weg ins Büro. In den kommenden Jahren werden diese Standardprodukte daher auch elektronisch angeboten, was eine Differenzierung deutlich erschweren wird.

Die strategische Kernfrage für den Regionalspezialisten betrifft die Zukunft des Standardgeschäftes. Inwieweit wird durch eine Veränderung der Vertriebswege, vom stationären Vertrieb über Filialen zum Home-Banking, das Kundenverhalten verändert. Wie schnell stellt sich der Kunde im Mengengeschäft auf das Home-Banking um?

Einer Studie (Priewasser) zufolge wird sich der Anteil alternativer Vertriebswege (Kunden SB, Außendienst, Telefon, Brief, Home-Banking, and. Gesellschaften) an den Geschäftsabschlüssen bis zum Jahre 2000 von heute 30 % auf 48 % und bis 2009 auf 60 % erhöhen. Eine Konsequenz, so die Prognose, ist der Rückgang der Anzahl an Geschäftsstellen bei den Regionalspezialisten um 20 – 30 %, bei anderen Instituten um bis zu 50 %.

Dies bedeutet aber andererseits, daß auch in 15-20 Jahren noch fast die Hälfte aller Geschäfte in Geschäftsstellen abgeschlossen wird. Das Bankgeschäft wird nämlich nicht „entpersonifiziert"; die Geschäftsstelle bleibt bis auf weiteres der dominante Vertriebsweg der meisten Banken.

Auf jeden Fall kann der Regionalspezialist nur überleben, wenn es ihm gelingt, das Mengengeschäft profitabel zu gestalten, d.h. durch konsequente Automatisierung in Produktion und Vertrieb die Kostenführerschaft nachhaltig zu erreichen. Das Geschäftsstellennetz ist daher sowohl Chance als auch Risiko. Die Sicherstellung der räumlichen Nähe für das Mengengeschäft bindet Kosten, deren Effizienz nur durch konsequente Automatisierung auf der Transaktionsebene erreicht werden kann.

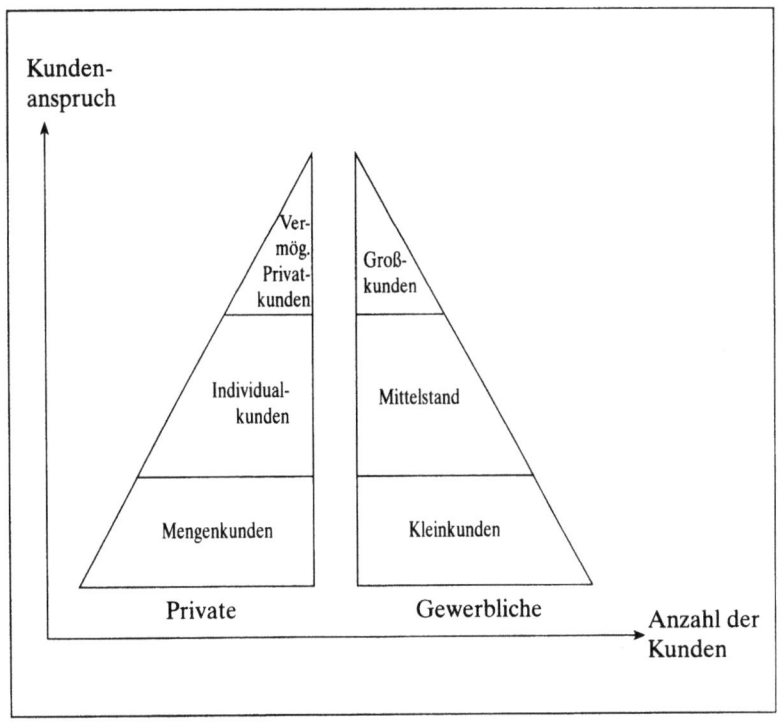

Abbildung 16: Kundenanspruch versus Anzahl Kunden

Der Regionalspezialist ist der natürliche Anbieter für das Mengengeschäft. Auch wenn die Pro-Kunde-Profitabilität bei Individualkunden deutlich höher ist, wäre es ein verhängnisvoller strategischer Fehler eines Regionalspezialisten, etwa eine „Veredelungsstrategie" zu fahren und sich auf das Firmenkundengeschäft und das Geschäft mit vermögenden Privatkunden zu konzentrieren. Unter Wettbewerbsgesichtspunkten stellt das Mengengeschäft, wenn es konsequent effizient betrieben wird, die strategische Plattform dar, von deren sicherer Basis aus der Regionalspezialist zusätzliche Segmente bearbeiten kann, in denen er allerdings einem härteren Wettbewerb mit Geschäftsfeld- und Multispezialisten ausgesetzt ist. Der stärkere Rückzug der anderen Wettbewerber aus der Präsenz in der Fläche dokumentiert unter anderem auch den strategischen Wert des Mengengeschäftes für den Regionalspezialisten.

Die strategische Wettbewerbsposition des Regionalspezialisten leitet sich also aus der Sicherstellung der Grundversorgung mit Finanzdienstleistungen ab, für die derzeit (noch) das Filialsystem der entscheidende Erfolgsfaktor ist.

Das Geschäft etwa mit vermögenden Privatkunden und größeren Firmenkunden ist für den Regionalspezialisten ein Zusatzgeschäft, dessen Erträge eher den Charakter des „Sahnehäubchens" haben. Daher resultiert auch die strategische Gefährdung des Regionalspezialisten nicht aus der verstärkten Tätigkeit der Wettbewerber in den anspruchsvollen Kundensegmenten, sondern aus einer Vernachlässigung des Stammgeschäftes bzw. einer Veränderung des Kundenverhaltens im Mengengeschäft z.B. durch Home-Banking.

Für den Regionalspezialisten ist daher die Kommunikation technischen Know-hows und die Nutzung der Technik als Vertriebs- und Differenzierungsmedium von entscheidender Bedeutung. Eine führende Position in der technischen Anbindung des Mengengeschäftes, dessen effiziente Administration und eine entsprechende Kompetenz sind die Erfolgsfaktoren in diesem Geschäft.

Den Wandel im Kundenverhalten vom stationären Vertrieb via Geschäftsstelle zum Home-Banking muß der Regionalspezialist mit überlegener Technik begleiten, will er nicht Gefahr laufen, diese Kunden an Wettbewerber zu verlieren, die bislang aufgrund fehlender regionaler Nähe keine potentiellen Wettbewerber waren. Für die Organisationen der Regionalspezialisten (Sparkassen, Volks- und Raiffeisenbanken) bedeutet dies, großes Augenmerk auf das reibungslose Zusammenwirken zwischen den Banken und den Zentralbanken/Landesbanken sowie den Rechenzentren legen zu müssen. Die einzelne Bank ist aufgrund ihrer meist geringen Größe nicht in der Lage, die notwendigen Investitionen in die erforderliche Anwendungsentwicklung und Technik zu leisten. Gerade weil die Verbünde aber über die Möglichkeit verfügen, einheitliche Konzepte und Technik für alle ihre Banken zu schaffen, können die Größenvorteile der Großbanken auf diese Weise aufgewogen werden. Die einzelne Bank kann somit günstig in den Genuß innovativer Konzepte und Technik kommen. Voraussetzung ist allerdings, daß die Abstimmungsprozesse in den Verbünden nicht die Entwicklung behindern.

Besondere Bedeutung kommt auch der Effektivität der Allfinanz-Vertriebsstrukturen der Regionalspezialisten zu, d.h. der Verbreiterung der Angebotspalette der gesamten Sparkassen- bzw. Volks- und Raiffeisen-Organisation über die einzelne Bank. Der Vorteil der breiten Marktpräsenz muß und kann nur durch ein effektives Zusammenwirken von Bank-, Versicherungs- und Hypothekenangebot nachhaltig gesichert werden. Die Zukunft der Regionalspezialisten hängt daher in hohem Maße vom Erfolg bei der umfassenden und kostengünstigen Voll- und Grundversorgung im Mengenkundengeschäft ab. Auch wenn die meisten Mengenkunden selbst in fünf bis zehn Jahren nur kleine Deckungsbeiträge erbringen, so sollte man sich dennoch daran erinnern, daß ein kleiner Betrag, multipliziert mit einer großen Kundenzahl, auch einen großen Ertrag bringen kann.

Gegenüber den Regionalspezialisten haben Geschäftsfeldspezialisten eine grundsätzlich andere strategische Wettbewerbsposition. Geschäftsfeldspezialisten konzentrieren sich auf bestimmte Kundensegmente, vor allem mit einem begrenzten, auf diese Kunden zugeschnittenen Geschäftsportfolio. Typische Vertreter der Geschäftsfeldspezialisten sind die Privatbanken, die Hypothekenbanken und die Investmentbanken, die vor allem in der Anlageberatung vermögender Privatkunden bzw. beim Risiko- und Bilanzstrukturmanagement von Firmenkunden ihre geschäftliche Basis haben. Während Regionalspezialisten im Sinne Porters die wettbewerbliche Kostenführerschaft anstreben müssen, sind Geschäftsfeldspezialisten Vertreter einer Fokussierungsstrategie.

Für den Geschäftsfeldspezialisten ist räumliche Nähe kein entscheidendes Kriterium, da die Kunden bei anspruchsvollen Dienstleistungen wie der Vermögensberatung in der Regel über persönliche Besuche und Managementaufträge betreut werden. Investmentbanken und Privatbanken sind daher besonders angebotsorientiert auszurichten, d.h. sie definieren ihren Markt selbst und leben prinzipiell von der Produktidee bzw. der Produktqualität (Performance). Die angebotsorientierte Ausrichtung erfordert daher neben einer konsequenten Vertriebs- bzw. Kundenorientierung vor allem innovative und hochqualifizierte Produkte und einen anderen, produktorientierten Mitarbeitertyp. Eine grundlegende Entwicklung, weg vom Standardprodukt hin zur kundenindividuellen Problemlösung (Financial Engineering), käme den Geschäftsfeldspezialisten tendenziell entgegen, da sie gewissermaßen traditionell über die entsprechenden Instrumente und Fähigkeiten (Personal- und Produktqualität) verfügen.

Die strategischen Risiken für die Geschäftsfeldspezialisten liegen im Verlust der Qualitäts- und Innovationsführerschaft in den strategischen Kernprodukten. Geschäftsfeldspezialisten sind daher auch in besonderer Weise von der Qualität der Produktivfaktoren Personal und Systeme abhängig. Ein Verlust der Qualitätsführerschaft ist bei Geschäftsfeldspezialisten praktisch immer Konsequenz des Verlustes von Leistungsträgern und/oder der Leistungsfähigkeit der Informationssysteme. Insofern stellt dieser Sachverhalt besondere Anforderungen an das Personal- und Informationsmanagement dieser Institute, vor allem bei der Führung von hochqualifizierten „Champions".

Die strategischen Erfolgsfaktoren der Regional- und Geschäftsfeldspezialisten sind also vollkommen unterschiedlich in ihrer Ausprägung, nicht dagegen in der Methodik. Der Spezialist konzentriert sich auf die Kundenanforderungen der Region oder der entsprechenden produktnachfragenden Klientel und richtet sein Institut konsequent an den Anforderungen dieses Marktes aus. Eine Diversifikation in neue Geschäftsfelder stellt für den Spezialisten ein doppeltes Risiko dar. Erstens kann es sein, daß der Aufbau der Expertise nicht mit den Akquisitionsbemühungen Schritt hält, so daß der Marktantritt einem Strohfeuer gleicht, zweitens kann es sich bei den neuen Aktivitäten um solche handeln, die mit dem Stammgeschäft so wenig Interdependenzen und damit Synergien haben, daß es sich um ein isoliertes Geschäftsfeld handelt, dessen Aufbau keinen dauerhaften Markterfolg mit sich bringt.

So haben bspw. einige Sparkassen beim Aufbau des Geschäftsfeldes „Gewerbliche Immobilien" durchaus hohe Volumina, aber durch die fehlende Expertise auch hohe Risikokosten eingefahren. Ähnlich erging es einigen Privat- und Investmentbanken, die im Auslandsgeschäft bzw. im gewerblichen Kreditgeschäft versuchten, ihre Bilanzsummen wachsen zu lassen.

Wenn der Aufbau von Geschäft nicht mit dem Aufbau von Expertise oder Synergien einhergeht, ist ein nachhaltiger und dauerhafter Geschäftserfolg eher unwahrscheinlich.

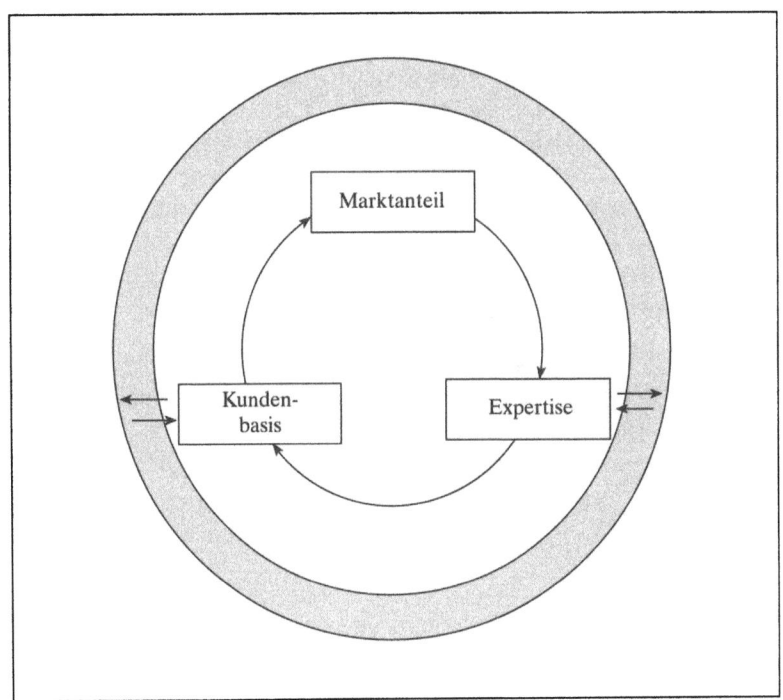

Abbildung 17: Zusammenhang zwischen Expertise und Geschäftserfolg

Gleiches gilt für den dritten Erfolgstypus im deutschen Bankenmarkt, den Multispezialisten. Einige Großbanken sind in der Lage, den Regional- und den Geschäftsfeldspezialisten in deren Kernmärkten als kompetenter Wettbewerber entgegenzutreten. Einerseits verfügen Großbanken über ein ausgebautes Filialnetz, mit dem sie den Regionalspezialisten bezüglich Kundennähe Konkurrenz machen können, andererseits besitzen sie prinzipiell die notwendige Produktkompetenz, um mit den Geschäftsfeldspezialisten um deren Klientel zu konkurrieren. Das Erfolgsrezept des Multispezialisten ist, wie das Wort schon ausdrückt, die Fähigkeit, die notwendige kritische Masse an Kompetenz und Vertriebsorganisation in den strategischen Erfolgsfaktoren der Kernmarktsegmente bereitzustellen.

So hat bspw. die Deutsche Bank vergleichsweise lange gewartet, bis sie das erste Commercial-Paper-Programm aufsetzte, dann allerdings war sie in diesem Geschäftsfeld sofort die Nummer eins.

Gleiches galt für das Erschließen neuer Geschäftsfelder wie z.b. der Unternehmensberatung. Auch in diesem Markt versuchten viele Banken (auch die Deutsche Bank) mit kleinen Schritten Fuß zu fassen, was angesichts der etablierten Beratungsgesellschaften ein unrealistisches Unterfangen war. Erst durch die Übernahme einer etablierten Unternehmensberatungsgesellschaft wurde die Deutsche Bank ein wichtiger Player in diesem Segment und damit wesentlicher Wettbewerber der etablierten Gesellschaften.

Der Grund für diese erfolgreiche Diversifikation liegt in den Synergieeffekten für ein Kerngeschäftsfeld der Bank, nämlich den gewerblichen Mittelstand.

Diese Strategie wurde auch auf den Allfinanzbereich ausgedehnt. Durch die Gründung einer eigenen Lebensversicherungsgesellschaft und diverse Akquisitionen ist der Deutsche Bank-Konzern ein wesentlicher Wettbewerber auf dem Versicherungsmarkt, so daß über die Filialsysteme ein Allfinanzvertrieb gewährleistet ist, wie er sonst nur im Genossenschaftlichen Finanzverbund der Volks- und Raiffeisenbanken bereits existiert, wo über die einzelne Volks- oder Raiffeisenbank die Versicherungsprodukte der R+V-Versicherung und die Bausparprodukte der Schwäbisch-Hall vertrieben werden. Andere Bankengruppen wie die Sparkassen-Organisation bauen eine ähnliche Struktur zur Verknüpfung der diversen Finanzdienstleistungen auf. Andere Großbanken versuchen, auf dem Wege der Kooperation mit im Markt etablierten Gesellschaften dieses Ziel zu erreichen. Ob eine solche Konzeption im harten Wettbewerb bestand haben wird, kann bezweifelt werden. Die fortschreitende Verflechtung der Finanzdienstleistungen führt tendenziell zu wachsenden Abgrenzungsschwierigkeiten zwischen selbständig operierenden Gesellschaften.

Der Multispezialist ist also nicht durch die Größe allein erfolgreich, sondern durch die Kombination von einzelnen Kompetenzen, die ihn befähigen, den originären Spezialisten in deren Kernmärkten Paroli zu bieten.

Das Risiko des Multispezialisten liegt zum einen in der Globalisierung des Geschäftes, zum anderen im Verlust der Spezialistenkompetenz durch bankinterne Fehlsteuerungen.

Jeder Multispezialist ist, global betrachtet, ein Regionalspezialist, da er einem bestimmten Herkunftsland entstammt. Um der wachsenden Globalisierung des Geschäftes umfassend Rechnung zu tragen, ist eine dem Inlandsmarkt entsprechende Vertriebsstruktur auch in den Fremdmärkten anzustreben. Dies erfordert, analog dem Inlandsmarkt, die Etablierung einer Vertriebsorganisation mit entsprechenden Filialstrukturen, denn der Charakter des typischen Geschäftes im Ausland erfordert eine ausreichende Präsenz und regionale Kompetenz in den Fremdmärkten.

Diesen Anforderungen kann durch Akquisition einer Inlandsbank, dem Aufbau eines eigenen Filialnetzes oder durch Kooperation entsprochen werden.

Für den Multispezialisten sind Kooperationen ein ungeeignetes Mittel, weil die Kooperation mit einem anderen Multispezialisten aufgrund des inhärenten Anspruches der Vollversorgung aller Kunden und der gleichzeitigen Internationalisierung des Geschäftes unweigerlich zu tiefgreifenden Konflikten mit dem Kooperationspartner über Kunden- und Geschäftsabgrenzung führen muß. Insoweit ist es nicht überraschend, daß Kooperationen zwischen Multispezialisten verschiedener Länder bislang keinen Bestand hatten (vgl. Commerzbank – Credit Lyonnais).

Für die Akquisition bzw. den Aufbau eigener Filialnetze gelten die üblichen Diversifikationsrisiken, d.h. ob eine im Kern gesunde Gesellschaft übernommen wurde oder ein potentieller Verlustbringer also ob das Geschäftsvolumen nachhaltig die kritische Masse erreicht, um profitabel zu sein.

Ein weiteres Risikofeld für den Multispezialisten besteht in der ungenügenden Steuerung der Vielfalt, d.h. dem Verlust der Spezialistenfähigkeiten.

Besonders deutlich wird dies bei der Diskussion um die richtige Dimensionierung der Filialnetze. Der Multispezialist unterhält ein aufwendiges Filialnetz; er muß es unterhalten, wenn er die Wettbewerbsposition gegenüber den Regionalspezialisten halten will. Reduziert er aus Kostengründen seine Regionalpräsenz zu stark, verliert er die Regionalkompetenz und damit auch die Möglichkeit, interessante Kunden wie die Individualkunden ansprechen zu können, die sich bei wachsender Kompetenz der etablierten Regionalspezialisten und deren besserer regionaler Präsenz und Kompetenz von dem Multispezialisten abwenden.

Die einzige Möglichkeit, Vertriebseffizienz und Kundennähe zu verknüpfen, bietet die konsequente Nutzung der Technik im Home-Banking. Durch die neuen Medien bekommt der Begriff der Kundennähe eine neue Definition. Sie bezieht sich nicht mehr ausschließlich auf eine räumliche Dimension, sondern definiert den Kunden als Einzelperson in seiner individuellen Umgebung. Für die Multispezialisten, die ein weniger dichtes Filialnetz haben als die jeweiligen Regionalspezialisten, können die neuen Medien zur Kompensation dieser Wettbewerbsnachteile dienen. Je schneller die Bedeutung der Filiale als Vertriebsweg schwindet, umso besser für die Multispezialisten.

Der Verlust der Marktposition droht auch, wenn es dem Multispezialisten nicht gelingt, das notwendige Spezialisten-Know-how auf Dauer sicherzustellen. So liegt die besondere Herausforderung bspw. der bayerischen Großbanken darin, den Wandel vom Regional- (Bayerische Vereinsbank) bzw. Geschäftsfeldspezialisten (Bayerische Hypotheken- und Wechselbank) zum Multispezialisten durch geichzeitigen adäquaten Aufbau von Kompetenz in den neuen Geschäftsfeldern abzusichern.

Der Multispezialist benötigt eine besondere Fähigkeit, die notwendige Flexibilität innerhalb einer komplexen Organisation sicherzustellen. Einerseits muß er beständig Spezialisten integrieren, um den Know-how-Fluß zu gewährleisten, andererseits muß er etablierte Geschäftsfelder permanent absichern. Hierzu ist ein umfassendes und sensitives Steuerungssystem nötig, um Fehlentwicklungen rechtzeitig zu erkennen und Impulse zu setzen.

Besondere Anforderungen werden auch an die Unternehmenskultur gestellt, da der Multispezialist notwendigerweise auch multikulturell, d.h. international und vielschichtig ausgerichtet sein muß. Know-how-Zufluß bedeutet immer auch Unternehmenskultur-Zufluß, d.h. der eingekaufte Investmentbanker muß mit dem etablierten Filialleiter kommunizieren können. Die Fusion der britischen Investmentbank Morgan Grenfell mit den Investment-Banking-Aktivitäten der Deutschen Bank ist ein Beispiel für die Schwierigkeiten im Umgang mit unterschiedlichen Unternehmenskulturen.

Die Risiken für den Multispezialisten sind daher ebenso vielfältig wie das Geschäft, das er betreibt. Um sein Geschäft beherrschen zu können, bedarf es der detaillierten Kenntnisse der Anforderungen in den verschiedenen Kernmärkten.

Nur die nachhaltige Fähigkeit, den Spezialisten Paroli bieten zu können, ermöglicht es dem Multispezialisten, seine Größen- und Risikotransformations-Vorteile ausspielen zu können. Die deutschen Banken, die diese Fähigkeit besitzen, sind nicht einmal an einer Hand abzählbar.

Wenn größere deutsche Banken in ernsthafte Schwierigkeiten geraten sind bzw. substantielle Verluste in bestimmten Geschäftsfeldern erlitten haben, ist fast immer die mangelhafte Beherrschung der Kundenbeziehung oder des erforderlichen Know-how die Ursache gewesen. Entweder hat man Entwicklungen beim Kunden zu spät oder nicht richtig wahrgenommen oder man hat die dem Geschäft inhärenten speziellen Risiken unterschätzt.

Aus diesem Grunde heißt der Erfolgstyp „Multispezialist", weil neben dem für den Universalbanker leicht zu verstehenden Begriff „Multi" auch der Begriff „Spezialist" gleichbedeutend steht. Nur die Kombination macht den Erfolg aus. Es gilt für alle Erfolgsmuster im

Bankenmarkt, daß eine erfolgreiche Differenzierung immer auch mit einer Fokussierung, einer Konzentration auf das ausgewählte Geschäftsfeld und seine Kunden verbunden ist.

Fast alle deutschen Banken gehören potentiell einer der drei vorgestellten Bankentypen an, allerdings sind die wenigsten konsequent auf die entsprechenden Aufgaben ausgerichtet. Die meisten Institute gleichen eher einem Gemischtwarenladen, der von allem etwas anbietet, nichts davon aber richtig, d.h. mit der notwendigen Expertise. Nur wenige Häuser verfügen über eine verabschiedete, an den Wettbewerbsentwicklungen ausgerichtete Gesamthaustrategie, die sich die Konzentration auf bestimmte Kerngeschäftsfelder auf die Fahnen geschrieben hat. Auch heute noch glauben die meisten Bankmanager offenbar, sie könnten im Prinzip alles noch selbst. Entsprechend erfolglos sind alle weiteren Bemühungen im deutschen Bankenwesen geblieben, strategische Konzepte konsequent umzusetzen.

Differenzierung bedeutet ja auch, sich positiv vom Wettbewerber zu unterscheiden. Nur einfach anders sein, reicht nicht; man muß auch besser sein. Gerade das Bessersein erfordert die Fokussierung der Ressourcen. Zu erkennen, welchem Grundmuster erfolgreicher Banken man angehört, ist so schwierig nicht. Weit schwieriger ist es, im Rahmen eines solchen Grundmusters die eigene Differenzierungsstrategie zu erarbeiten und – vor allem – konsequent umzusetzen.

Der Hauptwettbewerb im deutschen Finanzdienstleistungsmarkt wird im mittleren Segment, d.h. um den gewerblichen Mittelstand und den Individualkunden geführt werden. Diese Kundengruppen sind für alle Banken relativ leicht erreichbar, bieten interessante Geschäftspotentiale und sind mobiler, auch was die Bankbeziehung angeht. Vor allem ist dieses Kundenpotential keinem der Bankerfolgsmuster eindeutig zuordenbar. Für den Basisversorger Regionalspezialist sind sie eine wesentliche Ergänzung zum Mengengeschäft, für den Geschäftsfeldspezialisten eine große, aber selektiv zu bearbeitende Kundengruppe. Für den Multispezialisten sind die mittleren Segmente die Basis jeder Regionalaktivität in den Filialen, da die Großkunden tendenziell eine zentrale Betreuung erfordern.

Die Regionalspezialisten drängen von ihrer strategischen Basis, dem Standard- oder Mengenkundengeschäft, in die höheren Segmente

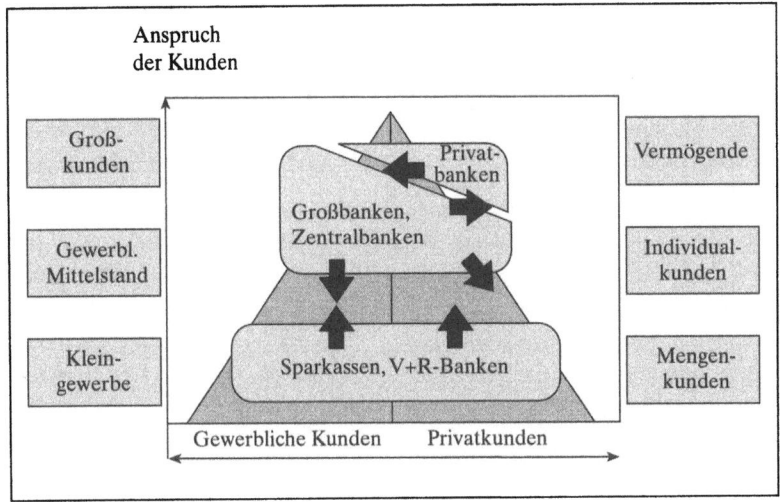

Abbildung 18. Wettbewerbsintensität in den Zielkundensegmenten

vor. Die Geschäftsfeldspezialisten schließlich versuchen, ihre für Großkunden und vermögende Privatkunden erarbeiteten Konzepte (Risikomanagement, innovative Anlageformen) standardisiert einer breiteren Kundenschicht anzubieten.

Im Kampf um dieses zentrale Kundensegment werden sich nur diejenigen Banken durchsetzen, die besondere Stärken als Differenzierungsansatz vermitteln können.

Jede Form des erfolgreichen Wettbewerbers, ob Regional-, Geschäftsfeld- oder Multispezialist, erfordert daher zunächst einmal die Fokussierung auf das Kerngeschäft. Genau hier liegt auch die Kernproblematik für den vierten und am meisten verbreiteten Wettbewerbertyp, den undifferenzierten Anbieter.

Die weite Verbreitung dieses „Wettbewerbertyps" ist im Grunde überraschend, weil es nie an intelligenten und zukunftsweisenden Analysen und Konzepten gefehlt hat. Die Markttrends sind bekannt und werden nicht bestritten; allein die Bereitschaft und – vor allem – die Fähigkeit, die Institute auf diese Entwicklungen auszurichten und anzupassen, d.h. die Strukturen grundlegend zu verändern, reichen offensichtlich nicht aus.

Die „Wurzel des Übels" ist dabei der Typus des deutschen Bankmanagers selbst, der, wie oben beschrieben, zu oft noch immer Universalbankprinzip mit Universalkompetenz verwechselt. Von einem solchen Typus Manager zu verlangen, er solle sich auf bestimmte Geschäfte konzentrieren, mithin andere Geschäfte nicht mehr betreiben, grenzt an Blasphemie.

Die mangelnde Fähigkeit zur Konzentration bzw. Fokussierung auf die Kerngeschäftsfelder und deren Erfolgsfaktoren ist die Hauptursache für die Strukturprobleme im deutschen Bankenmarkt. Nur die wenigsten Banken haben es bislang vermocht, ein erfolgreicher Regional-, Geschäftsfeld- oder Multispezialist zu werden. Die meisten Banken gehören dagegen dem „vierten" Bankentypus an, dem undifferenzierten Wettbewerber.

Die wettbewerblichen Chancen des undifferenzierten Wettbewerbers sind gleich null. Im sich verschärfenden Wettbewerb der Zukunft fehlt ihm die strategische Basis. Weder verfügt er über spezifisches Produkt-Know-how, das ihn zum führenden Geschäftsfeldspezialisten machen könnte, noch über ein hinreichend tiefes Regional-Knowhow, das ihn den Regionalmarkt beherrschen ließe. Auch fehlt es ihm an der notwendigen kritischen Masse für einen erfolgreichen Multispezialisten.

Ohne spezifische Fähigkeiten, die seine Existenzberechtigung sichern könnten, ist es nur eine Frage der Zeit, bis der undifferenzierte Wettbewerber vom Markt verschwindet oder seine Selbständigkeit verliert. Wenn es nichts gibt, was eine Bank einzigartig im Sinne der Leistungsfähigkeit macht, welche Existenzberechtigung sollte sie noch haben?

Wachsender Wettbewerbsdruck, sinkende Margen, anspruchsvollere Kunden und kürzere Innovationszyklen der Finanzprodukte werden den Typus des undifferenzierten Wettbewerbers verschwinden lassen.

Es ist dabei kein Zufall, daß die heftigsten Diskussionen um die effizienteste Strukturform im Bankenwesen im Sparkassen- und Volks- und Raffeisenbereich geführt wurden und werden. Landes- bzw. Zentralbanken sind besonders gefährdet, undifferenzierte Wettbewerber zu sein. Einerseits haben sie zum Teil eine Größe (Bilanzsumme), die Träume vom internationalen Multispezialisten reifen lassen, andererseits fehlt ihnen aufgrund ihrer Herkunft mitunter die Kompetenz, um ernsthaft im internationalen oder Großkundengeschäft bestehen zu können. Mehr als einmal hat eine Landes- oder Zentralbank den Bezug zu ihrem Kerngeschäft, der Unterstützung ihrer Volks- und Raiffeisenbanken bzw. Sparkassen, verloren und dafür teuer bezahlt bzw. es sich teuer bezahlen lassen. Landes- und Zentralbanken sind Beratungs- und Transformationsspezialisten und damit Serviceinstitute ihrer Primärbanken. Ihre Aufgabe besteht im Liquiditätsausgleich, in der Unterstützung im Kundengeschäft sowie in der Produktentwicklung. Fokussierung ist auch hier das Stichwort für das Management der Zukunft.

Entstehung, Verlauf und Ergebnis der Krise der Bank für Gemeinwirtschaft (BfG) können als erster Beleg für die Konsequenz des Verlustes einer klaren strategischen Ausrichtung auf das Kerngeschäft gelten.

Die ursprüngliche Aufgabe der Unterstützung gewerkschaftlicher Interessen war das Alleinstellungsmerkmals der BfG, die im Verlauf der späteren Entwicklung des Hauses immer stärker in den Hintergrund trat. Der Aufbau einer umfassenderen Geschäftsphilosophie führte zu einer Erweiterung der Geschäftsfelder, nicht aber zum Aufbau der entsprechenden Expertise in diesen Bereichen. Eine rückläufige Gesamtprofitabilität, gepaart mit außergewöhnlichen Risikofällen, ergab eine existenzgefährdende Schieflage des Institutes, die schließlich zum Verlust der Eigenständigkeit führte.

Es waren nicht die unglückliche Marktentwicklung, individuelle Fehlentscheidungen oder die Entwicklung der Zinsstrukturkurve, die letztlich zu der Problemlage führten, sondern der Verlust des Differenzierungsmomentes, des Alleinstellungsmerkmals.

Die erste Kernaufgabe der deutschen Banken besteht also in ihrer klaren und eindeutigen Positionierung im Wettbewerb der Zukunft, als

- Regionalspezialist, der über eine effiziente Grundversorgung mit Finanzdienstleistungen seinen Regionalmarkt beherrscht oder
- Geschäftsfeldspezialist, der über Innovationskraft und Produktqualität die führende Bank für die anspruchsvollsten Dienstleistungen in bestimmten Kundensegmenten ist oder

- Multispezialist, der über ein effektives Management seiner Vielfalt Größenvorteile für eine herausragende Gesamtmarktdurchdringung erlangt.

Keine Bank ist ein unverrückbares Inventar des Marktes für Finanzdienstleistungen. Die Mechanismen des Marktes anzuerkennen, bedeutet, sein Institut am Grundprinzip des Wettbewerbes auszurichten, dem „Prinzip der konkurrenzbedingten Ausschließlichkeit".

4. Personal und Systeme als Hebel zur Differenzierung

Unter dem Gesamtziel „Differenzierung" muß die Gewichtung und Gestaltung der Erfolgsfaktoren „Personalqualität" und „Systemqualität" von Bank zu Bank zwangsläufig verschieden sein. Die Volksbank auf dem Lande hat vor diesem Hintergrund einen anderen Strukturierungsbedarf als die Volksbank in der Großstadt, da das Wettbewerbsumfeld grundlegend verschieden ist. Insofern sind bspw. auch die Sparkassenvergleiche des Sparkassen-Verbandes nur ein unzureichendes Orientierungsinstrument, weil die einzelne Sparkasse in ihrer strategischen Ausrichtung mit einer hohen Anzahl standortspezifischer Einflußfaktoren konfrontiert ist, die eine Vergleichbarkeit über regionale Märkte hinweg stark beeinträchtigen. Es ist eben ein gewaltiger Unterschied, ob eine Sparkasse in einer Stadt wie Frankfurt, München oder Hamburg angesiedelt ist, wo ein intensiver Wettbewerb mit Großbanken und internationalen Banken gegeben ist oder ob sie in strukturschwachen Gebieten mit einer geringen Anzahl auch international tätiger Mittelstandsunternehmen agiert. Selbst innerhalb prinzipiell vergleichbarer Märkte wie Frankfurt und Hamburg spielt es eine entscheidende Rolle, ob die im Corporate Business engagierte Landesbank primär im Stadtgebiet tätig ist oder ob sie eine Region, wie beispielsweise Hessen, abzudecken hat. Alle diese und ähnliche Einflußfaktoren beeinflussen die individuelle Marktstrategie einer Bank maßgeblich und bestätigen die Notwendigkeit, die grundlegenden Erfolgsfaktoren Personal und Systeme für jedes Haus individuell und vor allem simultan zu optimieren. Es wird im weiteren Verlauf des Buches zu zeigen sein, welche Interdependenzen zwischen beiden Faktoren bestehen und weshalb sie zwingend simultan zu optimieren sind.

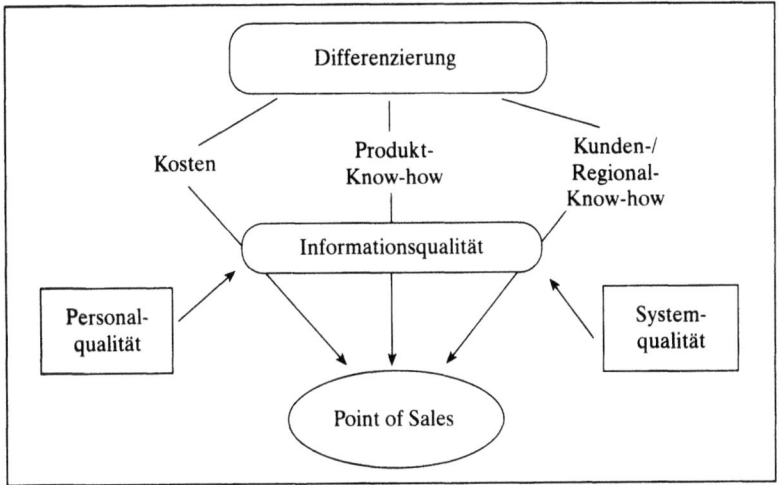

Abbildung 19: Determinanten der Informationsqualität

Obgleich jede Bank ganz individuell ihren Weg finden und definieren muß, weil ansonsten das Fundamentalprinzip der Differenzierung sonst des „Prinzips der konkurrenzbedingten Ausschließlichkeit" verletzt wäre, ist der methodische Ansatz allgemeingültig:

- Personalqualität und Systemqualität sind als integriertes Problem anzusehen (das „Was")
- Folgerichtig ist die Ablauf- und Aufbauorganisation der Bank das entscheidende Instrument zum Erreichen dieses Zieles ist (das „Wie").

An dieser Stelle wird der Unterschied zwischen einer Ameisenkolonie und dem Organismus Bank deutlich. Ameisenvölker brauchen keine Organisation im Sinne einer Konvention, weil jeder Ameinse die Verhaltensformen genetisch einprogrammiert sind. Für einen Organismus, dessen Mitglieder eigene Wertvorstellungen und individuelle Umfeldbedingungen haben, spielt die bewußt gestaltete Organisation hingegen eine herausragende Rolle.

Wenn wir an Organisation denken, dann meist im Zusammenhang mit Organigrammen, d.h. mit aufbauorganisatorischen Regelungen. Die Bedeutung der Aufbauorganisation für den Geschäftserfolg der Bank wird im nächsten Kapitel ausführlich behandelt. Organisation im hier behandelten Zusammenhang meint jedoch Ablauforganisation, d.h. Arbeitsprozesse. Die Organisation der Arbeitsprozesse legt fest, in welcher Form die Produktions- und Erfolgsfaktoren Personal und Systeme zusammenwirken, um Informationsqualität zu erzeugen. Damit wird die Organisation zum Produktionsfaktor der Bank von überragender strategischer Bedeutung.

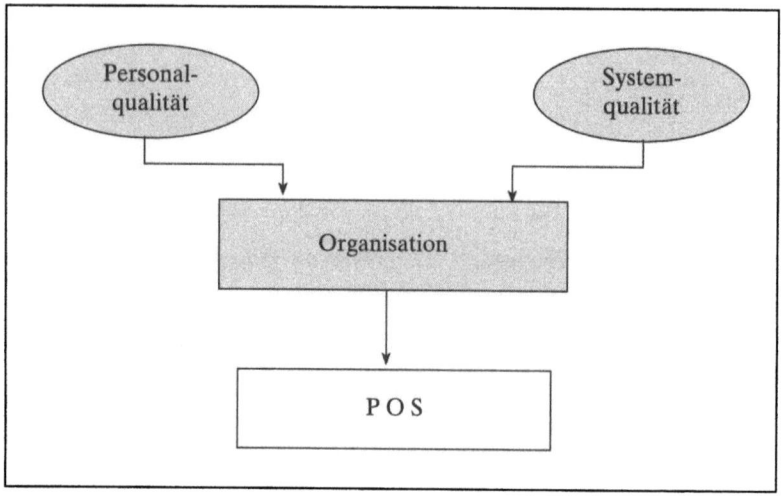

Abbildung 20: Organisation als zentraler Differenzierungshebel

Die Organisation bestimmt das Zusammenwirken von Personal und Systemen sowie die Fähigkeit der gegenseitigen Einflußnahme und Abstimmung. Über die Organisation wird letztendlich die Fähigkeit zur Differenzierung am Markt festgelegt, denn die Organisation ist der Mechanismus, der die Abstimmung der Differenzierungsfaktoren Personal und Systeme am POS bestimmt. Die Organisation selbst ist daher nicht das Differenzierungskriterium an sich, sondern der Funktionsmechanismus, über den die Differenzierung möglich wird. Nicht umsonst münden strategische Konzepte praktisch immer in signifikanten organisatorischen Veränderungen, allerdings zumeist konzentriert auf die aufbauorganisatorische Komponente.

So käme bspw. bei Automobilunternehmen niemand auf die Idee, anzuzweifeln, daß die Fertigungstechnologie der entscheidende Erfolgsfaktor ist. Die Fertigungstechnologie bestimmt Lieferfähigkeit, Flexibilität, Qualität und Kosten des Produktes. Nur auf der Basis einer optimierten Fertigungstechnologie kann eine effiziente Vertriebsorganisation erfolgreich am Markt, d.h. im Wettbewerb agieren. Die Firma Toyota ist nach jahrelangen gezielten Investitionen in ihre Fertigungstechnologie in der Lage, in den Großräumen Tokyo und Osaka innerhalb von nur zwei Tagen nach Bestellung ein individuell ausgestattetes Fahrzeug auszuliefern. (Pikanterweise ist hier nicht die Fertigungstechnologie, sondern die Kreditprüfung in der Regel der Engpaßfaktor). Der durch die Fertigungsflexibilität erreichte signifikante Wettbewerbsvorteil (Differenzierung) ist Ergebnis einer sorgfältig optimierten Fertigungsorganisation.

Für die Banken wird die Fähigkeit, ihre Organisation auf die simultane Optimierung von Personalqualität und Systemqualität auszurichten, entscheidend sein, um im künftigen Wettbewerb bestehen zu können. Die Organisation wird – vergleichbar der Fertigungstechnologie von Automobilherstellern – zum Wettbewerbsfaktor Nummer eins, denn sie ist die „Fertigungstechnologie" des Informationsproduzenten Bank.

III. Organisation als Wettbewerbsvorteil

1. Anforderungen an die Bankorganisation der Zukunft

Jede Bank differenziert sich im Wettbewerb der Zukunft über die Qualität der Information. Die Information wird produziert durch die Produktionsfaktoren Systeme und Personal. Das Zusammenwirken der Produktionsfaktoren wird durch organisatorische Regelungen bestimmt. Insoweit ist die Bankorganisation der zentrale Wettbewerbsfaktor der Bank.

Der Wert der Information entfaltet sich kundenbezogen, d.h. jeder einzelne Kunde verarbeitet und bewertet die Information individuell. Für das Bemühen um Differenzierung bedeutet das, daß die direkte Beeinflussung des Meinungsbildes eines jeden Kunden an jedem individuellen POS bzw. POA stattfindet. Jeder Kontakt zwischen einem Kunden und der Bank hat einen ganz individuellen Charakter. Die Individualität hat natürlich auch ihre Grenzen, beispielsweise dort, wo der Kunde an einem Selbstbedienungsautomaten steht. Aber bedenken wir, daß die Vielfalt und Intelligenz der Selbstbedienungsterminals ständig wächst. Es ist auch schon heute möglich, interaktives Bankgeschäft über das Terminal abzuwickeln, und in diesem Fall gilt prinzipiell die gleiche Individualität wie im Gespräch zwischen zwei Menschen.

Die Individualität des Kundenkontaktes macht aber vor allem deutlich, daß die Differenzierung keine statische, festzuschreibende Eigenschaft ist, sondern bei jedem Kunde-Bank-Kontakt wieder neu errungen werden muß. Die Differenzierung gelingt in jedem neuen Kontakt wieder oder sie gelingt nicht. Jeder Mitarbeiter im Kundenkontakt, einschließlich der ihm zuarbeitenden Kollegen, ist damit für die Differenzierung am POS/POA verantwortlich. Jeder Mitarbeiter wird damit zum dezentralen Unternehmer, ob er will oder nicht. Er bestimmt ganz wesentlich, ob der Bank die gewollte positive Differenzierung gelingt oder nicht. Differenzierung ist also vor allem eine dezentrale Aufgabe.

Kraft und Richtung erhält die Bank am POS/POA somit über die Produktionsfaktoren Personal und Systeme, wobei deren Ausprägung sowohl eine inhaltliche als auch eine prozeßorientierte ist.

Der Prozeß legt das Zusammenwirken der Produktionsfaktoren fest und definiert damit die notwendige Bedingung für den Markterfolg. Wenn nämlich die Prozesse der Informationserzeugung nicht die erforderliche Qualität haben, hat die Bank keine Chance, die gewünschten Inhalte an den Kunden zu bringen. Die Gestaltung der Prozesse ist damit ebenso eine strategische Aufgabe wie die Definition der zu vermittelnden Inhalte.

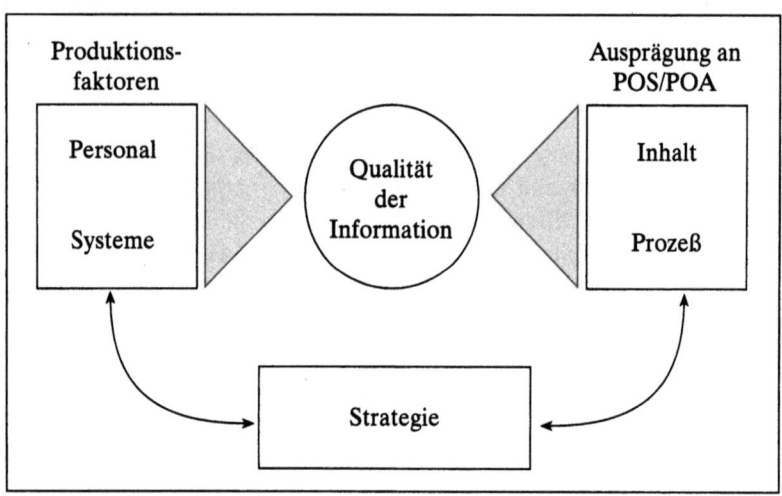

Abbildung 21: Determinanten der Informationsqualität

Die hinreichende Bedingung für den Markterfolg ist die inhaltliche Qualität der Information, d.h. ob die gelieferten Informationen der Bedarfslage der Kunden entsprechen oder nicht. Die inhaltliche Qualität der Information, bspw. einer Vermögensberatung oder einer Finanzierungsberatung, ist zwar in erheblichem Maße durch die Gestaltung der Prozesse bestimmt, liegt aber doch ganz wesentlich auch in der dezentralen Verantwortung des kundenbetreuenden Mitarbeiters. Die positive Differenzierung ist damit nur zu einem Teil durch die Prozesse zu beeinflussen; der große Hebel zur Differenzierung liegt darin, inwieweit der einzelne Mitarbeiter die Strategie der Bank umsetzt bzw. diese Umsetzung im Einklang mit den persönlichen Zielsetzungen des Mitarbeiters steht. Eine erfolgreiche Differenzierungsstrategie zeichnet sich nicht nur durch entsprechende Prozesse, sondern auch durch die entsprechende Verankerung in den individuellen Verhaltensweisen der Bankmitarbeiter an den verschiedenen POS/POA aus. Dies ist umso wichtiger, als im dynamischen Wettbewerb die permanente Anpassung an Veränderungen nur selten zentral vorgegeben werden kann, sondern zumeist dezentral stattfinden muß. Die Vielfältigkeit der Veränderungen spiegelt sich am POS/POA wider; entsprechend kann ihr auch nur dezentral begegnet werden.

Würden Bankorganisationen nach dem gleichen Muster funktionieren wie Ameisenkolonien, wäre das Moment des dezentralen Unternehmertums nicht zu berücksichtigen. Die Strategie und ihre Umsetzung in Prozessen und Inhalten wäre genetisch einprogrammiert. Es lassen sich daher zwei wesentliche Anforderungen für die Bankorganisation der Zukunft definieren:

- strategiekonformes Zusammenwirken von Personal und Systemen (Prozesse)
- Förderung strategieadäquaten dezentralen Unternehmertums

Folgerichtig lassen sich strategisch motivierte Veränderungen in einer Bank nur erfolgreich durchführen, wenn es gelingt, die Prozesse entsprechend den Anforderungen der Strategie zu gestalten und das dezentrale Unternehmertum strategieadäquat zu fördern. Erst die Übereinstimmung von Strategie, Prozessen und dezentralen Verhaltensweisen ermöglicht eine erfolgreiche Differenzierung im Wettbewerb.

2. Reorganisationsansätze im deutschen Bankenmarkt

Die deutschen Banken haben die Bedeutung der Organisation als Wettbewerbsfaktor erkannt. Alle großen deutschen Banken haben zu Beginn der 90er Jahre reorganisiert. Die abgelösten Strukturen stammten im allgemeinen aus den späten 70. bzw. den frühen 80. Jahren und waren damit durchschnittlich 10-15 Jahre alt.

In den Begründungen für die jeweiligen Umorganisationen wurde von den meisten Banken argumentiert, daß die alten Matrixstrukturen, die sie vorgaben, gehabt zu haben, zu schwerfällig und zu teuer geworden wären. Daß alle großen Banken diese Erkenntnisse zu Beginn der 90er Jahre hatten, mag wohl auch damit zu tun gehabt haben, daß keine bei einer Reorganisationswelle zurückstehen wollte.

Andere, schon eher rationalere Gründe waren die deutlich rückläufige Kapitalrendite und der damit verbundene Zwang zu höherer Effizienz, die stärkere Ausrichtung auf das Firmenkunden-, besonders das Kreditgeschäft, sowie das Provisionsgeschäft und nicht zuletzt auch der Antritt einer neuen Führungsmannschaft, einer neuen Führungsgeneration, die eine Neuorientierung am nachdrücklichsten durch neue Strukturen manifestieren konnte.

Die Diskussion um geeignete oder gar optimale Strukturen kreiste und kreist noch immer um die Bewältigung der drei Dimensionen Kunde, Produkt und Region. Obwohl die Aufbauorganisation nichts anderes ist als ein Formalsystem, das eine bestimmte als sinnvoll erachtete Arbeitsteilung im betrieblichen Zusammenwirken beschreiben und determinieren kann, steht die Diskussion um die „richtige" Aufbauorganisation im Zentrum bankstrategischer Überlegungen. Nicht, daß die Aufbauorganisation überhaupt keine Bedeutung für den Markterfolg hat; auch Formalstrukturen können Verhaltenswissen und Prozesse indirekt beeinflussen. Die entscheidende Bedingung für den Erfolg ist jedoch, ob die gewollte Arbeitsteilung materiell gelebt, d.h. wie diese in den Prozessen geführt wird.

Insofern ist es interessant, daß die Reorganisationswelle in den deutschen Banken zunächst nur die Strukturen (Kunde, Region, Produkt) erfaßte und neu definierte und erst später, im Zuge der Reengineering-Welle, auch die Prozeßoptimierung anzustreben begann. Typische Reorganistionsbeispiele belegen diese Problematik.

So folgt z.B. die Aufbauorganisation der Deutschen Bank dem Prinzip kunden- und produktorientierter Sparten, wobei das Firmenkundengeschäft in Abweichung von diesem Prinzip regionalorientiert ist. Das bedeutet, daß der Regionalvorstand für die Firmenkunden-Niederlassungen linienverantwortlich ist, nicht der Firmenkundenvorstand.

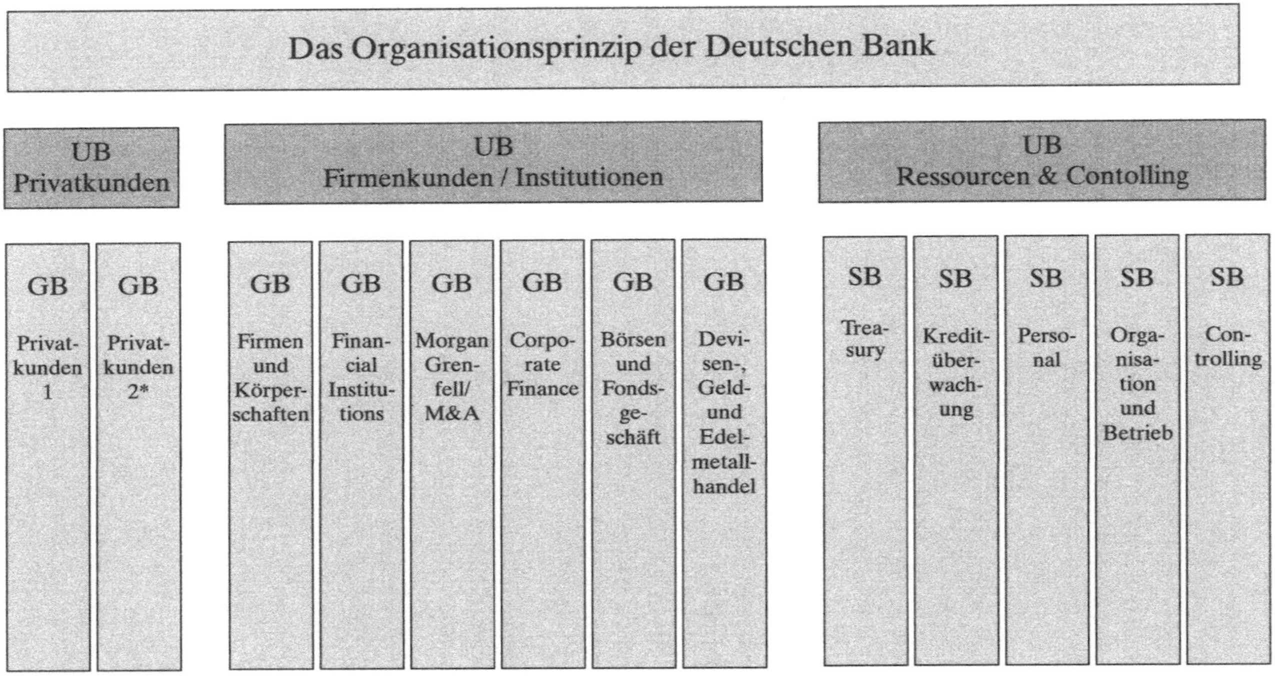

Das Organisationsprinzip der Deutschen Bank

UB Privatkunden	UB Firmenkunden / Institutionen	UB Ressourcen & Contolling
GB Privatkunden 1	GB Firmen und Körperschaften	SB Treasury
GB Privatkunden 2*	GB Financial Institutions	SB Kreditüberwachung
	GB Morgan Grenfell / M&A	SB Personal
	GB Corporate Finance	SB Organisation und Betrieb
	GB Börsen und Fondsgeschäft	SB Controlling
	GB Devisen-, Geld- und Edelmetallhandel	

Abbildung 22: Das Organisationsprinzip der Deutschen Bank (Stand 7/95)

Innerhalb des Unternehmensbereiches „Firmenkunden/Institutionen" werden kundenorientierte Divisionen (z.B. Firmen/Körperschaften), produktorientierte Divisionen (z.B. Corporate Fianance) sowie auch regionalorientierte Divisionen (z.B. Essen, Naher Osten) unterschieden. Daneben sind auch bestimmte Servicefunktionen (z.B. Recht, Konzernentwicklung) diesem Unternehmensbereich zugeordnet. Der gesamte Unternehmensbereich wird von sechs bis acht Vorstandsmitgliedern verantwortet, die ihrerseits zum Teil sowohl Kunden- als auch Produkt- und Regionalverantwortung tragen. Darüberhinaus sind dem Unternehmensbereich auch bestimmte Tochtergesellschaften wie Roland Berger, Gefa oder DIL zugeordnet.

Gegenüber dem Unternemensbereich „Firmenkunden/Institutionen" ist der Unternehmensbereich „Privatkunden" deutlich weniger diversifiziert. Ihm unterstehen neben den Privatkunden-Direktoren in den Hauptfilialen die Aktivitäten der DB Bausparkasse und der Tochtergesellschaft Grunelius sowie andere Privatkunden-Aktivitäten im In- und Ausland.

Der dritte Unternehmensbereich, „Ressourcen und Controlling", bündelt die Servicefunktionen, die nicht dem Unternehmensbereich „Firmenkunden/Institutionen" zugeordnet sind, wie Revision, Personal oder Controlling.

Jede Sparte hat Leistungen für andere zu erbringen und erhält dafür nach einem detaillierten Verrechnungssystem interne Erträge gutgeschrieben bzw. im umgekehrten Fall interne Kosten belastet.

Sowohl das Kunden- als auch das Produktergebnis wird abgebildet; die regionalen Ergebnisse werden nachrichtlich zur Verfügung gestellt.

Die gegenseitige Inanspruchnahme von Dienstleistungen ist besonders auf der Hauptfilialebene, also in der Fläche, von Bedeutung, wo nicht jede Division alle benötigten Dienstleistungen selbst vorhalten kann. Hier kommt es nach wie vor zu Matrixstrukturen in der Marktbearbeitung.

Eine grundsätzlich andere Basisstruktur weist das Organisationsprinzip der Commerzbank auf. Hier dominiert die grundsätzliche Unternehmensbereichsorganisation.

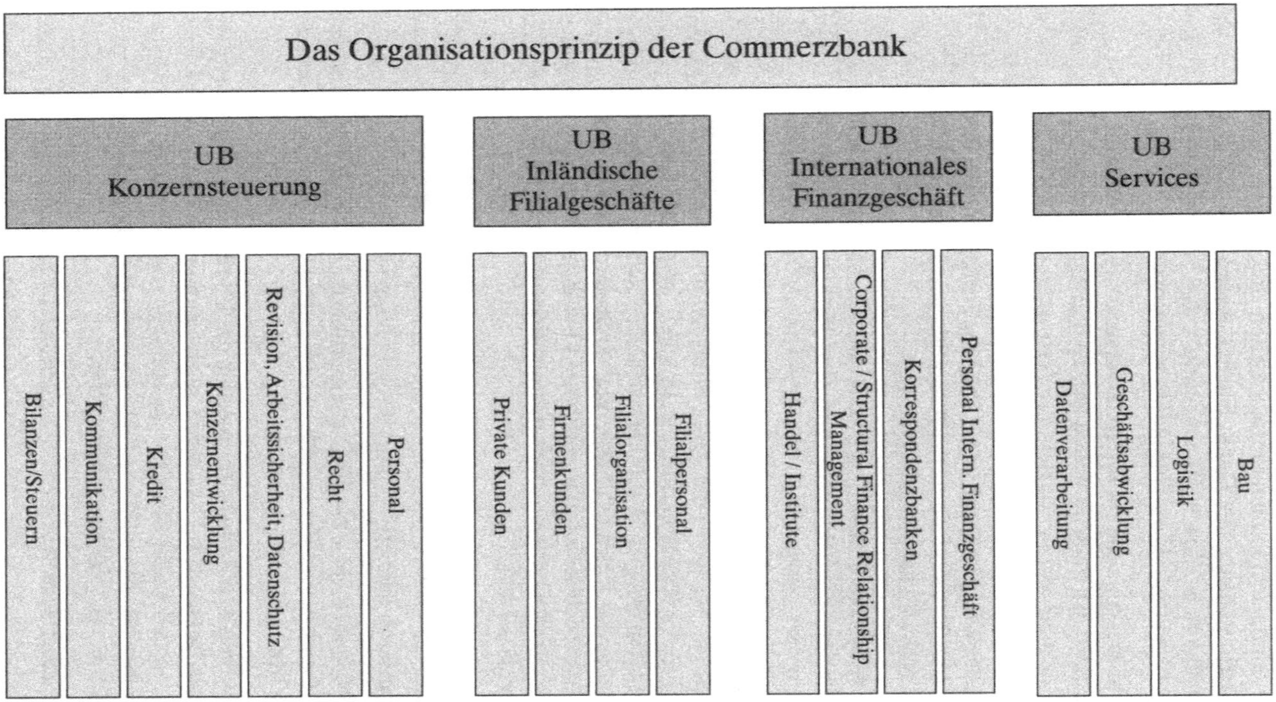

Das Organisationsprinzip der Commerzbank

UB Services
- Bau
- Logistik
- Geschäftsabwicklung
- Datenverarbeitung

UB Internationales Finanzgeschäft
- Personal Intern. Finanzgeschäft
- Korrespondenzbanken
- Corporate / Structural Finance Relationship Management
- Handel / Institute

UB Inländische Filialgeschäfte
- Filialpersonal
- Filialorganisation
- Firmenkunden
- Private Kunden

UB Konzernsteuerung
- Personal
- Recht
- Revision, Arbeitssicherheit, Datenschutz
- Konzernentwicklung
- Kredit
- Kommunikation
- Bilanzen/Steuern

Abbildung 23: Das Organisationsprinzip der Commerzbank

Die einzelnen Regionalverantwortlichen dominieren damit deutlich den Vertriebsansatz der Bank. Einzige Ausnahme bildet der Unternehmensbereich „Asset Management", der zentral die Anlageberatung für Vermögende Privatkunden verantwortet.

Logische Konsequenz dieser stark regional ausgerichteten Organisationsstruktur ist, daß es neben einem Unternehmensbereich „Konzernsteuerung" einen zusätzlichen Unternehmensbereich „Services" gibt, wobei im Bereich Konzernsteuerung die Steuerungsfunktionen Controlling und Personal sowie ähnliche Aufgaben wie Recht und Finanzen und im Servicebereich Aufgaben wie Datenverarbeitung und Geschäftsabwicklung angesiedelt sind.

In der Filialorganisation unterscheidet die Commerzbank ebenfalls zwischen dem Privatkunden- und dem Firmenkundengeschäft, wobei auch hier die gegenseitige Inanspruchnahme von Dienstleistungen über ein Verrechnungssystem geregelt wird.

Die WestLB versucht die Dreidimensionalität Kunde, Region und Produkt durch das Schaffen von kunden-, regional- und produktorientierten Divisionen abzubilden und zu steuern. Kundenorientierte Divisionen wie Firmenkunden oder Treasury (Banken) sind ebenso ergebnisverantwortlich wie regionale Divisionen wie die WestLB Europa AG oder Overseas oder produktorientierte Divisionen wie Investment Banking.

Serviceleistungen für die Divisionen werden von einer Division „Services", die Ressourcensteuerung über zentrale Stäbe wie Recht, Konzernsteuerung oder Revision erbracht und geregelt.

Im Unterschied zu den oben dargestellten Organisationsprinzipien hat die WestLB kein übergeordnetes Prinzip; die Divisionen stellen die oberste Ebene der Organisation dar.

Bei gemeinsamen Aktivitäten werden die Erträge und die Kosten zwischen den beteiligten Divisionen nach einem detaillierten Verfahren verteilt, so daß keine Mehrfachzuordnung von Erträgen und Kosten erforderlich ist; die addierten Divisionsergebnisse stellen prinzipiell die Gewinn- und Verlustrechnung dar.

Die vielleicht konsequenteste Ausrichtung an den Prinzipien der Spartenorganisation bzw. Divisionalisierung ist die Struktur der Hypo-Bank.

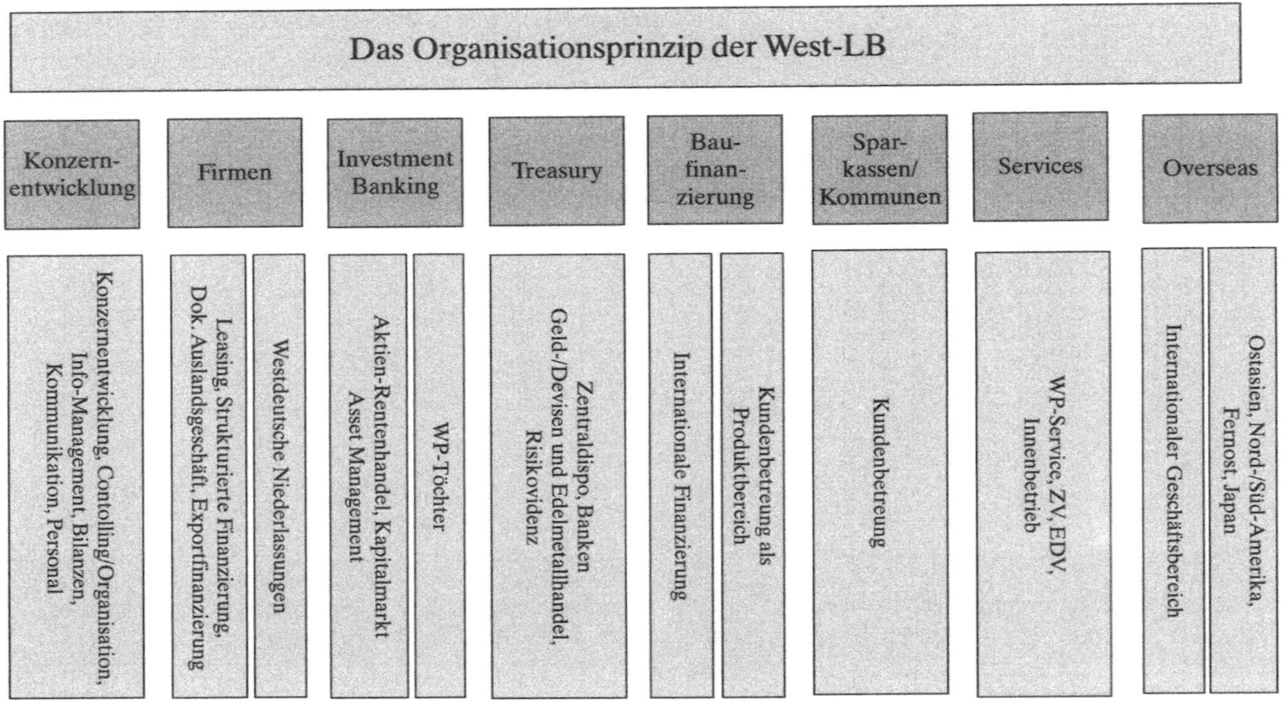

Das Organisationsprinzip der West-LB

Overseas
- Ostasien, Nord-/Süd-Amerika, Fernost, Japan
- Internationaler Geschäftsbereich

Services
- WP-Service, ZV, EDV, Innenbetrieb

Sparkassen/Kommunen
- Kundenbetreuung

Baufinanzierung
- Kundenbetreuung als Produktbereich
- Internationale Finanzierung

Treasury
- Zentraldispo, Banken
- Geld-/Devisen und Edelmetallhandel, Risikovidenz

Investment Banking
- WP-Töchter
- Aktien-Rentenhandel, Kapitalmarkt Asset Management

Firmen
- Westdeutsche Niederlassungen
- Leasing, Strukturierte Finanzierung, Dok. Auslandsgeschäft, Exportfinanzierung

Konzernentwicklung
- Konzernentwicklung, Contolling/Organisation, Info-Management, Bilanzen, Kommunikation, Personal

Abbildung 24: Das Organisationsprinzip der WestLB

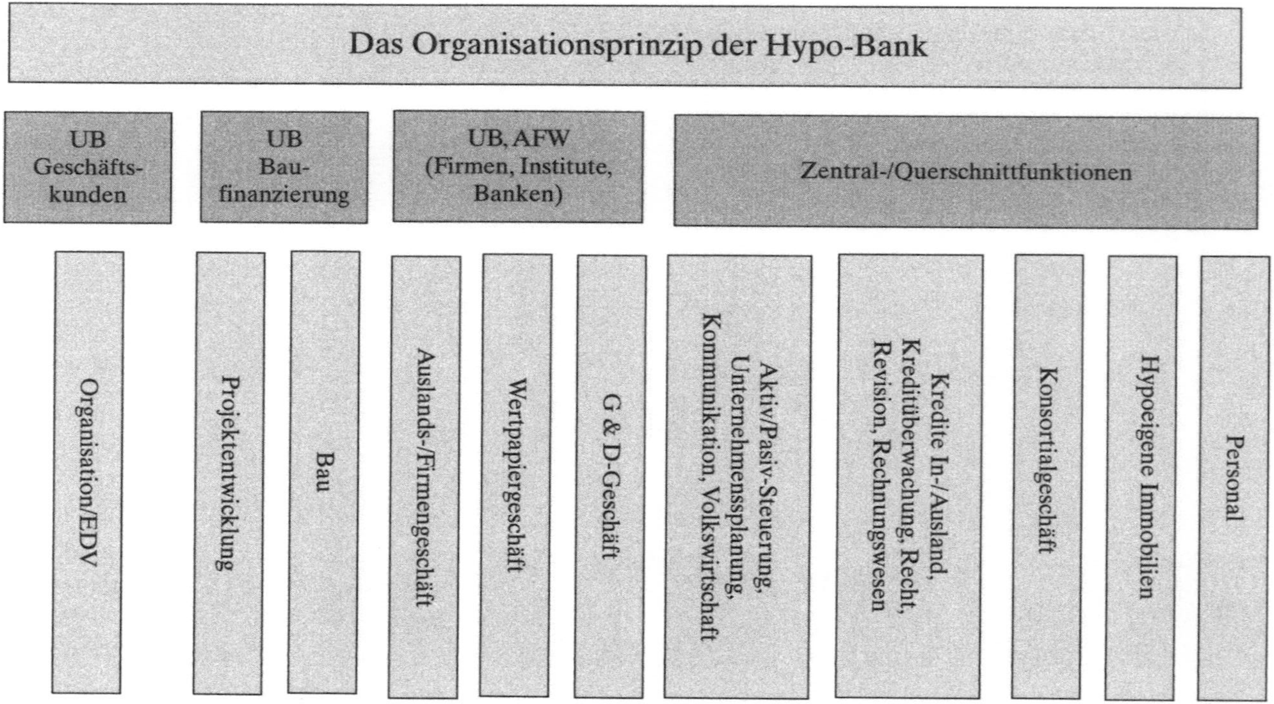

Das Organisationsprinzip der Hypo-Bank

Zentral-/Querschnittfunktionen
- Personal
- Hypoeigene Immobilien
- Konsortialgeschäft
- Kredite In-/Ausland, Kreditüberwachung, Recht, Revision, Rechnungswesen
- Aktiv/Pasiv-Steuerung, Unternehmensplanung, Kommunikation, Volkswirtschaft

UB AFW (Firmen, Institute, Banken)
- G & D-Geschäft
- Wertpapiergeschäft
- Auslands-/Firmengeschäft

UB Baufinanzierung
- Bau
- Projektentwicklung

UB Geschäftskunden
- Organisation/EDV

Abbildung 25: Das Organisationsprinzip der Hypo-Bank

Gleich vier selbständig ergebnisorientierte Divisionen, die Unternehmensbereiche Vertriebsteam, Geschäftskunden, Anlagekunden und Baufinanzierung, können im Extremfall um denselben Kunden konkurrieren. Dieser Wettbewerb ist nach Aussagen der Bank gewollt und wird gefördert.

Partiell kann sogar der fünfte Unternehmensbereich „AFW" (Firmen, Institutionelle, Banken) in diesen Wettbewerb um den Kunden einbezogen werden.

Steuerung und Ressourcenmanagement wird durch den sechsten Unternehmensbereich „Zentral-/Querschnittsfunktionen" geleistet.

In den Regionen sind die konkurrierenden Unternehmensbereiche konsequenterweise auch vertreten, wobei die Filialen als kleinste Außenstellen nur von den Unternehmensbereichen „Vertriebsteam" und „Geschäftskunden" besetzt ist. Insofern ist dieses Prinzip durchaus mit dem der anderen Großbanken vergleichbar.

Völlig anders präsentiert sich das Organisationsprinzip der DG BANK, die sich zur Matrixorganisation in Reinkultur bekennt. Die DG BANK unterscheidet Kunden-, Produkt- und Servicebereiche, wobei erst innerhalb der Kunden- und Produktbereiche nach regionalen Prinzipien organisiert wird, wenn dies erforderlich ist.

In den Regionen sind Kunden- und Produktbereiche gemeinsam für die Marktbearbeitung verantwortlich. Die Erträge werden bei den betroffenen Matrixpartnern zugeordnet; es findet keine Ertragsaufteilung statt. Die Kostenverrechnung wird auf das erforderliche Mindestmaß beschränkt, d.h. nur bei größeren Fremdaktivitäten wird unter bestimmten Voraussetzungen verrechnet.

Diese Beispiele zeigen, daß die großen Banken in Deutschland keinen einheitlichen aufbauorganisatorischen Weg gegangen sind, um die Effizienz ihrer Häuser zu steigern. Die Prinzipien unterscheiden sich zum Teil deutlich, zum Teil nur in ihrer Ausprägung und Konsequenz.

Gemeinsam ist allen Organisationsprinzipien nur die durchgängige Separierung der Service- von den Marktbearbeitungsfunktionen, auch wenn die Deutsche Bank einige Servicefunktionen ihrem Unternehmensbereich „Firmenkunden/Institutionen" zugeordnet hat.

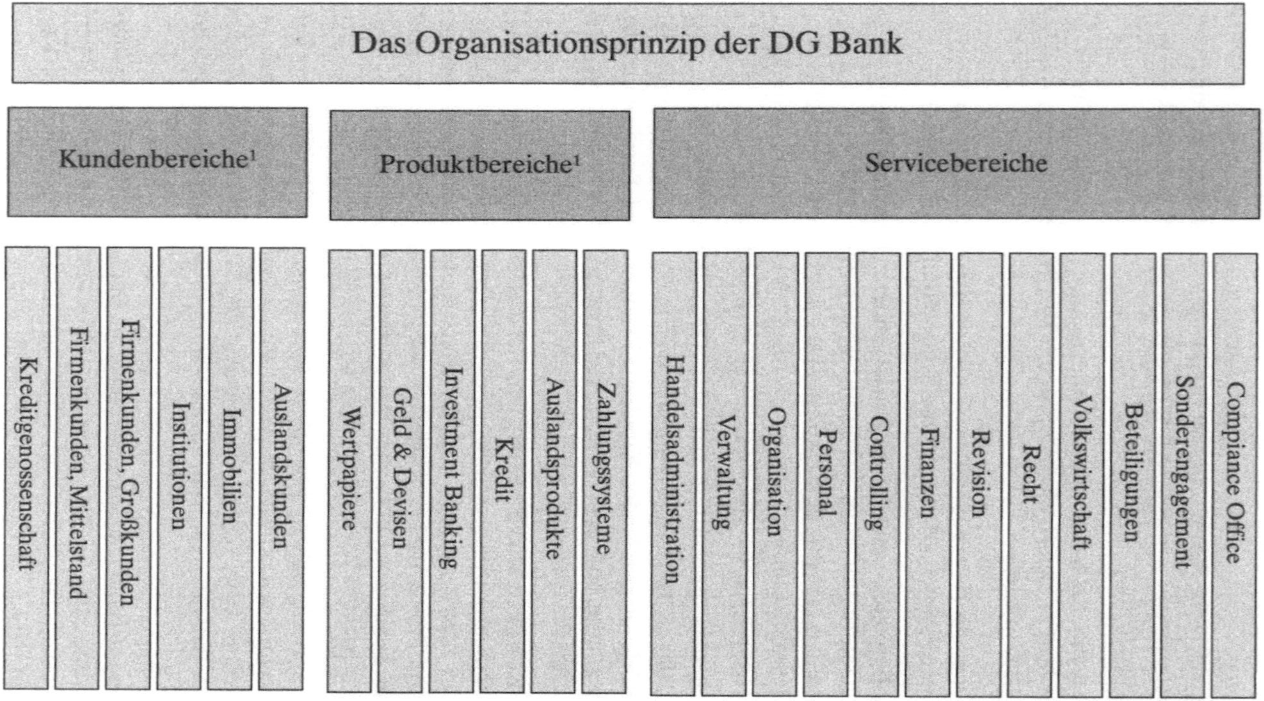

Das Organisationsprinzip der DG Bank

Servicebereiche
- Compiance Office
- Sonderengagement
- Beteiligungen
- Volkswirtschaft
- Recht
- Revision
- Finanzen
- Controlling
- Personal
- Organisation
- Verwaltung
- Handelsadministration

Produktbereiche[1]
- Zahlungssysteme
- Auslandsprodukte
- Kredit
- Investment Banking
- Geld & Devisen
- Wertpapiere

Kundenbereiche[1]
- Auslandskunden
- Immobilien
- Institutionen
- Firmenkunden, Großkunden
- Firmenkunden, Mittelstand
- Kreditgenossenschaft

Abbildung 26: Das Organisationsprizip der DG BANK

Alle „Nicht-Matrixbanken" versuchen darüberhinaus, über aufwendige Ertrags- und Kostenverrechnungen die Performance der einzelnen Divisionen so exakt wie möglich abzubilden. Dies ist auch nur konsequent, denn die Selbständigkeit und das entsprechende unternehmerische Denken der Divisionen im Sinne von Teilbanken kann sich nur dann einstellen, wenn die Aktivitäten auch zweifelsfrei abgebildet und zugeordnet werden können. Diese Probleme hat eine „Matrixbank" nicht, weil ohnehin beide Matrixpartner die Erträge zugeordnet bekommen.

Auch bei den kleinen Banken regiert die Vielfalt. In Abhängigkeit von der Größe des Filialnetzes und der Vielfalt der Geschäftsaktivitäten wird üblicherweise die Verantwortung für den Filialbereich zwischen den Vorständen aufgeteilt. Zentrale Aufgaben wie Vermögensberatung oder Großkundengeschäft (Mittelstand) werden separiert; die internen Aufgaben wie Verwaltung und Technik werden von einem Vorstandsmitglied umfassend verantwortet.

Die Überschaubarkeit kleinerer Banken führt daher auch oft zu personenabhängigen Organisationsstrukturen, d.h. die Verantwortungsbereiche werden so strukturiert, daß sie den Fähigkeiten und Interessen der Vorstände entsprechen.

Bewertet man die vorgestellte Vielfalt der Reorganisationsansätze anhand der herausgearbeiteten Anforderungen an eine moderne Bankorganisation, so muß man bezweifeln, ob die Vorgehensweise, zuerst die Strukturen und danach die Abläufe neu zu gestalten, richtig war.

So bezahlt die Deutsche Bank die von ihr vollzogenen Schnitte durch ein zusammenhängendes Dienstleistungsangebot (Divisionalisierung), die entstehen, wenn ein komplexes Wirkungsgefüge in kleinere Einheiten aufgeteilt wird, mit einem aufwendigen Verrechnungssystem. Die neu geschaffenen Divisionen sind hinsichtlich der Nutzung der für sie kritischen Produktionsfaktoren nicht autark. Jede Division benötigt Unterstützung von einer anderen Division, wenn es um komplexere Dienstleistungen geht. So fragt zwar der gewerbliche Kunde überwiegend Finanzierungsalternativen nach; im mittelständischen Firmenkundengeschäft kommt aber die Betreuung des Eigentümers und seines Vermögens mitunter gleichwertig für den Geschäftserfolg hinzu. Da die Firmenkundendivision diese Dienstleistung aber nicht selbst bereitstellen kann, muß sie diese bankintern einkaufen. Es entsteht somit sicher nicht das intendierte dezentrale Unternehmertum in der Division, sondern eine Kultur, in der es lohnender ist, mit der anderen Division um die Höhe der Verrechnungspreise zu streiten als neue Umsätze zu tätigen. Eine Alternative hat die Division nur im Aufbau eigener Ressourcen, was die Gesamteffizienz der Bank nicht eben fördern dürfte.

Die Schaffung kleinerer, untereinander konkurrierender Einheiten (Hypo-Bank) fördert sicher eher das dezentrale Unternehmertum, wenn auch für den Preis eines hausinternen Wettbewerbsdenkens gegeneinander. Das eigentliche Kernproblem ist jedoch der Verlust der eindeutigen Differenzierung im Wettbewerb am POS/POA. Untereinander konkurrierende Einheiten differenzieren sich auf Kosten der Gesamtbankidentität im Markt. Dies kann auf Dauer kein erfolgreicher Differenzierungsansatz sein.

Umgeht man den Konflikt um das Zerschneiden in kleinere Einheiten, indem man die Komplexität in einer geschlossenen, arbeitsteiligen Struktur abbildet (DG BANK), so erfordert dies die Schaffung einer Unternehmenskultur, die das der Matrix inhärente Konfliktpotential zwischen Kunden- und Produkteinheiten in eine positive Marktbearbeitungsenergie umsetzt. Die Schaffung einer solchen Unternehmenskultur kann mehr Aufwand bedeuten als es Nutzen stiftet.

3. Die Bedeutung der Aufbauorganisation für den Unternehmenserfolg

Trotz der intensiven Bemühungen und Diskussionen wird die Bedeutung der Aufbauorganisation allgemein überschätzt. Dies zeigt sich vor allem daran, daß sich in den letzten Jahren trotz erheblicher Investitionen in die Strukturen an der organisatorischen Grundausrichtung der Banken nach Kundengruppen bzw. Regionen und Produkten sowie Servicebereichen im Grunde nichts geändert hat. Radikale Veränderungen gar hat es nicht gegeben, auch wenn sie mitunter proklamiert wurden. In einer Branche, in der es im Grunde nie nötig war, sich zu ändern, werden auch geringfügige Verschiebungen in der Aufbauorganisation als Revolution angesehen.

Strukturelle Veränderungen, wie sie beschrieben wurden, sind praktisch immer top-down, d.h. von der Unternehmensspitze aus nach unten, konzipiert und aufgesetzt. Dies mag in schwierigen Zeiten nicht anders machbar sein; eine dauerhafte Veränderung ist so jedoch nicht erreichbar. Wenn man sich kritisch vor Augen führt, was außer Korrekturen an den Berichtswegen substantiell geändert wurde, so ist die Bilanz doch eher mager. Ein wichtiges Indiz für die Veränderung ist auch, wieviele Mitarbeiter die Veränderung konkret an ihrem Arbeitsplatz wahrnehmen, wieviele Mitarbeiter von einer solcher Veränderung Impulse für ihr Verhalten am POS/POA bekommen. Schätzungen gehen von einer Quote unter zehn Prozent aus. Mit der Beeinflussung dezentralen Unternehmertums haben die Reorganisationsansätze, die bislang in Deutschland gelaufen sind, nur wenig zu tun.

Es ist kein Vergleich zu den radikalen Programmen, denen Unternehmen anderer Branchen, vom Maschinenbau über die Textilindustrie bis zur KFZ-Industrie oder der Elektronikbranche, ausgesetzt waren und sind. Tausende von Arbeitsplätzen verschwanden oder wandelten sich signifikant, ganze Regionen veränderten ihr Gesicht und neue Technologien und Managementkonzepte wurden konsequent ein- bzw. umgesetzt. Was bedeutet es dazu im Vergleich, wenn in der Deutschen Bank die Hauptniederlassung nicht mehr an den regional-, sondern den geschäftsbereichsverantwortlichen Vorstand oder Direktor berichtet?

Es muß daher nicht verwundern, daß sich auch an der Art des Marktauftrittes oder am Ergebnistrend nichts Signifikantes geändert hat.

Das Kernproblem der Anpassung der Bankenorganisationen an die veränderten Marktanforderungen liegt daher nicht in der Aufbauorganisation, sondern in den Prozessen innerhalb der Organisation. Der große Irrtum vieler Bankorganisatoren und deren Berater ist, daß sie tatsächlich glauben, die Qualität der Marktbearbeitung einer Bank hänge von den Berichtswegen innerhalb der Bank ab. Als „empirischer" Beleg für diesen Irrtum mag das Organisationsschema der Deutschen Bank gelten, das keineswegs schlüssig durchgängig, sondern erkennbar personenorientiert und kompromißgezeichnet ist. Dennoch hat diese Organisationsstruktur nicht dazu geführt, die Markterfolge der Bank negativ zu beeinflussen. Es scheint vielmehr sogar so zu sein, daß die Umorganisationen überhaupt keinen Einfluß auf die positive Entwicklung der Bank gehabt haben, nicht einmal vorübergehend.

Selbst wer diese Einschätzung nicht teilt, muß zugestehen, daß es recht einfach wäre, die Organisationsstruktur der Deutschen Bank zu kopieren, aber dennoch sehr schwierig wäre, eine vergleichbare Marktposition zu erreichen.

Es müssen daher andere Erfolgsfaktoren maßgeblicher für den Unternehmenserfolg sein als die durchgängige Logik der Aufbauorganisation.

4. Geschäftsprozess und Geschäftsprozessverantwortung als zentrale Ansatzpunkte für den Unternehmenserfolg

Die Qualität der Marktbearbeitung spürt der Kunde nur am POS, d.h. ob das Zusammenwirken der am Dienstleistungsprozeß beteiligten Faktoren funktioniert oder nicht. Die Qualität der Information am POS ist vom Prozeß der Informationserzeugung (Personal, Systeme) abhängig, nicht von der Art und Weise, wie die Bank ihre Kästchen malt. Deshalb werden die Reorganisationen der großen Banken zum großen Teil wirkungslos bleiben, wenn die Prozesse innerhalb der Banken nicht spürbar verändert worden sind.

Banken leiden wie alle großen Organisationen unter der anonymisierten Verantwortung für die Kernprozesse der Bank, d.h. alle wesentlichen Prozesse sind so arbeitsteilig organisiert, daß der einzelne Mitarbeiter nur einen geringen Teil des Prozesses sieht und praktisch keine Verantwortung mehr übernimmt.

In den meisten Banken ist bspw. der Kreditbearbeitungsprozeß so strukturiert, daß die Kreditbearbeitung von Kundenbetreuern und deren Vorgesetzten sowie einer Reihe Kreditsachbearbeitern (Beschlußvorlageerstellung, Bonitätsprüfung etc.) und deren Vorgesetzten bearbeitet wird, was durch zwei Handvoll Unterschriften auf dem Kreditantrag dokumentiert wird. Die Konsequenz ist, daß der Prozeß insgesamt sehr zeitaufwendig und kostenintensiv ist und daß vor allem die Kundenorientierung verloren geht, da keiner der Beteiligten für den Gesamtprozeß, für das Produkt, verantwortlich ist.

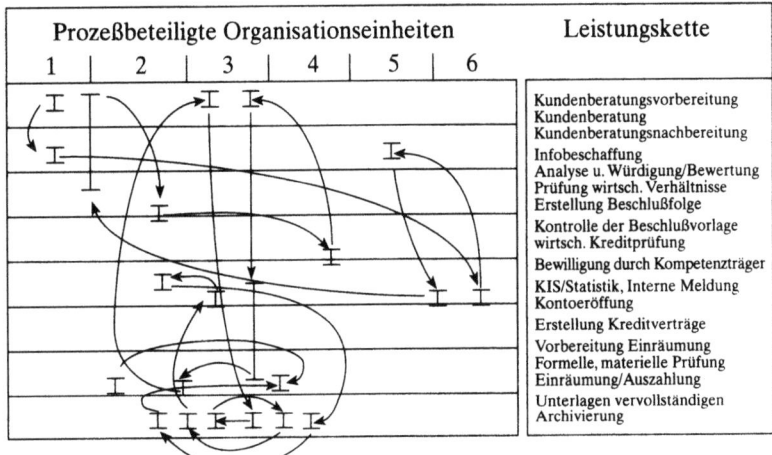

Abbildung 27: Typischer Ablauf eines Kreditantrages

Diese zum Teil extreme Form der Arbeitsteilung entstand zu Beginn dieses Jahrhunderts, als die Massenproduktion von Fahrzeugen in den USA entstand.

Die Philosophie der industriellen Arbeitsteilung, die von Frederick Wilsloer Taylor, einem Arbeitswissenschaftler, entwickelt wurde, folgte dem Ziel, in der industriellen Produktion durch Zerlegung des Prozesses in kleine, sich ständig wiederholende Arbeitsschritte billige ungelernte Arbeitskräfte einsetzen zu können, die nach kurzer Zeit der Einarbeitung in der Lage waren, im Akkord sich ständig wiederholende Tätigkeiten auszuführen. Zur damaligen Zeit, wo ein „Überangebot" an arbeitslosen Ungelernten bestand, war dies sowohl betriebswirtschaftlich als auch sozial gesehen eine sinnvolle Vorgehensweise.

Man folgte also dem Prinzip, den Produktionsprozeß so weit zu zerlegen und damit zu vereinfachen, daß die Kette der verbleibenden Einzeltätigkeiten nur noch aus primitiven Gliedern bestand.

Der aus heutiger Sicht bestehende Nachteil, den man in Kauf nehmen mußte, war die Notwendigkeit eines aufwendigen Kontrollwesens. Von ungelernten Arbeitern, die zudem noch einfache und mitunter stupide Tätigkeiten auszuüben hatten, konnte man kein Qualitätsbewußtsein oder gar die Identifikation mit dem Endprodukt erwarten. Die meisten der Arbeiter konnten von ihrer Tätigkeit überhaupt nicht auf das Produkt schließen oder einen Zusammenhang zwischem dem Arbeitsprozeß, in den sie eingebunden waren, und dem Endprodukt herstellen.

Die Hauptaufgabe der Führungskräfte bestand daher darin, die Qualität der Arbeit und die Einhaltung der Arbeitszeiten und -regeln zu kontrollieren sowie an die nächsthöhere Ebene zu berichten.

Die dadurch entstandenen arbeitsteiligen Prozesse und hochhierarchisierten aufbauorganisatorischen Strukturen führten zu kontrollori-

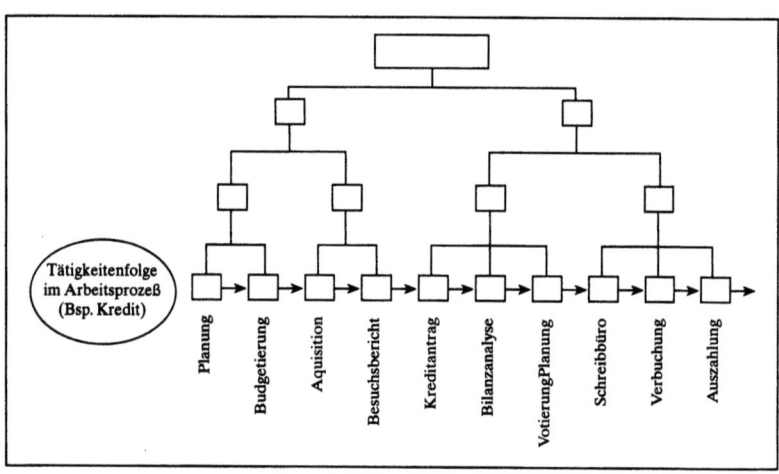

Abbildung 28: Arbeitsteiliger Prozeß und kontrollorientierte Aufbauorganisation

entierten Führungsphilosophien und lähmten die Beweglichkeit und Flexibilität der Unternehmen.

Diese Form der Unternehmensorganisation war zu ihrer Zeit nicht falsch, da das Problem nicht darin bestand, schnell auf sich wandelnde Anforderungen und die Wettbewerber zu reagieren, sondern möglichst kostengünstig ein Produkt in den Markt zu bringen, für das es keinen Wettbewerb gab bzw. für das die Nachfrage das Angebot bei weitem übertraf.

Es ist das Verdienst der Diskussion um Business Reengineering, deutlich gemacht zu haben, daß diese Organisationsphilosophie heute nicht mehr zweckmäßig ist. Es ist auch klar, daß Business Reengineering das richtige Produkt zur richtigen Zeit ist. Bis in die 70er Jahre hinein bestand für die meisten Branchen angesichts des Marktwachstums keine Notwendigkeit zur radikalen Reform ihrer Strukturen. Die 80er Jahre führten durch ihre Krisen den meisten Branchen die Notwendigkeit des Wandels drastisch vor Augen. In dieser Zeit entstanden auch die heute gängigen Management-Techniken und -Philosophien.

Die für die Entwicklung des Bankenmanagement relevanten Krisen kamen erst zu Beginn der 90er Jahre. Deshalb dominiert das Prinzip der Arbeitsteilung auch heute noch die Kernprozesse in den Banken. Besonders ausgeprägt findet man es neben dem Kreditprozeß, von dem man anzunehmen scheint, daß sich durch Zerlegen in möglichst viele Bausteine und Verantwortlichkeiten das diesem Geschäft inhärente Risiko verflüchtigt, vor allem in den Prozessen des Wertpapiergeschäftes. Von der Informationserzeugung im Research und im (Kunden-)Handel über die Kundenberater im Institutional Sales oder der Vermögensberatung bis zur Schnittstelle der Geschäftserfassung ist der Prozeß bereits stark fragmentiert. Von den geschäftserfassenden Einheiten bis zur Depotverwaltung, der eigentlichen Wertpapierabwicklung und schließlich der Verbuchung wird ein weiterer aufwendiger Prozeß durchlaufen, der in großen Instituten durchweg mehrere 100 Mitarbeiter bindet.

Das Problem besteht vor allem darin, daß allein der Prozeß der Kundeninformation und -beratung von wenigstens drei Organisationseinheiten, nämlich Research, Handel und Kundenbetreuer, verantwortet wird. Der Kundenbetreuer ist abhängig von der gelieferten Informationsqualität des Research und den Preisen des Handels, wälzt daher im Falle nicht ausreichender Markterfolge die Schuld auf die anderen Organisationseinheiten ab. Viele Kunden akzeptieren Kundenbetreuer, die sich erst vom Handel die Sicht der Märkte und die Preise liefern lassen müssen, nicht und fordern direkten Zugang zu den Händlern. Dies wiederum erschwert die Meßbarkeit der Händlerleistung, denn nur durch eine konsequente Trennung des Nostro- vom Kundenhandel läßt sich die Performance der Handelsbereiche präzise ermitteln. Darüberhinaus entwickeln Händler selten die erforderliche Kundenorientierung, d.h. die Erarbeitung mittelfristiger, kundenbezogener Betreuungskonzepte liegt ihnen in der Regel nicht.

Die Grundproblematik besteht also nicht darin, daß jemand seinen Job nicht macht, sondern darin, daß niemand die Verantwortung für das Produkt oder den Kunden übernimmt.

Michael Hammer bezeichnet dieses Phänomen sehr anschaulich als das Paul Newman-Phänomen. In einem seiner Filme spielt Paul Newman einen Mann, dessen Freund beschuldigt wird, einen Polizisten ermordet zu haben. Paul Newman verbringt den Film damit zu versuchen, die Prozeßbeteiligten, also Polizei, Staatsanwaltschaft, Rechtsanwälte, Presse, Angehörige und Freunde, von der Unschuld seines Freundes zu überzeugen. Kurz bevor sich die Unschuld des Freundes erweist, stirbt dieser im Gefängnis. In der Schlußszene des Filmes steht Paul Newman im Kreise der Prozeßbeteiligten, nimmt deren Bedauern über den Tod entgegen und spricht den entscheidenden Satz: „Everybody here is smart; everybody did his job, but my friend is dead."

Keinem der Prozeßbeteiligten, ob in Paul Newmans Film oder in einer Bank, kann unterstellt werden, er tue seine Arbeit nicht. Es ist das entscheidende Problem zwischen Wunsch und Wirklichkeit in den meisten großen Organisationen, daß fast alle Führungskräfte und Mitarbeiter die bestehende Ineffizienz nicht erkennen. Dem Kreditsachbearbeiter, auf dessen Schreibtisch sich die zu bearbeitenden Kreditanträge stapeln, ist Kundennähe und individuelles Analysieren von Anträgen nur schwer zu vermitteln, wenn er danach beurteilt wird, wie schnell er die Anträge abarbeitet und wie viele Fehler er dabei macht. Verantwortungsgefühl gegenüber dem Kunden kann dabei nur schwer entstehen. Es dominiert der Zweifel und damit das Sicherheitsdenken. Hierin besteht der Grundkonflikt zwischen Kundenbetreuern und Kreditabteilung in den meisten Banken.

Auch im Prozeß der Vermögensberatung gilt das gleiche Phänomen. Der Analyst und der Kundenbetreuer sind genau wie der Händler gemeinsam für das Ergebnis verantwortlich. Der Händler wird nach seinem Profit bewertet, d.h. je mehr er den Kundenbetreuer „über den Tisch zieht", umso besser steht er da. Der Analyst, der nie einen Kunden gesehen hat, tendiert zur Verwissenschaftlichung seiner Arbeit und orientiert sich an rhetorischen Qualitäten. Im Ergebnis steht ein Gegeneinander anstatt eines Miteinander aller Prozeßbeteiligter.

Fragmentierte Organsiationen weisen daher meist das Phänomen auf, daß sich die Mitarbeiter und Führungskräfte an der jeweils nächsthöheren Hierarchiestufe orientieren und nicht am Kunden. Je fragmentierter und damit anonymisierter der Produkterstellungsprozeß ist, umso mehr beschäftigt sich eine Organisation mit sich selbst. Es entstehen kontrollorientierte und unflexible Kolosse.

Umgekehrt ist genau diese Problematik auch dafür verantwortlich, daß sich in den Banken so wenig verändert hat. Die „top down" erarbeiteten Konzepte versickern auf ihrem Weg in die Organisation. Der subtile, nie ausgesprochene Widerstand unterer Führungsebenen und der Mitarbeiter wird umso wirkungsvoller, je schwächer der Einfluß des Top-Management in den Feinwurzeln der Organisation wird. Die Feinwurzeln der Organisation führen aber zu den POS/POA.

Schätzungen von McKinsey zufolge werden bis zu 80 Prozent der Inhalte von verabschiedeten Konzepten aus genau diesen Gründen nicht umgesetzt.

Oft genug sind die „Hidden Rules" im Unternehmen der Geschäftsleitung auch nicht bekannt. Wichtiger aber ist, daß Veränderungen nur dann wirkungsvoll sind, wenn die Prozesse für die Prozeßbeteiligten spürbar verändert werden. Nur die Qualität der Prozesse entscheidet schließlich über den Erfolg der Bank.

Kraft und Richtung zur erfolgreichen Differenzierung im Wettbewerb sind nicht durch aufbauorganisatorische Strukturen in den Organismus Bank zu implantieren. Personal und Systeme lassen sich nur über

Prozesse beeinflussen. Prozeßgestaltung aber ist zunächst „Bottom up"-Arbeit, d.h. sie beginnt in den Feinwurzeln, an den POS/POA bei der Aufnahme der Anforderungen an den Markt. Die Transparenz über die Anforderungen der Kunden, aber auch über die Motive der Mitarbeiter und den Zustand der Systeme, ist die Basis jeder „top down" erarbeiteten Strategie.

Ein gutes Beispiel für einen erfolgreichen Veränderungsprozeß ist Bankers Trust, die von einer Retailbank zu einer der erfolgreichsten Investmentbanken mutierte. Der Prozeß der Transformation dauerte etwa zehn Jahre.

Dieser Zeitraum war bestimmt nicht deshalb nötig, weil das Erstellen neuer Organigramme so viel Zeit in Anspruch genommen hätte. Auch brauchte die Neugestaltung der Prozesse sicher nicht zehn Jahre.

Der Transformationsprozeß bei Bankers Trust benötigte diesen Zeitraum, weil die Transformation der Produktions- und Erfolgsfaktoren Personal und Systeme so viel Zeit in Anspruch nahm.

Abbildung 29 macht deutlich, daß bei nahezu konstanter Mitarbeiterzahl die Pro-Kopf-Personalkosten deutlich anstiegen. Dies belegt, daß über den fraglichen Zeitraum ein massiver Personalaustausch stattfand. Weniger qualifizierte und damit geringer entlohnte Mitarbeiter aus dem Retail-Geschäft werden gegen höher qualifizierte und damit teurere Mitarbeiter ersetzt.

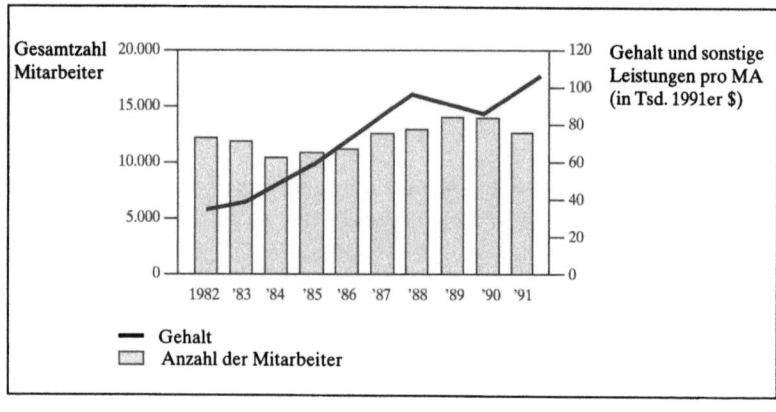

Abbildung 29: Transformationsprozeß bei Bankers Trust

Es ist zu vermuten, daß ein ähnlicher Prozeß auch für die Systemseite stattgefunden hat. Bankers Trust hat diesen Veränderungsprozeß letztlich auch in seinen aufbauorganisatorischen Strukturen dokumentiert; maßgebend für die Veränderung war das Formalsystem aber nicht.

Dieses Beispiel, wie auch das Beispiel der BHF-Bank, macht deutlich, daß Veränderungen als Reaktion auf sich ändernde Marktbedingungen nicht durch aufbauorganisatorische Anpassung gelingen können. Nur die Gestaltung der Prozesse und Inhalte unter Berücksichtigung der Anforderungen aus Personal- und Systemsicht, kann nachhaltige Veränderungen bewirken und Kraft und Richtung erfolgreich verknüpfen.

Die eigentliche Herausforderung für den Wettbewerb der Zukunft besteht jedoch nicht nur darin, einmalige Veränderungen dauerhaft wirksam werden zu lassen, sondern darin, die permanente Anpassungsfähigkeit als Reaktion auf permanente Veränderungen im Markt- und Wettbewerbsumfeld sicherzustellen. Die Bank der Zukunft ist durch ein hochflexibles Organisationsschema gekennzeichnet, in dem die Prozeßsicht verankert ist und das das dezentrale Unternehmertum mit einer starken Steuerungskomponente verknüpft. In der Informationstechnologie löst man vergleichbare Problematiken, indem man Technologie-Plattformen schafft, die die anwenderbezogene Flexibilität mit der richtunggebundenen Infrastruktur verbinden. Die Bankorganisation der Zukunft heißt daher Plattform-Organisation.

IV. Die Plattform-Organisation

1. „Plattform" als organisatorisches Leitbild

In einem dynamischen Wettbewerbsumfeld können Differenzierungsstrategien nur dann erfolgreich sein, wenn das dezentrale Unternehmertum an den POS/POA die erforderliche Flexibilität zur Anpassung an die Marktveränderungen schafft und gleichzeitig ein einheitlicher, aus der Strategie der Bank abgeleiteter Marktantritt stattfindet.

Dies ist kein Widerspruch, denn der einheitliche Marktantritt findet gleichwohl an jedem POS/POA seine individuelle Ausprägung. Diese individuelle Ausprägung ist, wie bereits ausgeführt, die Konsequenz der Individualität jedes Kundenkontaktes. Wenn bspw. eine Privatbank eine Offensive in der Vermögensberatung startet, bislang individuell betreute Kunden mit mittlerem Vermögen in hochattraktive Fondskonzepte zu führen, geschieht die Beratung durch jeden Kundenbetreuer kundenindividuell, vorausgesetzt, er unterstützt die Strategie. Diese Individualität verletzt den einheitlichen Marktantritt nicht.

Wenn eine Sparkasse im gewerblichen Mittelstand eine Offensive startet, um sich als kompetenter Partner dieser Unternehmen zu positionieren, so wird sie für eine einheitliche Produktkonzeptionen, bspw. zur Nachfolgeregelung oder zum Liquiditätsmanagement, durch ihre Kundenbetreuer höchst unterschiedlich argumentieren müssen, da die Kunden entsprechend unterschiedliche Ausgangslagen und Zielvorstellungen haben. Dennoch harmonieren der Marktantritt, der vielleicht werblich unterlegt ist, und die individuelle Umsetzung am POS/POA sehr wohl.

Insofern ist für die Umsetzung einer Differenzierungsstrategie in der Bankorganisation eine Steuerungskomponente im Sinne einer einheitlichen Verantwortung für den Marktantritt unerläßlich. Das dezentrale Unternehmertum gedeiht nicht in einem anarchistischen Umfeld. Es braucht klare Rahmenbedingungen, um sich zielgerichtet entfalten zu können. Nur Kraft und Richtung gemeinsam sichern den gezielten Marktantritt.

Das Problem, einheitliche Verantwortung mit dezentraler Flexibilität zu verknüpfen, besteht analog auch in der Informationstechnologie. Die meisten Banken stehen heute vor dem Problem, daß der Markt in immer schnellerem Tempo neue Anwendungen produziert. Gleichzeitig muß berücksichtigt werden, daß zum Teil riesige Beträge in bereits installierter Technologie gebunden sind. Da man nicht mit jeder neuen Anwendung die bereits installierte Basis wegwerfen kann, gehen manche Banken bereits den Weg, Anwendungsgruppen, bspw. in den Handelsbereichen, zu bilden und die Bestandteile, die bei jeder Anwendung weitgehend identisch sind (Informationsversorgung, Datenbanken, Software-Verteilung, Netze, Hardware), als Plattform fest zu installieren. Dies ermöglicht es, den unmittelbar „sichtbaren" Teil der Anwendung, die funktionale Anwendung selbst, flexibel austauschbar zu machen.

Der große Vorteil dieser Vorgehensweise ist, daß die Infrastruktur einer solchen Plattform über längere Zeiträume hinweg stabil bleibt, während auf der Anwendungsseite ein Höchstmaß an Flexibilität besteht (siehe auch Kapitel VII.).

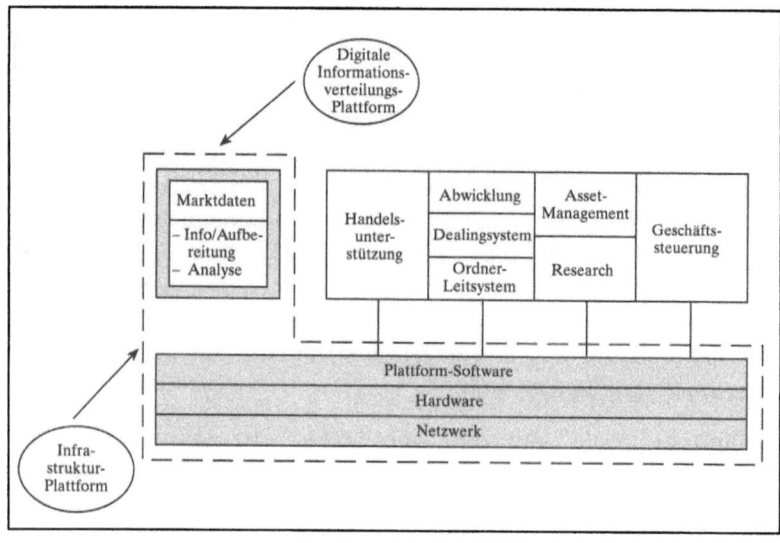

Abbildung 30: Aufbau von Plattformen in Handelsbereichen

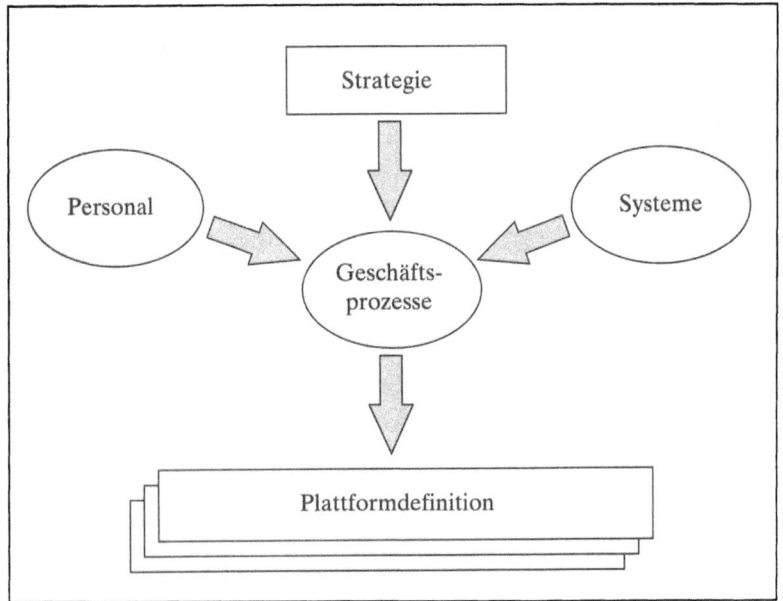

Abbildung 31: Plattform und Definition als Ausfluß bankindividueller Prozeßdefinition

Plattformen dienen somit als Fundament, um die erforderliche Flexibilität am Markt beherrschbar zu halten.

Plattformen führen zu einer horizontalen Sichtweise auf das Unternehmen bzw. den zu strukturierenden Problembereich, da sie gleichartige Funktionen bündeln. So führt eine technologische Plattform bspw. die gesamte Hardware einer Anwendungsgruppe in einer definierten, einheitlichen Lösung zusammen. Dies bedeutet, daß nur noch Anwendungen eingesetzt werden können, die auf der ausgewählten Hardware-Plattform lauffähig sind. Je komplexer eine Plattform ist, umso eingegrenzter ist grundsätzlich die Auswahl alternativer Anwendungen.

Übertragen auf die zentralen Fragen der organisatorischen Ausrichtung von Banken bedeutet dies, daß die Verknüpfung von dezentralem Unternehmertum und einheitlichem Marktantritt prinzipiell nur über Plattformen gelingen kann. Die konkrete Ausgestaltung der Plattform(en) muß jedoch vor dem Hintergrund der bisherigen Ausführungen zwangsläufig bankindividuell erfolgen und den in der Bank definierten Kernprozessen folgen. Plattformen sind damit das organisatorische Leitbild zur Verknüpfung von Kraft und Richtung.

Die Maßgeblichkeit der Prozeßdefinition für die Definition der Plattform(en) leitet sich aus dem Grundsatz ab, daß Strukturfragen immer nur Konsequenz der definierten Abläufe sein dürfen. Die Prozeßdefinition folgt dem strategischen Ziel und legt das Zusammenwirken der Produktions- und Erfolgsfaktoren Personal und Systeme fest. Insoweit stellt nur die Prozeßsicht die erforderliche „Bottom up"-Sichtweise der Anforderungen der POS/POA dar.

Jede Bank muß zunächst eine individuelle Differenzierungsstrategie erarbeiten (das „Was"), anschließend die entsprechenden Prozesse definieren (das „Wie"), um damit die Basis für ein Strukturkonzept bzw. Formalsystem (Plattform) zu schaffen. Entscheidend ist, daß die Kongruenz zwischen den drei Bausteinen im Sinne des bankindividuellen Differenzierungskonzeptes gewahrt ist.

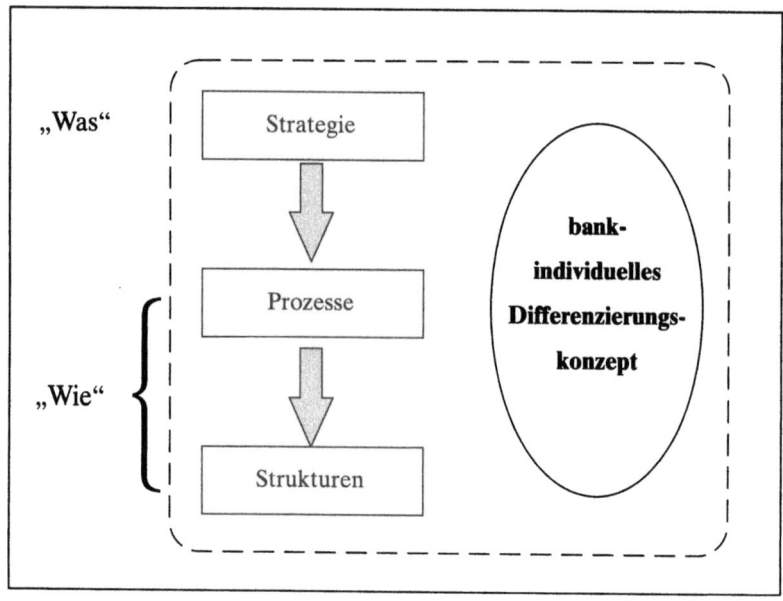

Abbildung 32: Strategie, Prozesse und Strukturen als Bausteine für den Unternehmenserfolg

Die zentrale Erkenntnis aus den bisherigen Ausführungen besteht darin, daß der Prozeß bzw. die Prozeßgestaltung im Mittelpunkt der Gestaltung der Bank der Zukunft stehen muß, unabhängig davon, ob man über eine Struktur- oder eine Strategiediskussion einsteigt.

2. Prozeßdefinition als strategische Fragestellung

„Prozeß" ist nicht nur in der Industrie, sondern auch in Banken das Zauberwort schlechthin. Nicht zuletzt durch die neueste Management-Welle des „Business Reengineering" (BR) bzw. des „Business Process Redesign" (BPR) gilt der Prozeß als der Hebel zur Effizienzsteigerung überhaupt.

Prozesse gesamthaft zu verstehen, zu analysieren und zu strukturieren, setzt aber eine klare Vorstellung dessen voraus, was unter einem Prozeß innerhalb der Bank überhaupt zu verstehen ist.

Grundsätzlich können drei „Geschäftsprozeßtypen" unterschieden werden:

- der wertschöpfungsorientierte Geschäftsprozeß, der sich, analog der industrielle Produktion, an der Wertschöpfung in der Bank orientiert, z.b. der gesamte Prozeß des Kreditgeschäftes
- der kundengruppenorientierte oder vertikale Geschäftsprozeß, der die Tätigkeiten zur Betreuung eines Zielkundensegmentes zusammenführt, z.b. Bündelung aller Betreuungs- und Abwicklungsfunktionen für die vermögenden Privatkunden und
- der horizontale Geschäftsprozeß, der sich an den Kernerfolgsfaktoren und -funktionen der Bank, z.B. der Kundenberatung oder dem Financial Engineering orientiert, d.h. Funktionen über alle Kundengruppen hinweg bündelt.

Der wertschöpfungsorientierte Geschäftsprozeß beschreibt die Folge von Tätigkeiten, die aufeinanderfolgen, wenn in der Bank Finanzdienstleistungen erbracht werden. In der Regel steht am Beginn die Information und Beratung eines Kunden, danach folgen Geschäftsabschluß und schließlich Verbuchung des Geschäftes. Geschäftsprozesse dieser Art werden optimiert, indem die Schnittstellen zwischen den einzelnen Tätigkeiten effizienter bzw. effektiver gestaltet werden. So werden bspw. Kreditbearbeitungsprozesse beschleunigt, indem die Bonitätsprüfung maschinell unterstützt wird oder der Kreditantrag vom Kundenbetreuer bereits in die EDV eingegeben und weitergeleitet wird, so daß mögliche Informationsdefizite bei den nachfolgenden Bearbeitungsstufen, die zu Rückfragen führen würden, schneller identifiziert und beseitigt werden können.

Für eine hypothetische Ein-Kundengruppen-Bank macht diese Begriffsdefinition als Strukturbild durchaus Sinn, denn es wird eine durchgängige Verantwortung von der Akquisition bis zur Weitergabe steuerungsrelevanter Daten geschaffen. Das Schaffen solcher Verantwortungsbereiche orientiert sich an dem Beispiel des mittelständischen Unternehmers, der sein Unternehmen (in der Regel Ein-Produkt-Unternehmen) gesamtverantwortlich, d.h mit der notwendigen unternehmerischen Flexibilität und Sorgfalt, leitet.

Die Problematik der wertschöpfungsorientierten Geschäftsprozeßdefinition ist ihre ausschließliche Beschränkung auf den einzelnen Prozeß, ohne daß die Komplexität des Bankgeschäftes und die Anforderungen an Personal und Systeme berücksichtigt werden. Das Kreditgeschäft bspw. hat sich seinem Charakter nach gewandelt. Die klassische Kreditvergabe wird zunehmend als nur eines von vielen Finanzierungsinstrumenten gesehen. Die Verzahnung mit Kapitalmarktprodukten oder die Strukturierung von Finanzierungen führt zu komplexen, auch andere „Prozesse" beeinflussenden Vorgängen. Eine organisatorische Ausrichtung der Bank am wertschöpfungsorientierten Geschäftsprozeß würde gerade diese Interdependenz zwischen verschiedenen Prozessen vernachlässigen und ihr dadurch eine Form der Statik aufzwingen, die sie am Markt unflexibel werden ließe.

Die Anforderungen an eine umfassende und flexible Prozeßdefinition werden auch von der Bankensteuerung erhoben. So sind die Systeme der Risikosteuerung zwangsläufig kreditprozeßübergreifend strukturiert, um alle, nicht nur die dem klassischen Kreditgeschäft innewohnenden Ausfallrisiken zu erfassen.

So gesehen erschwert die Orientierung am wertschöpfungsorientierten Geschäftsprozeß auch die Optimierung der Systemlandschaft, denn eine konsequente Orientierung am wertschöpfungsorientierten Geschäftsprozeß würde zur Schaffung kreditprozeßorientierter Systeme führen, die, der Integrationszielsetzung folgend, eine durchgehen-

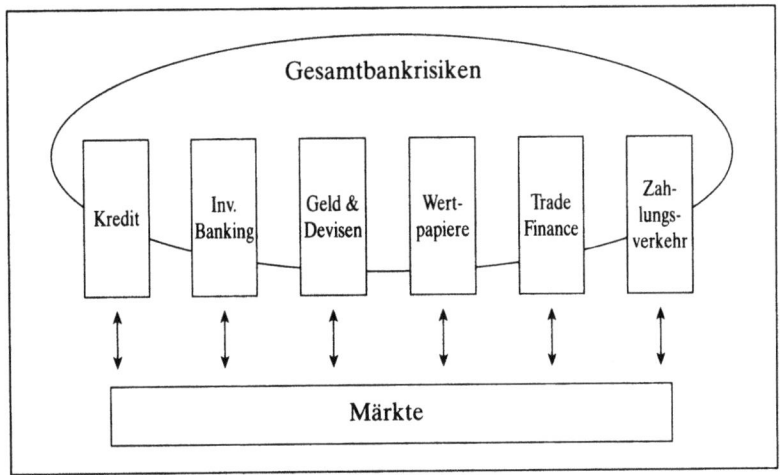

Abbildung 33: Risikosteuerungsanforderungen in einer Bank

de Anwendung von der Unterstützung der Marktbearbeitung (Vertriebsdatenbank) über die Antragsbearbeitung und die Bonitätsprüfung bis zur Verbuchung der Geschäfte und der Meldung anstreben würde. Wie später gezeigt wird, ist gerade dieser Ansatz im Hinblick auf die IT-Kosten suboptimal, da die Integration der Systeme nicht über einen gesamten Wertschöpfungsprozeß sinnvoll ist, sondern auf gleichartige Anforderungen wie Vertriebsunterstützung oder Verbuchung hin erfolgen muß. Das bedeutet, daß eine Systemlandschaft nur dann optimal strukturiert ist, wenn sie ein zentrales Buchungsverfahren für alle Geschäftsvorfälle, eine Vertriebsdatenbank zur Unterstützung aller Akquisitionsbemühungen und – wie oben beschrieben – ein System der Risikosteuerung für alle Risiken besitzt.

Gleiches gilt für den Produktions- und Erfolgsfaktor Personal. Der Zielsetzung integrierter Arbeitsprozesse und zusammengefaßter Verantwortlichkeiten folgend, setzt der wertschöpfungsorientierte Geschäftsprozeß den kompetenten Generalisten für Information und Beratung, Geschäftsbearbeitung, Verbuchung, Meldung und Überwachung voraus. Auch wenn dies theoretisch möglich erscheint, so ist es doch praktisch unmöglich, die erforderliche Qualität in der Marktbearbeitung und im Back-Office von – im Extremfall – einer Person gewährleistet zu bekommen. Die Mitarbeiter sind in der Regel entweder vertriebs- oder abwicklungsorientiert und entfalten nur auf einer dieser beiden Felder ihre volle Leistungsfähigkeit. Besonders einleuchtend ist dies im Handelsbereich. Erfolgreiche Händler unterscheiden sich ihrem Typ nach deutlich von erfolgreichen Handelsabwicklern.

Die Fokussierung auf zentrale Erfolgsfaktoren ist auch für das Personal und das Management entscheidend. Nicht die Pro-forma-Verantwortlichkeit für einen wertschöpfungsorientiert definierten Geschäftsprozeß bringt den Erfolg, sondern die Konzentration auf entweder die Vertriebs- oder die Abwicklungsseite, die ganz unterschiedliche Anforderungen an die Mitarbeiter und das Management stellen.

Es wird deutlich, daß der wertschöpfungsorientierte Geschäftsprozeß daher keine umfassende Grundlage für die Gestaltung der Bank der Zukunft sein kann, weil wesentliche Erfolgsfaktoren der Bankenstrategie nicht erfüllt werden. Der Wert der wertschöpfungsorientierten Geschäftsprozeßdefinition liegt daher primär in der Analyse von Teilprozessen der Leistungserstellung und der Identifikation von Effizienzpotentialen. Eine detaillierte Analyse z.B. der Teilprozesse im Kreditgeschäft führt im allgemeinen zu substantiellen Verbesserungen durch Restrukturierung der Teilabläufe. Historisch gewachsene, funktional orientierte Strukturen führen zu Mehr- und Doppelarbeiten, die Zeit und damit Geld kosten. Auffällig ist, daß durchschnittlich et-

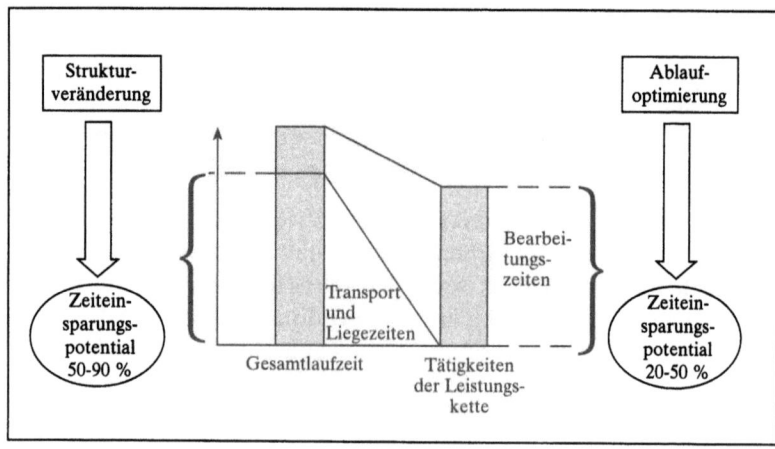

Abbildung 34: Effizienzpotentialstruktur im Kreditprozeß

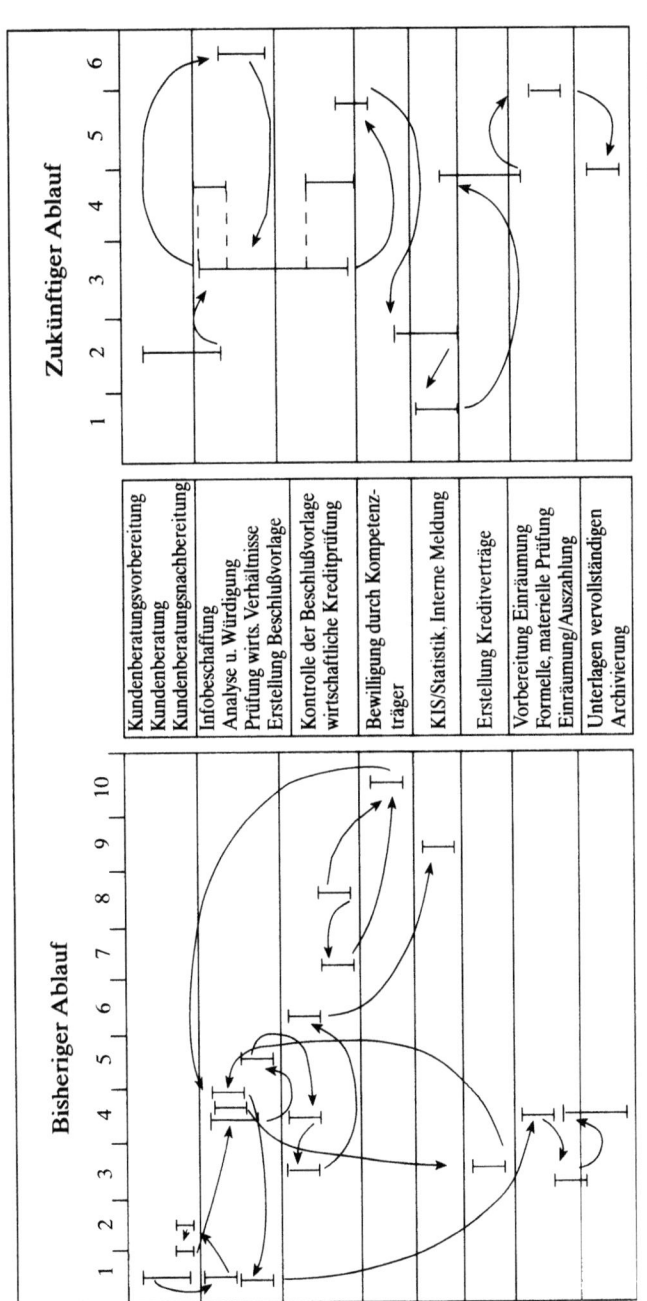

Abbildung 35: Kreditprozesse alt und neu

wa 50 % der Durchlaufzeiten und etwa 25 % der gebundenen Kapazitäten eingespart werden können, wenn die Prozesse optimiert werden. Der Grund ist der durch die komplizierten Strukturen verursachte Transport- und Liegeaufwand, der durchschnittlich 80 bis 90 % der überflüssigen Bearbeitungszeit ausmacht.

Insofern werden durch die Straffung der Prozesse die Fehler der Taylorschen Arbeitsteilung korrigiert (jedenfalls, soweit sie die Teilprozesse Kredit oder ähnliches betreffen), die sich in den stark fragmentierten Arbeitsabläufen widerspiegeln. Eine Restrukturierung der Abläufe über die bestehenden Grenzen der Organisationseinheiten hinweg bereinigt die Schnittstellen, ermöglicht eine Verbesserung der Ressourcennutzung und beschleunigt die Durchlaufzeiten.

Das Verständnis für die Effizienzpotentiale in den Teilprozessen ist bereits in vielen Banken ausgeprägt vorhanden. Meist handelt es sich bei der Restrukturierung von Prozessen um einmalige Veränderungen, die Ergebnis groß angelegter Projekte (oft mit externer Unterstützung) sind und dadurch nicht selten durch die gegebenen Personal- und Führungsstrukturen sehr stark beeinflussen. Der hierdurch entstehende Kompromißcharakter verhindert sehr oft eine konsequente Konzipierung und Implementierung sowie die meist noch wichtigere Kontinuität der Anpassung der Prozesse an die geschäftspolitischen und technischen Marktentwicklungen.

Die mangelnde Dynamik in den Banken, die man feststellen und beklagen muß, ist ganz wesentlich durch das bereits beschriebene Phänomen der fragmentierten Verantwortung durch fragmentierte Prozesse verursacht. Dem fehlenden „unternehmerischen" Bewußtsein, das in den meisten großen Organisationen festgestellt werden muß, versucht man in jüngster Zeit mit der Orientierung am kundengruppenorientierten oder vertikalen Geschäftsprozeß zu begegnen. Seine aufbauorganisatorische Konsequenz erhält der vertikale Geschäftsprozeß mit dem Konzept der Divisionalisierung.

Der vertikale Geschäftsprozeß faßt alle diejenigen Tätigkeiten zusammen, die zur Betreuung einer bestimmten Kundengruppe oder eines Zielsegmentes nötig sind. Man versucht somit vor allem, aufwendige Abstimmungsprozesse zwischen Organisationseinheiten mit unterschiedlicher Leitung und unterschiedlicher Erfolgsabbildung

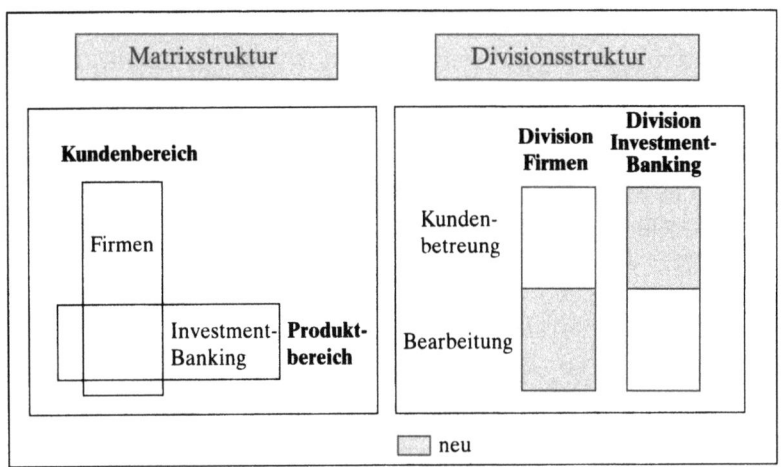

Abbildung 36: Effekte der Divisionalisierung

(z.B. Firmenkundenbetreuung und Kreditbereich) zu vermeiden. Man gelangt durch diese Spartenorganisation zu einer Bündelung von Kunden- und Produkt-, zum Teil auch Servicefunktionen, in einem Profit-Center. Durch die Bündelung und Ausrichtung der Prozesse und Ressourcen auf bestimmte Zielsegmente sollen quasi kleine Unternehmen unter dem Dach der Bank geschaffen werden, die den unternehmerischen Antritt umsetzen.

Die Problematik dieser Prozeßdefinition ist – wie beim wertschöpfungsorientierten Geschäftsprozeß – die ungenügende Berücksichtigung der Erfolgsfaktoren Systeme und Personal sowie die Unmöglichkeit, angesichts der wachsenden Komplexität der Finanzprodukte alle relevanten Ressourcen unter einer Verantwortung zu bündeln und gleichzeitig kleine schlagkräftige Unternehmenseinheiten zu bilden. Tatsächlich zeigen die ersten Erfahrungen nicht etwa eine dynamischere Marktbearbeitung, sondern das Bemühen der einzelnen Divisionen, möglichst ohne Inanspruchnahme anderer Divisionen zu agieren, was zum Aufbau eigener Ressourcen und zu insgesamt steigenden Kosten führt.

Vor allem aber fehlt die explizite Berücksichtigung der System- und der Personalkomponente. Die Konzeption divisionaler Strukturen vernachlässigt die Bedeutung der zunehmenden Vernetzung der Produktion von Finanzdienstleistungen. Neben der zwingend gebotenen Zusammenführung der in verschiedenen Organisationseinheiten angesiedelten Spezialisten zur Erarbeitung von Problemlösungen für einen Kunden spielt vor allem die Notwendigkeit der stärkeren Einbindung technischer Gesichtspunkte eine entscheidende Rolle. Die technische Sichtweise ist nicht länger bloß eine Restriktion der unternehmerischen Aktivitäten, sondern zunehmend gestaltender Teil jeder Problemlösung. Dies ist umso bedeutender, als die Kosten der Informationstechnologie mögliche Zusatzerträge aus neuen Produkten leicht überkompensieren können.

Die technologische Sichtweise läuft jedoch diametral entgegengesetzt der Sichtweise der vertikalen Geschäftsprozeßdefinition. Informationssysteme werden nicht vertikal für eine bestimmte Kundengruppe, sondern horizontal über alle Kundengruppen hinweg optimiert. Die zwingende integrative Sichtweise von Geschäftsorientierung und Technik wird auf diesem Wege nicht erreicht. Es entsteht der typische Interessenskonflikt zwischen übergeordneter Systemintegration und den Anforderungen aus der Marktbearbeitung.

Durch die dem vertikalen Geschäftsprozeß inhärente Konzentration auf Zielsegmente, d.h. Kunden- bzw. Produktgruppen, werden die personellen Ressourcen der Marktbearbeitung und aller wesentlichen nachgelagerten Funktionen auf die vermeintlich homogenen Anforderungen der Zielsegmente ausgerichtet. Dies unterstellt, daß die Anforderungen innerhalb eines Kundensegmentes weniger von der Größe eines Unternehmens als von seinem Unternehmenszweck abhängt. Anders ausgedrückt bedeutet dies, daß das Anforderungsprofil eines Großunternehmens mit mehreren Milliarden Umsatz eher dem eines Mittelstandsunternehmens als dem eines großen Institutionellen entspricht.

Unabhängig davon, ob dies zutrifft oder nicht, steht aber fest, daß die Anforderungen zwischen allen drei Beispielunternehmen differieren. Es steht sicher auch außer Zweifel, daß sich Anforderungen von Unternehmen an ihre Bank über die Zeit ändern. Dies erfordert zum einen eine Zuordnung von bestehenden Kunden zu Kundenbetreuern ganz individuell nach dem Fähigkeitenprofil des Betreuers und zum anderen eine hohe Flexibilität in der Festlegung der Betreuungszuständigkeit für bestimmte Kunden. Veränderte Anforderungen von

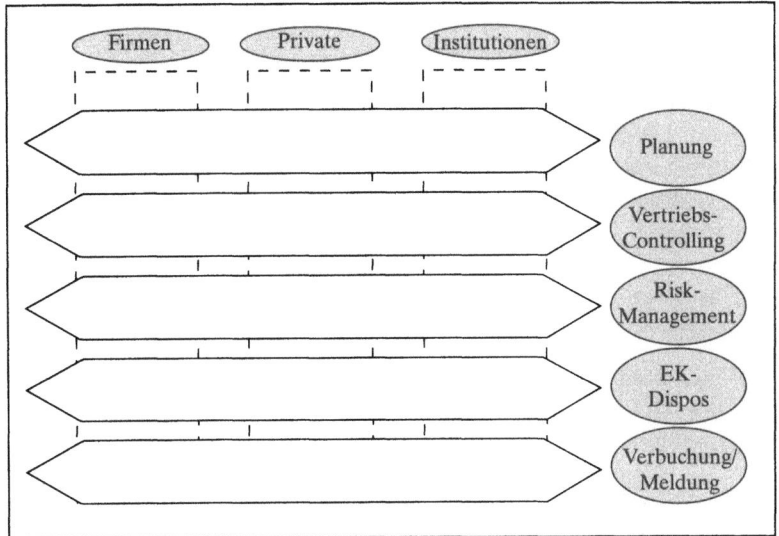

Abbildung 37: Kundengruppenübergreifende Systemanforderungen

Kunden müssen zum Teil auch Betreuungszuständigkeiten verändern, um die Anforderungen optimal zu erfüllen. Eine nur auf bestimmte Zielsegmente festgelegte oder divisional sogar zementierte Ausrichtung verengt den Spielraum für betreuer- und kundenindividuelle Flexibilität. Viele Großunternehmen fordern von ihren Banken eine ähnliches Leistungsspektrum wie große Institutionelle oder hochvermögende Privatkunden, vor allem dann, wenn eine Bank nur einen bestimmten Teilbereich der nachgefragten Finanzdienstleistungen abdeckt. So sind die Anforderungen für das Liquiditäts- und das Bilanzstrukturmanagement großer Unternehmen denen des Portfoliomanagement von Versicherungen und international operierender Privatkunden sehr ähnlich und fordern im Grunde den gleichen Betreuertyp.

Die vertikale Geschäftsprozeßdefinition erfüllt wesentliche Anforderungen an einen gesamthaften Gestaltungsansatz für die Bankenorganisation nicht. Während der wertschöpfungsorientierte Geschäftsprozeß durchaus seinen Wert als Teilkonzept hat, läuft die vertikale Geschäftsprozeßdefinition den zentralen Anforderungen an eine Optimierung des Einsatzes der Produktionsfaktoren zuwider. Weder die

System- noch die Personalkomponente finden ihre adäquate Berücksichtigung in diesem Konzept.

Gute Kundenberater müssen, den Kundenanforderungen Rechnung tragend, künftig nicht nur Großfirmen beraten, sondern auch große institutionelle Kunden, da die Anforderungen an die Beratungsart und -qualität sich angleichen werden. DV-gestützte Risikomanagementsysteme und Vertriebsunterstützungssysteme, die in enger Zusammenarbeit mit den Kunden- und Produktbereichen entwickelt und gepflegt werden müssen, können nicht nur für bestimmte Kundengruppen, sondern müssen bankübergreifend strukturiert werden.

Will eine Bank also Personaleinsatz und Systeme optimieren, muß sie akzeptieren und lernen, kundengruppen- bzw. wertschöpfungsketten-übergreifend zu denken und sich zu organisieren.

Durch den verstärkten technologischen Einsatz und seine Bedeutung für die Effizienz der Bank kann nur der horizontal strukturierende Ansatz der umfassende sein. Nur auf der Basis dieser Betrachtungsweise erst kann ein Gesamtkonzept für das Management der Banken von morgen entstehen.

3. Die Plattform-Organisation als Managementkonzept für die Bank der Zukunft

Ein umfassendes Management-Konzept für Banken muß die Kernerfolgsfaktoren Personal und Systeme optimieren, den Prozeß in den Mittelpunkt des Gestaltungswillens rücken und den Aspekt der Differenzierung berücksichtigen.

Vor allem der Aspekt der wettbewerblichen Differenzierung verbietet es, etwa eine Normstruktur für Banken zu definieren, weil jede Bank ihr individuelles Markt- und Wettbewerbsumfeld hat und damit auch eine individuelle Strategie und Organisationsstruktur benötigt. Insofern kann das hier vorgestellte Management-Konzept nur als Basiskonzept verstanden werden, d.h. als Orientierung für die umfassende Berücksichtigung der Kernerfolgsfaktoren in einem bankindividuell auszugestaltenden Gesamtansatz.

Dieses Gesamtkonzept, das visionären, strategischen und strukturierenden Charakter hat, wird im folgenden vorgestellt. Es baut auf dem „Prinzip der konkurrenzbedingten Ausschließlichkeit" auf und optimiert Personal- und Systemqualität bzw. -einsatz simultan über ein horizontal strukturiertes Organisationsmodell, die Plattform-Organisation. Die Plattform-Organisation stellt damit praktisch ein völlig neues Prinzip der Bankenorganisation dar, ohne eine detaillierte Strukturierungsvorgabe für die einzelne Bank liefern zu können und zu wollen.

Der Grundgedanke der Plattform-Organisation ist die Erkenntnis, daß sowohl aus der Prozeßdefinition als auch aus den Anforderungen an die Optimierung der Kernerfolgsfaktoren Personal und Systeme nur vier Plattformen innerhalb einer Bank unterschieden werden können:

1. Information und Beratung, d.h. Vertriebsprozesse
2. Financial Engineering, d.h. Produktentwicklungs-Prozesse
3. Processing, d.h. Geschäftsabwicklungsprozesse
4. Steuerungsprozesse.

Diese vier Plattformen entsprechen den Kernprozessen einer Bank und lassen sich immer wieder unterscheiden. Sie setzen den Rahmen für die organisatorische Gestaltung der Bank.

Informationstechnologisch lassen sich diese vier Plattformen sauber unterscheiden, weil vertriebsunterstützende Systeme anders konzipiert werden müssen als etwa Abwicklungssysteme oder entwicklungsunterstützende Instrumente. Das IT-Management in den Banken denkt schon heute in diesen horizontalen Kategorien.

Auch für die Optimierung des Erfolgsfaktors Personal bietet die horizontale Struktur den idealen Gestaltungsrahmen. Die Mitarbeiter der Bank lassen sich in der Regel alle hinsichtlich der Optimierung ihrer Neigungen und Fähigkeiten einer dieser vier Kernprozesse zuordnen. Mitarbeiter sind entweder besonders begabt, im Vertrieb tätig zu sein oder sie sind Tüftler, die Produkte entwickeln und gestalten können. Nur äußerst selten ist ein Mitarbeiter ein ebenso begeisterter Händler wie Abwickler. Viele Personalentwicklungskonzepte basieren heute schon auf vergleichbaren Grundunterscheidungen, die auch die Basis für das dezentrale Unternehmertum sind.

Die organisatorische Ausgestaltung innerhalb der Plattformen hängt ganz wesentlich von den individuellen Bedingungen der einzelnen

Bank ab. Entscheidend ist, daß die Ausgestaltung der Plattformen Kraft und Richtung verbindet. Insoweit ist konzeptionell festgelegt, daß eine Plattform einer zentralen Verantwortung untersteht, um die Richtung vorzugeben.

Im folgenden werden einige Gestaltungsprinzipien am Beispiel einer „klassischen" Universalbank mittlerer Ausprägung (Filialbank) entwickelt, um die Praktikabilität des Ansatzes zu verdeutlichen.

Die Marktbearbeitung liegt in der Verantwortung der Vertriebsplattform „Information und Beratung". Eine kundengruppenspezifische Verantwortung wie bspw. die Betreuung mittelständischer Firmenkunden wird der Gesamtvertriebsverantwortung untergeordnet. Zwar kann die Arbeitsteilung im Verantwortungsbereich „Information und Beratung" nach Kundengruppen vorgenommen werden, sie kann jedoch auch Größenklassendefinitionen oder regionalen Gesichtspunkten folgen. Dies bestimmt die Strategie der Bank. Entscheidend ist die Sicherstellung der optimalen Betreuung durch den Engpaßfaktor Personal, d.h. es müssen Betreuungsverantwortlichkeiten so definiert werden, daß Kunden mit homogenen Anforderungen an Produkte, Informationen und Persönlichkeitsprofil des Betreuers in Betreuungsverantwortlichkeiten zusammengefaßt werden. Kennzeichnend für die Plattform-Organisation ist lediglich die zentrale Verantwortung für Information und Beratung aller Kundengruppen.

Innerhalb des Verantwortungsbereiches Information und Beratung werden kundenbetreuende Teams geschaffen, die weitgehend eigenverantwortlich die ihnen zugeordneten Kunden betreuen bzw. die Akquisitionspotentiale bearbeiten.

Dies bedeutet bspw., daß ein Team, das bestimmte Firmenkunden betreut, auch die Kreditbearbeitung eigenständig innerhalb des Teams vornimmt und im Rahmen der Kompetenzordnung auch entscheidet. Die modernen Risk-Management-Konzepte lassen eine dezentrale Risikoanalyse über eingespielte und zentral ermittelte Risikoprämien für jedes Einzelgeschäft zu. Damit besteht auch nicht mehr die Notwendigkeit, zentrale Kreditbearbeitungsstellen vorzuhalten, nur um die Kreditanträge ein weiteres Mal prüfen und bearbeiten zu lassen.

Teams, die institutionelle Kunden oder vermögende Privatkunden betreuen, müssen im Sinne der umfassenden Kundenverantwortung

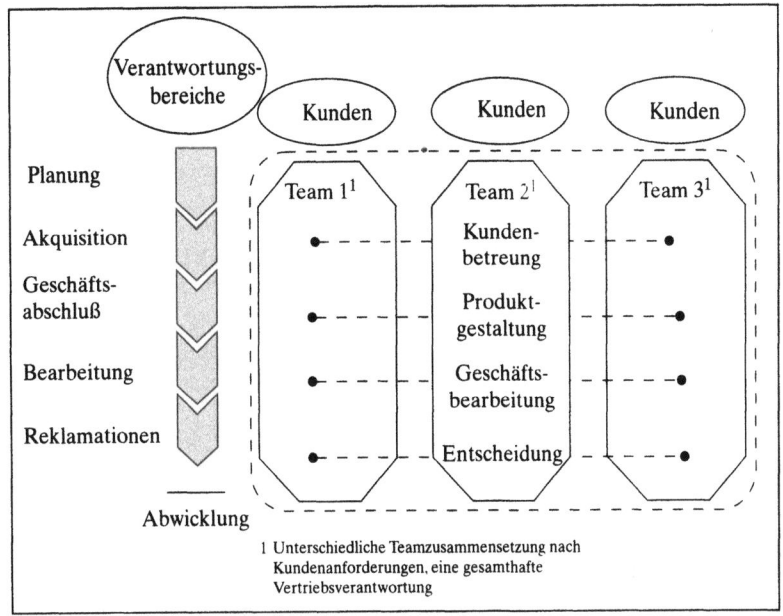

Abbildung 38: Die Vertriebskomponente in der Plattform-Organisation

auch über einen eigenen Händler (Kundenhändler), der nichts mit dem Eigenhandel (Treasury) der Bank zu tun hat, bzw. über direkten Zugang zu einem Kundenhändler verfügen, der die unmittelbare Preisstellung und die marktnahe Beratung sicherstellt.

Die horizontale Prozeßdefinition bündelt somit alle Funktionen, die für die Information, die Betreuung und Akquisition, die Geschäftsbearbeitung und die Entscheidung notwendig sind. Hierin liegt ein fundamentaler Unterschied zwischen traditionellen, auf der Arbeitsteilung basierenden Organisationsstrukturen und der Plattform-Oganisation, die konsequent auf der Teamstruktur aufbaut und diese Teams weitgehend selbständig den Markt bearbeiten läßt. Dezentrales Unternehmertum wird im klaren Rahmen gefördert und sichergestellt.

Für die Philosophie der Plattform-Organisation ist es völlig unerheblich, ob die einzelnen Plattformen der Bank, also bspw. Information und Beratung oder das Processing, integrale Bestandteile einer Bank oder aber eigenständige Gesellschaften unterhalb einer Holding-Konzeption sind. Auch ist vorstellbar, einzelne Subkomponenten, bspw. aus regionalen oder anderen vertrieblichen Gründen, rechtlich selbständig zu fahren. Besonders für Multispezialisten können solche Organisationsausprägungen vorübergehend sinnvoll sein, um die Vielfältigkeit der Unternehmenskulturen, vor allem wenn sie teilweise akquiriert wurden, sukzessive zusammenzuführen. Entscheidend bleibt die einheitliche Plattformverantwortung als Kennzeichen der Plattform-Organisation.

Eine weitere Kernproblematik der Banken, nämlich die schwache Ausprägung eigener Produktentwicklungen bzw. Produktgestaltung, greift die Plattform-Organisation auf, indem sie eine eigene Verantwortung für die Produktentwicklung, Financial Engineering, schafft.

Der Grundgedanke ist, daß obwohl neue Produkt- oder Produktgestaltungsideen praktisch immer im direkten Kundenkontakt entstehen, die Vertriebsteams mit der umfassenden Ausgestaltung und Vermarktung des Produktes im Gesamthaus überfordert sind. Nicht unwesentlich ist auch, daß künftig weit stärker als heute technisches Know-how zur Ausgestaltung des Produktes notwendig ist, das nur zentral vorgehalten werden kann.

Unter „Financial Engineering" (Produktentwicklung) wird die Zusammenfassung aller Produktspezialisten nach den Kategorien Finanzierung, Handel/Anlage und Transfer-Management verstanden, die, vergleichbar der F&E-Abteilung eines Industrieunternehmens, für die kundenbedarfsgerechte, individuelle und nicht-standardisierte Problemlösung verantwortlich ist. Entscheidend ist auch hier, daß eine Gesamtverantwortung für diese Funktionen geschaffen wird. Diese Einheit trägt dem Zwang zur permanenten Innovation ebenso Rechnung wie der wachsenden Verzahnung der Bankprodukte und wird grundsätzlich auf Bedarf der Akquisitionseinheiten tätig.

Es besteht somit eine klare Unterscheidung zwischen der kundenorientierten Gestaltung von bestehenden Produkten durch die Vertriebsteams und der umfassenden Neuentwicklung, Weiterentwicklung bzw. Neugestaltung von Produkten, die in der Verantwortung von Financial Engineering liegt. Folgerichtig kann Financial Engineering auch nur im Auftrag des Vertriebes tätig werden bzw. eigene Investments auf eigenes Risiko tätigen. Entscheidend ist, daß Financial Engineering seine Erträge als eigenes Profit Center durch den Verkauf von neuen Produkten an den Vertrieb generiert.

Neben den Produktspezialisten aus Finanzierung, Handel/Anlage und Transfer benötigt die Einheit daher auch technisches Know-how und Marketing-Spezialisten.

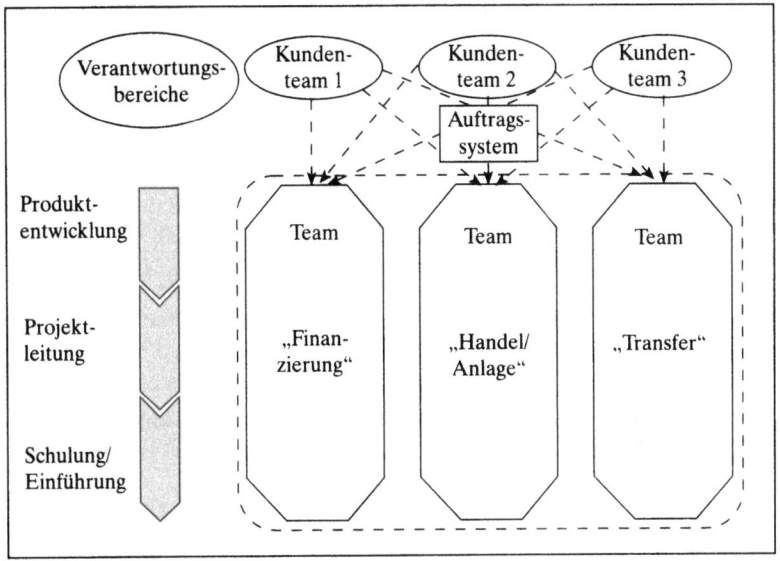

Abbildung 39: Die F&E-Komponente der Plattform-Organisation

Neben den beiden kundenorientierten Einheiten müssen bankübergreifende Verantwortlichkeiten für das Processing und die Steuerung geschaffen werden. Nach der horizontalen Geschäftsprozeßdefinition besteht keine Notwendigkeit, kunden- und abwicklungorientierte Prozesse in eine gemeinsame Verantwortung zu geben. Sowohl die Anforderungen aus technischer Sicht als auch die Anforderungen an den optimalen Ressourceneinsatz der Mitarbeiter legen eine klare Unterscheidung zwischen Front- und Back-Office-Prozessen nahe. Eine kundenorientierte Bank erkennt darüberhinaus an, daß jede Möglichkeit der Vertriebseinheiten, auch Abwicklungsfragen mit bearbeiten zu können, unweigerlich zu einer Schwächung der Kundenorientierung führen muß. Die Arbeit am bzw. mit dem Kunden ist eben nicht immer einfach und es muß daher sichergestellt werden, daß Kundenbetreuer ausschließlich in der Information/Beratung bis zum Geschäftsabschluß tätig sind.

Die Einheit „Processing" ist für die gesamte Geschäftsabwicklung sowie die Bereitstellung steuerungsrelevanter Informationen verantortlich. Angesichts der sich abzeichnenden weitaus tieferen Durchdringung der Arbeitsabläufe durch die Technik kommt dem effizienten Systemeinsatz eine entscheidende Bedeutung zu, vor allem, weil strukturelle Fehlentscheidungen in diesem Bereich meist erst über Jahre korrigiert werden können. Der mit der Technisierung einhergehende Ersatz manueller Arbeit durch Systeme wird durch eine geschlossene Verantwortung in der Plattform-Organisation sichergestellt und gefördert. Hier liegt einer der ganz entscheidenden Vorteile der Plattform-Organisation gegenüber anderen Konzepten, nämlich in dem Gleichlauf systemtechnischer und geschäftsorientierter Sichtweisen.

Im Processing werden alle wesentlichen Abwicklungsfunktionen der Bank gebündelt, d.h. sowohl die Wertpapier- und Geld/Devisen-Abwicklung als auch die Abwicklung des Zahlungsverkehrs, des Anlagegeschäftes und des Auslandsgeschäftes. Im Processing wird die Verbuchung der Kredite (nicht die Geschäftseingabe) und die Kon-

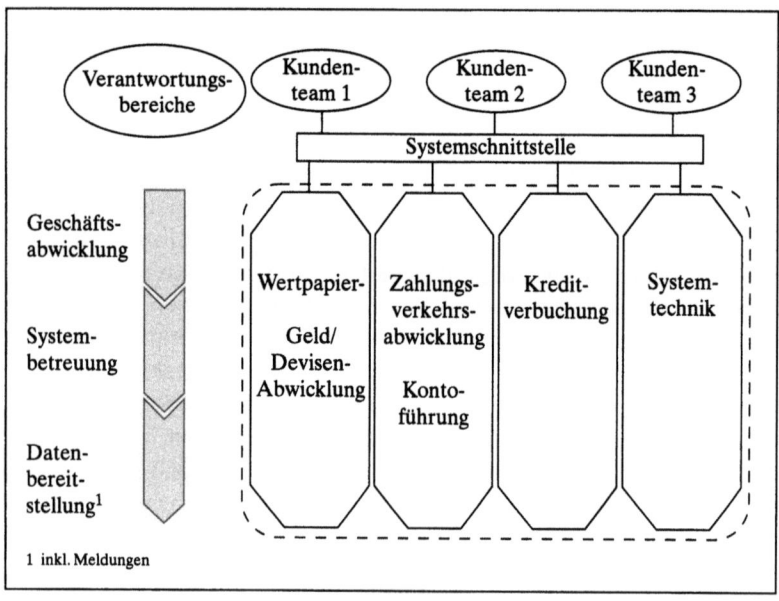

Abbildung 40: Das Processing in der Plattform-Organisation

toführung durchgeführt. Dies hat den großen Vorteil, daß die zu beherrschende Technologie und das erforderliche Know-how in Abwicklungsfragen, das nicht zuletzt wegen der wachsenden aufsichtsrechtlichen Anforderungen zunehmend ein erfolgskritisches Know-how wird, zusammengefaßt werden und dadurch erhebliche Effizienzvorteile geschaffen werden.

Folgerichtig sind im Processing umfangreiche EDV-technische Kapazitäten und Organisationsspezialisten vorzuhalten, um die Prozesse kontinuierlich zu optimieren. Der Kernerfolgsfaktor des Processing ist neben der Sicherheit vor allem die Effizienz. Dabei ist für die Ausgestaltung der Plattform-Organisation unwichtig, ob die Einheit Processing integrierter Bestandteil der Bank ist oder als eigenständige Firma ausgegliedert wird. Entscheidend ist die Bündelung aller relevanten Abwicklungsprozesse in einer Verantwortung.

Die prozeßorientierte Bank ist stark kunden- bzw. teamorientiert und damit dezentral ausgerichtet. Die Philosophie lautet, daß nur ein Höchstmaß an eigenverantwortlicher Arbeit in Teams einen unternehmerischen Antritt schafft, der nicht zentral verordnet, sondern dezentral täglich neu, am Kunden, entsteht.

Der Großteil der Kapazitäten ist demzufolge auch in den Einheiten Vertrieb und Financial Engineering eingesetzt. Die notwendigen Steuerungsfunktionen beschränken sich auf die Unterstützung der dezentralen Geschäftssteuerung durch die Vertriebsverantwortlichen (Vertriebs- und Risikocontrolling etc.) sowie strategische und aufsichtsrechtliche Aufgaben.

Die Steuerungseinheit der Bank konzentriert somit alle Steuerungs- und Kontrollfunktionen im Rahmen der modernen Anforderungen an das Controlling sowie die Erfüllung hoheitlicher Aufgaben wie Revision und Bilanzierung. Um den Steuerungsansatz umfassend wirksam werden zu lassen, und um nicht Kunden- und Eigenaktivitäten der Bank zu verwischen, sind bspw. die Funktionen der Zentraldisposition und des Eigenhandels als „Zentrales Treasury" in der Einheit „Steuerung" angesiedelt. Insoweit trägt der horizontale Geschäftsprozeß der Plattform-Organisation auch den Steuerungsanforderungen der modernen Controllinginstrumente Rechnung, da Kundenaktivitäten (Kommissionsgeschäft) und Eigenhandel/Zentraldisposition auf höchster Hierarchieebene getrennt werden.

Neben der Sicherstellung gesetzlicher Anforderungen gewährleistet diese Struktur auch die rasche Implementierung von Steuerungsansätzen durch die Konvergenz von steuerungstechnischer und DV-technischer Sichtweise

Neben dem zentralen Controlling, der Revision, dem Bereich Bilanzierung/Meldewesen und dem Treasury sind in den Steuerungsfunktionen auch die strategischen Aufgaben angesiedelt. Der Strategiebereich umfaßt marktanalytische, organisatorische, technische und personalwirtschaftliche Kapazitäten, um die kontinuierliche Anpassung der Organisation sicherzustellen und die integrierte Weiterentwicklung von Organisation, Personal und Technik zu gewährleisten. Während die operative Personal- und Controllingarbeit von den Verantwortungsbereichen Information/Beratung, Financial Engineering und Processing selbst durchgeführt wird, ist im Bereich Steuerung primär „nur" die strategische Arbeit für die Gesamtbank zu leisten. Damit ist auch gewährleistet, daß keine „Wasserköpfe" enstehen, die sich selbst die Arbeit schaffen.

Die Plattform-Organisation ist also kein Organisationsprinzip im herkömmlichen Sinne und darf daher auch nicht als „Leit-Organigramm"

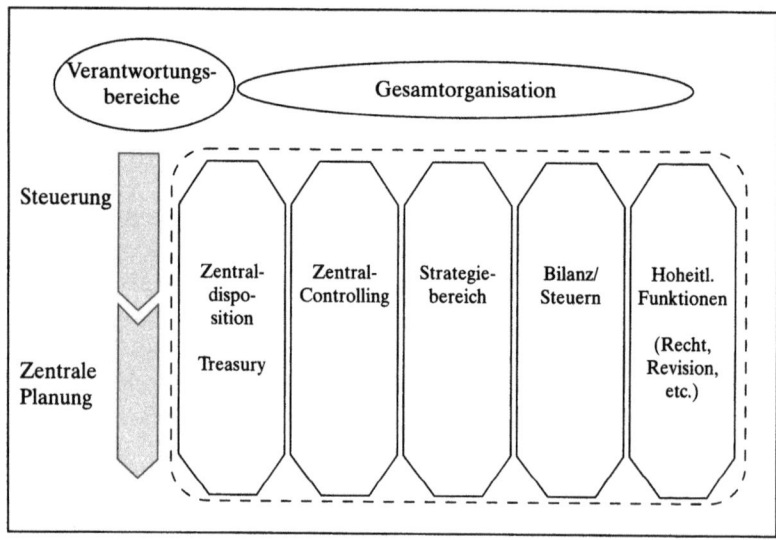

Abbildung 41: Die Steuerung in der Plattform-Organisation

mißverstanden werden. Die Plattform-Organisation dokumentiert gewissermaßen eine neue Philosophie der Bankorganisation. Vor allem darf nicht der Fehler gemacht werden, zu glauben, daß eine nach diesem Prinzip organisierte Bank quasi automatisch bereits Erfolg habe. Der Wert der Plattform-Organisation liegt in der Notwendigkeit, eingefahrene Strukturen kritisch zu hinterfragen und anhand einer alternativen Struktur neu auszurichten. Daher wurde auch bewußt auf eine detaillierte Darstellung der Funktionsmechanismen innerhalb der Plattform-Organisation verzichtet, weil gerade dies nicht die Botschaft dieses Ansatzes ist. Auch eine Bank, die sich der Philosophie der Plattform-Organisation verschreibt, muß ihren eigenen Weg innerhalb dieses Rahmens finden und gehen und das bedeutet, daß die erforderliche Detailarbeit auch von ihr geleistet werden muß.

4. Plattform-Organisation und Kernerfolgsfaktoren

Die erfolgreiche Bank der Zukunft muß sich vier Herausforderungen stellen:

- Optimale Ausrichtung auf die spezifischen Kundenbedürfnisse
- Sicherstellung eigener Produktentwicklungskompetenz
- Ausrichtung der Informationstechnologie auf den Markt
- Schaffung einer optimalen Personalqualität

Diese vier Herausforderungen müssen dauerhaft in einer sich permanent wandelnden Welt gewährleistet werden. Der Erfolg einer Management-Philosophie hängt mithin nicht davon ab, ob die Anforderungen zu einem bestimmten Zeitpunkt erfüllt werden, sondern ob das Unternehmen in die Lage versetzt wird, sich dem Wandel permanent anzupassen.

Insofern ist eine Management-Philosophie niemals falsch, sondern schlechtestenfalls unzweckmäßig, um das gesetzte Ziel zu erreichen. In einem anderen Unternehmen kann die gleiche Philosophie durchaus erfolgreich sein.

Es ist ein weit verbreiteter Irrglaube, nicht nur in Banken, daß man mit einem einmaligen Kraftakt ein Unternehmen dauerhaft im Wettbewerb nach vorne bringen kann. Viele Management-Philosohien, wie etwa der Ansatz des Reengineering, basieren inhärent auf dieser Projektphilosophie, d.h. einmaligem radikalem Überdenken und Neugestalten. Aber was kommt danach?

Eine moderne Bankorganisation kann nicht auf statischen Prinzipien basierend aufgebaut werden. Kontinuierliche Veränderung bzw. Veränderungsfähigkeit ist die Voraussetzung, um im Wettbewerb bestehen zu können. Flache Strukturen, sich selbst organisierende Teams und eindeutige Funktionszuweisungen, wie sie die Plattform-Organisation fordert, bieten die Voraussetzung für eine flexible Organisation. Die Philosophie der Plattform-Organisation ist auf ein Höchstmaß an Flexibilität ausgelegt, weil die eindeutige Verantwortung für Kernprozesse die größte Gewähr dafür liefert, daß kontinuierlich an der Optimierung der Prozesse gearbeitet wird.

Die Plattform-Organisation liefert kein Detailorganigramm, sondern nur ein Rahmenkonzept, weil die strategische Ausgangssituation für jede Bank eine andere ist. Die strategische Ausgangssituation ist aber die Basis für die detaillierte Ausgestaltung der Organisatonsstrukturen. Das Risiko der gegenwärtigen Lean- und Reengineering-Wellen besteht daher auch vor allem darin, daß die strategische Arbeit, die unbedingt geleistet werden muß, in den Hintergrund tritt zugunsten einer operativen Welle. Mit operativer Hektik werden oft genug strategische Defizite kaschiert. Wenn eine Bank diese saubere strategische Positionierung nicht vornimmt, besteht die Gefahr, daß sie bestimmte Geschäftsfelder „totoptimiert". Ein Geschäftsfeld, für das die kritische Masse an Volumen oder Kompetenz nicht vorhanden ist (meist ein Kernproblem in den Banken), kann auch durch noch so optimierte Abläufe nicht profitabel gestaltet werden.

Die Philosophie der Plattform-Organisation verfolgt einen anderen Weg. Ihr geht es darum, das Unternehmen in die Lage zu versetzen, sich auf der Basis einer sauberen strategischen Positionierung permanent zu wandeln. Dieser Weg führt sicher nicht so schnell zu „Early Wins", also vorzeigbaren Erfolgen.

Man muß jedoch überhaupt sehr vorsichtig sein mit der Bewertung von schnellen Erfolgen bzw. den schnell publizierten Erfolgsmeldungen von angewandten „Erfolgsrezepten". Auch die gegenwärtige Reengineering-Welle macht da keine Ausnahme. Zweifellos gibt es Erfolge schon allein deshalb, weil durch ein radikales Hinterfragen der eigenen Position und den Strukturen eine neue oder veränderte Sichtweise auf das eigene Unternehmen produziert und gefördert wird. Vielfach aber werden, was sehr beliebt ist, Beispiele von erfolgreichen Unternehmen zitiert, die angeblich Zeugnis ablegen von den Erfolgen der neuen Management-Methoden. Bei genauerem Hinsehen stellt man nicht selten fest, daß das Management die notwendigen Maßnahmen bereits eingeleitet hatte, als es von der neuen Management-Methode noch gar keine Kenntnis haben konnte. Wirkliche Veränderungen größerer Natur gehen eben nicht von heute auf morgen.

Ebenso häufig ist auch, daß Beispiele gewählt werden, die keiner operativen Methode (wie dem Reengineering), sondern strategischen Überlegungen und Neupositionierungen entsprangen. Es ist unredlich, irgendwelche Beispiele zu wählen, die in keinem direkten Zusammenhang zu der propagierten Methode stehen, um nur einfach ein erfolgreiches Unternehmen vorzustellen und damit einen angeblichen Beweis für die Wirksamkeit der Methode zu konstruieren.

Eine weitere problematische Form der Beweisführung ist der „Lichtquanteneffekt". Dieser besagt, daß Verbesserungen schon allein deshalb erzielt werden können, weil einer Gruppe von Mitarbeitern oder einem ganzen Unternehmen eine besondere Form der Aufmerksamkeit, etwa durch ein großes Projekt, zuteil wird.

Der Lichtquanteneffekt erhielt seinen Namen durch ein Experiment, mit dem man beweisen wollte, daß ein direkter Zusammenhang zwischen der Produktivität von Arbeitern und der Menge des Lichtes in der Fabrikhalle bestünde. Der Versuch bestand nun darin, die Menge des Lichtes in einer bestimmten Fabrikhalle zu verdoppeln und den Einfluß auf die Produktivität zu messen. Der beabsichtigte Effekt trat tatsächlich ein; die Produktivität stieg an. Verwunderung löste dann aber die Tatsache aus, daß die Produktivität abermals anstieg, als man die Lichtmenge wieder reduzierte.

Die Erklärung war einfach. Die Aufmerksamkeit für die Arbeiter erhöhte deren Produktivität; die Lichtmenge hatte gar keinen Einfluß. Da den Arbeitern sowohl bei der Erhöhung, als auch bei der Reduzierung der Lichtmenge Aufmerksamkeit zuteil wurde, trat der positive Effekt zweimal ein.

Heute wird in vielen Projekten ein schneller Effekt dadurch produziert, daß man einer Abteilung einer Bank ein Team, meist mit externer Unterstützung, zur Seite stellt, das die Mitarbeiter bei ihrer Tätigkeit unterstützt. Wird bspw. ein Vertriebsteam ausgewählt, die vom Projekt erarbeitete Lösung (neue Methodik, Technik) am Markt zu testen, tritt nicht selten der Lichtquanteneffekt ein. Das Team wird überdurchschnittlich unterstützt, die Teammitglieder zu erhöhter und systematischerer Marktbearbeitung getrieben und die Ergebnisse sofort veröffentlicht. So muß es nicht überraschen, daß positive Ergebnisse entstehen. Es ist wie bei einem Strohfeuer.

Den Zeiterfassern für Refa-Erhebungen ist dieser Effekt seit langem bekannt, weshalb sie einen eigenen Faktor zur Bewertung dieses außerordentlichen Einflusses für die Arbeitsleistung einsetzen (Einschätzung der gemessenen Leistung im Vergeich zur Normalleistung). Bei der Beurteilung von schnellen Erfolgen von neuen Management-Methoden wird dies aber meist übersehen.

Eine moderne Bankorganisation muß so beschaffen sein, daß sie größtmögliche Flexibilität mit umfassender Eigenverantwortung des einzelnen für wesentliche Kernprozesse der Bank verbindet. Die Kernprozeßdefinition ist der Schlüssel zur Bankorganisation der Zukunft. Das umfassende Verständnis der Erfolgsfaktoren und ihre Optimierung ist die Voraussetzung für eine nachhaltige Wandlungsfähigkeit der Bank. Nur wenn die Erfolgsfaktoren und ihr Einfluß transparent und in eine Gesamtkonzeption integriert sind, ist dauerhafter Erfolg zu erreichen.

Die Plattform-Organisation setzt auf die Wandlungs- und Gestaltungsbereitschaft des einzelnen Mitarbeiters, da ihm in den entsprechenden Teams und in flachen Hierarchien die Bedeutung seines Tuns für das Wohl der Gesamtbank transparent ist. Durch die Kongruenz der Erfüllung von organisatorischen, prozeßorientierten, technischen und personalwirtschaftlichen Anforderungen ist ein Gesamtansatz vorhanden, der die Abstimmprobleme innerhalb einer Organisation auf ein Minimum reduziert.

Im Rahmen der detaillierten Darstellung des Gesamtansatzes im weiteren Verlauf wird deutlich werden, daß die horizontale Prozeßdefinition, und damit die Plattform-Organisation, im Zentrum der notwendigen Veränderungen in den Banken stehen muß. Gleichwohl muß das gesamte Spektrum der relevanten Einflußfaktoren, auch außerhalb der eigentlichen Organisationsproblematik, berücksichtigt werden. Insofern verbirgt sich hinter dem Konzept der Plattform-Organisation vor allem eine neue Philosophie des Selbstverständnisses, der Marktbearbeitung und Positionierung einer Bank.

Die Plattform-Organisation ist gewissermaßen der Spannungsbogen der veränderten Anforderungen an die Banken der Zukunft. Jede Bank muß dabei zwingend ihre eigene Strategie für den Markt oder die Märkte festlegen, in dem bzw. in denen sie tätig sein will und kann. Daher ist eine saubere strategische Orientierung Basis aller weitreichenden bankinternen Veränderungen. Vor dem Hintegrund der Notwendigkeit zur Differenzierung muß jede Bank ihre spezifische strategische Ausgangsposition ermitteln und ihre Ziele definieren. Dabei ist eine Strategie ein maßgeschneiderter Anzug, keine Konfektionsware von der Stange. Es gibt eben keine einheitliche erfolgversprechende Strategie bspw. für alle Sparkassen, denn die Sparkassen in Ballungsräumen haben andere Wettbewerbsbedingungen als jene in ländlichen Gebieten. Darüberhinaus ist die Nachfragestruktur in Städten anders gelagert und im Regelfall anspruchsvoller. Es gibt regionale ökonomische Besonderheiten im Norden und im Ruhrgebiet, im Süden oder auch in Ostdeutschland. Daraus leiten sich abweichende Kundenpotentiale, Akquisitionsstrategien und somit auch andere Anforderungen an das Zusammenwirken von Personal- und Systemqualität im Detail ab.

Ein Fazit dieses Buches sei an dieser Stelle bereits vorweggenommen: Es geht den deutschen Banken – noch – relativ gut. Wer aber weiter denkt als bis zum nächsten oder übernächsten Jahresabschluß, wer die Fehler anderer Branchen in Deutschland vermeiden will, die erst mit Strukturreformen begannen, als sich der internationale Wettbewerb erhebliche Vorsprünge erarbeitet hatte, der wird sich der Logik der Konsequenzen der strukturellen Veränderungen auf den Märkten nicht verschließen können. Wer jetzt die Weichen stellt, seine Bank auf eben diese Konsequenzen einstellt, kann sich über das hier vorgestellte Konzept der Plattform-Organisation einen nachhaltigen Wettbewerbsvorteil schaffen. Dabei dient das Konzept der Plattform-Organisation als Instrumentenkasten und Fundament, um einen bankindividuellen Erfolgspfad zu finden.

Die folgenden Kapitel dienen der Vertiefung der Philosophie der Plattform-Organisation und der Konkretisierung der Anforderungen für eine optimale Umsetzung.

Die bereits vorgestellten Kernkomponenten der bankindividuellen Ausgestaltung der Plattform-Organisation,

- optimale Ausrichtung auf die spezifischen Kundenbedürfnisse
- Sicherstellung der Produktentwicklungskompetenz
- Ausrichtung der Informationstechnologie auf den Markt
- Schaffung einer optimalen Personalqualität

werden vertieft diskutiert und im Hinblick auf ihre konkrete Umsetzung präzisiert.

Jeder bankindividuelle Erfolgspfad beginnt beim Kunden. Nur wer die Kundenbedürfnisse am individuellsten erfaßt und befriedigt, kann dauerhaft erfolgreich sein (Kap. V.). Die strategieadäquate Definition der Zuständigkeiten der Vertriebsteams ist wesentlicher Baustein der konkreten Umsetzung der Plattform-Organisation.

Die Ausgestaltung der Plattform-Organisation erfordert neben der adäquaten Zielsegmentdefinition den Auf- und Ausbau von Produktentwicklungskompetenzen für Kerngeschäftsfelder. Dies erfordert ein neues Verständnis vom Charakter des Bankproduktes und der Geschäftsstrukturen an sich (Kap. VI.).

Die beiden Kernerfolgsfaktoren einer Bank sind die Systeme, d.h. die Informationstechnologie, und das Personal, d.h. die Personalqualität. Beide Faktoren werden üblicherweise separat von strategischen und organisatorischen Fragestellungen bearbeitet. Im Rahmen der Plattform-Organisation kommt beiden Faktoren dagegen gestaltender Einfluß auf die Gesamtorganisation zu. Für die Informationstechnologie bedeutet dies, sich aktiv auf die Markterfordernisse auszurichten und als aktiver Bestandteil des Bankgeschäftes zu verstehen (Kap. VII.). Das Personalmanagement rückt gleichermaßen in den Fokus der strategisch-organisatorischen Arbeit in den Banken. Das Personal und seine Anforderungen in das Zentrum der strukturierenden Arbeiten zu stellen, erfordert eine umfassende Erneuerung des Selbstverständnisses von Personalarbeit in den Banken (Kap. VIII.). Die Plattform-Organisation ist Ausdruck dieses veränderten Selbstverständnisses.

V. Vertrieb – Sinn und Unsinn der Kundensegmentierung

1. Bill Gates Welt

Kaum ein Thema wird in der Diskussion um die Zukunft des Bankgeschäftes so sehr strapaziert wie das Thema „Vertrieb". Neue Vertriebswege, elektronische Medien und neue Wettbewerber schaffen ein hohes Maß an Neugier und Verunsicherung gleichermaßen. Direkt-Banking, Discount-Brokerage, Online-Informationen zur Geldanlage, die virtuelle Bank im Internet oder Home-Banking via Fernsehen werden von einigen als Modewelle, von anderen als Anfang vom Ende der Banken schlechthin bezeichnet.

Unbestritten haben die neuen Vertriebsmedien, die unter dem Stichwort „Electronic-Banking" oder „Home-Banking" zusammengefaßt werden können, die Vielfalt der Kontaktmöglichkeiten zwischen Bank und Kunde deutlich erhöht. Die elektronische Unterlegung und Begleitung ist nicht mehr länger ein Privileg der Firmenkunden, sondern greift auch im Privatkundengeschäft Platz.

Im Zentrum dieser Entwicklungen stehen zwei Ursachen. Zum einen hat die Technologie heute einen Stand erreicht, der es ermöglicht, Bankgeschäft prinzipiell von jedem Platz der Welt aus zu betreiben. Der dramatische Preisverfall im PC-Markt, verbunden mit einer Explosion der Leistungsfähigkeit, der Ausbau der Zugangsmöglichkeiten zu bestehenden bzw. der Auf- und Ausbau neuer Kommunikationsnetze und nicht zuletzt die Entwicklung der Unterhaltungselektronik, die den Weg zu Massen-Multimedia ebnete, haben völlig neue Möglichkeiten der Kommunikation zwischen Bank und Kunde ermöglicht.

Zum anderen hat sich parallel hierzu auch das Kundenverhalten selbst gewandelt. Im Zeitalter des Übergangs von der atomaren zur digitalen Welt, im Zeitalter der Informationsgesellschaft also, suchen immer mehr Kunden die Flexibilität des Bankkontaktes, d.h. ob er über den Besuch einer Filiale, über Telefon oder PC stattfindet. Vor allem hat die Entwicklung gezeigt, daß sich die Loyalität der Kunden

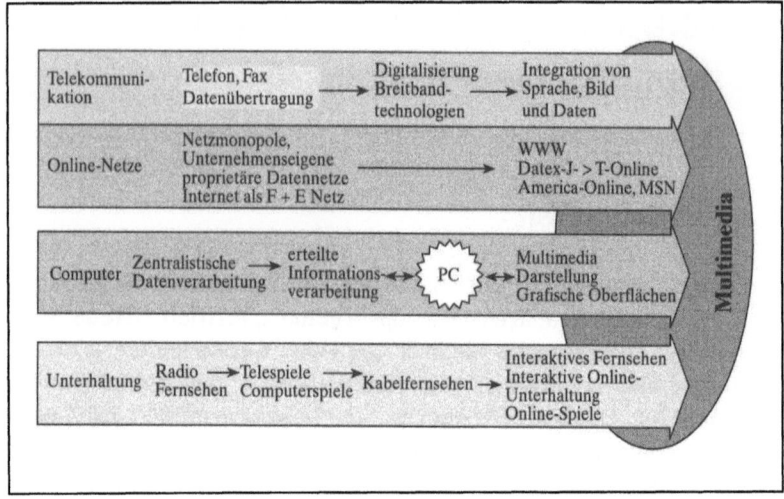

Abbildung 42: Multimedia als Kristallisationspunkt der technologischen Entwicklung

zur Bank gelockert hat. Der Wechsel der Bankbeziehung oder das Halten mehrerer Bankverbindungen ist heute nichts Ungewöhnliches mehr.

Beide Entwicklungen zusammen, die technologischen Entwicklungen sowie die Veränderungen im Kundenverhalten, haben das Aufkommen neuer Wettbewerber ermöglicht. Ausländische Banken, virtuelle Banken oder Non- und Near-Banks kommen via elektronischem Vertriebsweg prinzipiell in jedes Wohn- oder Arbeitszimmer und treffen dort auf immer interessiertere Kunden.

Das Absinken der Markteintrittsbarrieren ist, wie bereits ausgeführt, vor allem für die Regionalspezialisten ein großes Problem, weil die neuen Vertriebswege die Breitenversorgung im Mengengeschäft ohne ein aufwendiges Filialsystem ermöglichen. Nicht zuletzt deshalb werden von Direktbanken in der Regel nur einfache, standardisierte Dienstleistungen angeboten.

Die Markt- und Wettbewerbstendenzen legen den Schluß nahe, daß das Bankgeschäft der Zukunft über eine wesentlich größere Vielfalt an Vertriebswegen abgewickelt wird, ohne daß sich ein bestimmtes Medium nachhaltig durchsetzen wird. Untersuchungen zufolge wird zwar die Anzahl der Filialen deutlich zurückgehen, die Mehrzahl der Kunden möchte aber bei wichtigen Finanzentscheidungen auf den persönlichen Kontakt zum Betreuer nicht verzichten. Auch setzen technologiebasierte Vertriebswege eine entsprechende Kompetenz und technische Ausstattung beim Kunden voraus, die zwar durchschnittlich wächst, aber in der überschaubaren Zukunft sicher nicht zu einer flächendeckenden Basis führen wird.

Für die einzelne Bank ist wichtig, daß die neuen Medien auch zu einer nachhaltigen Erhöhung der Markttransparenz führen. Neben dem direkten Kunde-Bank-Kontakt über die verschiedenen Vertriebskanäle werden sich weitere, bislang unbekannte Vertriebssysteme etablieren.

So zeichnet sich bereits ab, daß die von der Deutschen Telekom und anderen Unternehmen angebotenen Online-Dienste Angebotsvergleiche zwischen verschiedenen Banken im Sinne einer Börse für jeden Kunden am Bildschirm ermöglichen. Der Kunde kann dann zwischen den Standardangeboten verschiedener Anbieter auswählen. Dies wird natürlich zu einem deutlich verschärften Preiswettbewerb im Standardgeschäft führen.

Neben der „Börsenwelt" wird es ein weiteres Wettbewerbssystem geben, daß auf der Basis eines privaten Netzes verschiedenste Dienstleistungen anbietet, von denen Finanzdienstleistungen einer Bank nur eine von vielen ist. Über das Netz wird so ein eigener Markt geschaffen, der online die Vollversorgung eines Haushaltes via Bildschirm er-

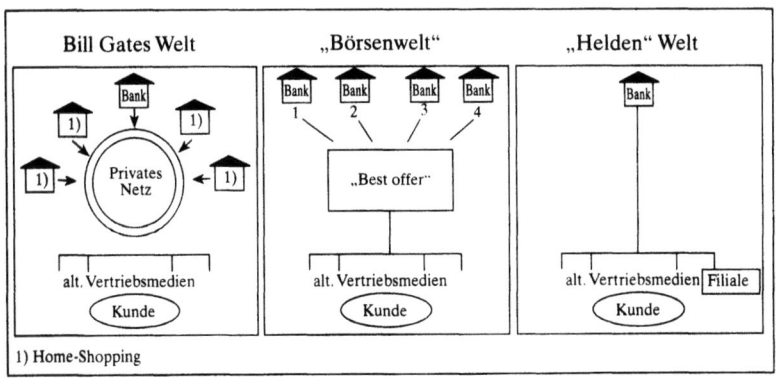

Abbildung 43: Wettbewerb der Vertriebssysteme

möglicht. In den USA existiert mit dem über die Homebanking-Software Quicken enstandenen Kundennetz bereits ein stark wachsender „Markt", den sich Bill Gates, der Gründer und Präsident des Software-Giganten Microsoft, vergeblich einzuleiben versuchte. Seine Vision ist die eines technologisch basierten Kommunikationsmarktes, in dem Finanzdienstleistungen zur Abrundung der Angebotspalette von entsprechenden Dienstleistern eingespeist und bereitgestellt werden.

Bei diesen alternativen Vertriebssystemen handelt es sich nicht etwa um Zukunftsvisionen. Der Aufbau von „Börsen" und privaten Netzen ist in vollem Gange. Dagegen nimmt sich die Position der einzelnen Bank, die ihren Markt allein bearbeitet, tatsächlich ein wenig aus wie Robin Hood.

Die pure Wahrheit hinter diesen Entwicklungen ist, daß das Produzieren und Vertreiben von Finanzdienstleistungen, zumal, wenn es sich um Standarddienstleistungen handelt, kein Privileg der Banken mehr ist. Es ist sogar noch schlimmer; es scheint so zu sein, als könne praktisch jedes Unternehmen diese Dienstleistungen als Zusatzdienstleistungen oder gar „Abfallprodukte" anbieten. Denn warum sollte sich nicht ein Produkt inklusive der Finanzierung verkaufen lassen, sozusagen als Teil der Serienausstattung.

2. Regionalprinzip und alternative Vertriebsstätte

Das Aufkommen der alternativen Vertriebssysteme wird zu erheblichen Diskussionen im Lager der beiden großen Bankverbünde, der Sparkassenorganisation und der Volks- und Raiffeisenbanken, führen.

Diese Verbünde sind nach dem Regionalprinzip organisiert, woraus sich bei entsprechender Fokussierung und positiver Differenzierung durchaus das Erfolgsmuster des Regionalspezialisten ableiten läßt.

Die neuen Vertriebssysteme sind jedoch ganz explizit nicht an bestimmte regionale Grenzen gebunden. Allen voran das Internet als globale Vernetzung, aber auch andere Informationskanäle, lassen eine regionale Begrenzung nicht mehr zu. Wie also sollen sich die Verbünde mit dieser Entwicklung anfreunden können?

Besonders deutlich wird die Problematik des Umgangs mit alternativen Vertriebswegen bei dem Thema „Direktbank". Das Dilemma, das es aufzulösen gilt, besteht darin, einerseits ein einheitliches Direktbankangebot bereitzustellen, andererseits aber die Regionalität und Souveränität der einzelnen Bank zu wahren. Es ist zwar relativ leicht, Standardprodukte über ein einheitliches Marketing-Konzept und zum halben Preis anzubieten, umso schwerer aber, die notwendigen Effizienzreserven zu realisieren, um an den Dienstleistungen auch noch etwas zu verdienen.

So haftet den Bemühungen um ein einheitliches Produktangebot im Rahmen der Dezentralität etwas Passives an; man muß es eben anbieten, weil die Kunden es fordern.

Auch kommt es schon in einigen Gebieten zu Gemeinschaftsgründungen von Direktbanken durch zwei oder mehr Banken. Viele Banken nutzen bereits schon die überregionalen Kommunikationsnetze, um Informationen bereitzustellen.

Der Tag ist nicht mehr fern, an dem Sparkassen und Volks- und Raiffeisenbanken in großem Stil überregional ihre Angebote versenden. Wer wollte der einzelnen Bank in Norddeutschland verbieten, Kunden in Bayern zu akquirieren et vice versa.

Kunden, die beispielsweise auch eine Zweitbankverbindung an ihrem Urlaubsort haben wollen oder die beruflich in einer anderen Region tätig sind, aber der Bank in ihrer Heimat treu bleiben wollen, hätten auf diese Weise eine permanente Vergleichmöglichkeit.

Diese eben skizzierten Entwicklungen werden durch administrative Regelungen nicht aufzuhalten sein; man muß sich in den entsprechenden Verbänden darauf einstellen, anstatt sie zu ignorieren oder zu verschleiern.

Man muß lernen, einen Verbund nicht nur als organisatorische oder politische Einheit, sondern auch als technologisch begründbaren Markt zu begreifen. Der Aufbau organisationsgebundener Netze, die auf Multimediabasis Finanzdienstleistungen nach dem Allfinanzkonzept, aber auch andere Produkte und Dienstleistungen anbieten, wäre die adäquate Antwort auf Bill Gates Ansinnen. Dieser Markt, der jeden Tag an Tausenden von Bankschaltern und Selbstbedienungsautomaten entwickelt werden könnte, indem man Verbund-Software verkauft oder verschenkt und den technischen Support bietet, könnte beinahe schlagartig Millionen von Kunden verbinden. Er wäre eine echte Alternative zu der beschriebenen defensiven Reaktion auf die Marktentwicklungen.

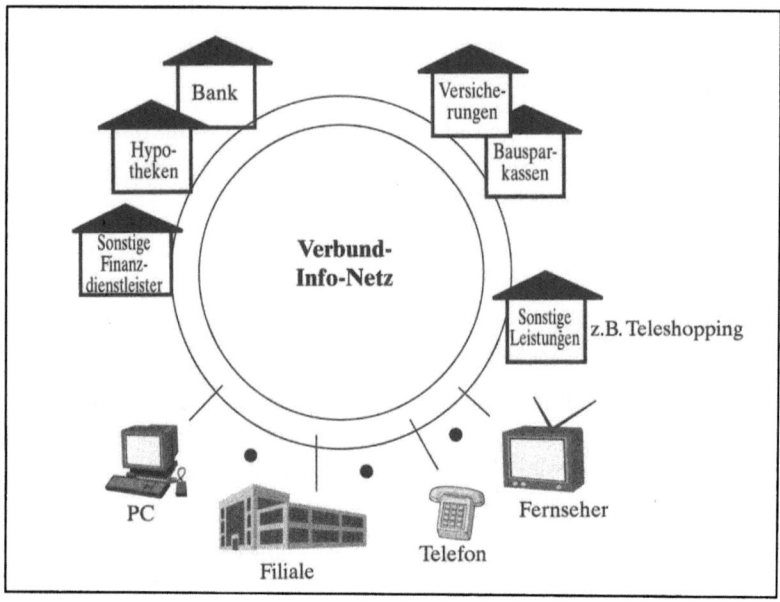

Abbildung 44: Vision eines technologischen Verbundmarktes

Das Know-how zum Aufbau eines solchen Marktes ist in den Verbundorganisationen zweifellos vorhanden. Delikaterweise scheint gerade die regionale Ausrichtung der Verbünde das Hauptproblem zu sein. Es dürfte nach heutiger Einschätzung schwerfallen, die Vielfalt der souveränen Interessen in ein gesteuertes Vorgehen auf überregionaler Basis zu kanalisieren. Gerade hier droht die größte Gefahr, denn wenn die Regionalspezialisten die Kundennähe verlieren, weil sie die Bedeutung der Technologie unterschätzt haben oder nicht in der Lage waren, ein einheitliches Vorgehen zu beschließen, dann hat dies nichts mit der Unausweichlichkeit der Entwicklung, sondern nur etwas mit fahrlässigem Management zu tun.

3. Dialog und Einzelkunden-Marketing

Die alternativen Vertriebswege werden zwar die Vielfalt der Kommunikationsebenen zwischen Bank und Kunde deutlich erhöhen, den grundlegenden Charakter der Kunde-Bank-Beziehung werden sie jedoch nicht verändern. Dies ist vor allem deshalb der Fall, weil über die neuen Vertriebswege tendenziell nur Standardprodukte vertrieben werden, die einen geringen bis gar keinen Erklärungsbedarf haben. Insoweit ist von dieser Entwicklung tendenziell nur das Massengeschäft betroffen, das in den Augen der meisten Bankmanager ex definitione ein Verlustgeschäft ist. Insoweit ist es nicht verwunderlich, daß die neuen Vertriebswege so große Aufmerksamkeit genießen. Man sucht nicht zuletzt auch nach Effizienzpotentialen.

Die neue Qualität in der Kunde-Bank-Beziehung wird dagegen meist übersehen. Die Multimediaanwendungen über PC oder interaktives Fernsehen schaffen eine neue Qualität über die Möglichkeit zum Dialog zwischen Kunde und Bank.

Marktbearbeitung findet nicht mehr über anonyme Kundensegmentprogramme, sondern mit dem einzelnen Kunden statt. Technologisch sind die Anforderungen längst erfüllbar. Über Multimediaanwendungen ist es möglich, Betreuer und Kunde über Bildschirm direkt miteinander kommunizieren zu lassen. Dies ermöglicht es natürlich auch, Spitzenbetreuer einer deutlich größeren Zahl von Kunden zuzuführen, Immobilienbesichtigungen per tragbarem Direktübertragungsequipment in beliebig viele Haushalte oder Büros zu transportieren oder neue Dienstleistungen in Sekundenschnelle zu verbreiten.

Entscheidend ist, daß in jedem Fall am Ende des Kommunikationskanals der einzelne Kunde in seiner ganzen erwünschten und manchmal auch unerwünschten Individualität steht.

Den einzelnen Kunden in den Mittelpunkt der Betrachtung zu rücken, bedeutet auch einen wesentlichen Paradigmenwechsel für die Definition der Zielgröße für den Erfolg. Der einzelne Kunde ist nun nicht mehr Teil eines Ergebnismosaiks der Gesamtbank, das auf den jeweils nächsten Jahresabschluß ausgerichtet ist, sondern der einzelne Kunde wird im Hinblick auf seinen „Lebenszeitwert" für die Bank beurteilt. Wird also ein Kunde heute als Mengenkunde eingestuft, weil er etwa als Student nur geringe Umsätze tätigt, so führt die Lebenszeitbetrachtung zu einer ganz anderen Einstufung, weil seine Potentiale über die kommenden Jahre erheblich höher sein können als die eines vermögenden Individualkunden, der ein hohes Lebensalter erreicht hat und dessen Erben möglicherweise in einem anderen Teil der Welt leben. Insofern müssen auch die entsprechenden Profitabilitätsanalysen je Zielkundensegment vollkommen anders aufgebaut werden, denn eine an den momentanen Ist-Profitabilitäten ausgerichtete Analyse muß vor diesem Hintergrund fehlleiten, da sie zwangsläufig einen zu kurzen Zeitabschnitt erfaßt. Es gilt vielmehr, die Altersstruktur der Kunden und deren soziales Umfeld sowie weitere, für die Abschätzung künftiger Ertragspotentiale wichtige Indikatoren zu ermitteln und in entsprechenden Datenbanken zu speichern.

Die Bank, die ihre Kunden am besten kennt, hat dauerhaft die besten Karten. Nur, die wenigsten Banken kennen ihre Kunden gut genug. Wer den einzelnen Kunden kennt, und hier liegen traditionell die Stärken der Regionalspezialisten, gewichtet die Attraktivität seiner Kunden nach ihrem Potential, nicht nur nach ihrer momentanen Profitabilität. Die Konsequenz einer solchen veränderten Betrachtungs-

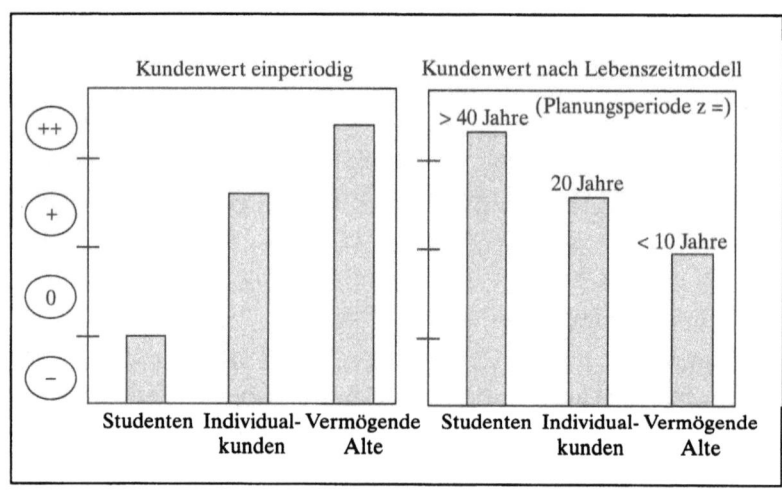

Abbildung 45: Kundenwert einperiodig und nach Lebenszeitmodell

weise können z.B. erhebliche Verschiebungen der Marketingaktivitäten sein.

Dieser Trend ist im übrigen nicht neu. Auch in der Industrie ist das Massenmarketing auf dem Rückzug. Die Konsumenten wollen es, die Produzenten brauchen es und – vor allem – die Technologie erlaubt es: eine immer feinere Marktbearbeitung.

So verfügen heute bspw. bereits einige Hotels über Datenbanken, die an das Telefonsystem angeschlossen sind und die bei der Buchung bereits die Sonderwünsche des Kunden einspielen und so das entsprechend geschulte Personal in die Lage versetzen, den Kunden namentlich zu begrüßen und seine speziellen Wünsche bereits zu kennen und ggf. bereits realisiert zu haben. Das Ergebnis sind bessere Auslastungsquoten und eine hohe Kundentreue.

Ein anderes erfolgreiches Beispiel für kundenindividuelles Marketing aus dem Bereich der Konsumgüterindustrie ist Yves Rocher, die französische Kosmetikfirma. Die Kundenkarte die die Kunden im Geschäft vorlegt, ermöglicht es der Verkäuferin, über einen POS-Terminal abzurufen, was die Kundin bisher gekauft hat. Das Verkaufspersonal ist geschult, diese Informationen als Ausgangsbasis für ein gezieltes und individuelles Verkaufsgespräch zu nutzen. Das Ergebnis ist das europaweit stärkste Wachstum aller Wettbewerber.

Als Noxell seine für den Massenmarkt bestimmte Kosmetikserie Clarion in den amerikanischen Markt über Drogeriemärkte einführte, wurde als Differenzierungsinstrument der Clarion-Computer entwickelt, in den die Kunden Daten zu ihrem Hauttyp eingeben und dann eine passende Probe aus der Clarion-Serie erhalten. Das Ergebnis ist eine persönliche Beratung ohne Kaufzwang wie im Fachgeschäft, aber im bequemeren Drogeriemarkt.

Clarion war die einzige erfolgreiche Neueinführung einer für einen breiten Markt bestimmten Pflegeserie in den letzten Jahren.

Ein weiteres Beispiel ist Adler, Europas größter Textil-Discounter. Anfang der 80er Jahre wurden Kundenkarten verteilt, POS-Terminals in den 30 Verkaufsniederlassungen aufgestellt und eine zentrale Datenverarbeitung eingerichtet. Bei jedem Kontakt können nun Kunde, Kaufzeitpunkt und gekaufter Warenkorb erfaßt werden. Auf dieser

Basis wird nun jeder Kunde gezielt angesprochen (acht bis 10 mal im Jahr), um Cross-Marketing für Lebensmittel, Gartenmöbel etc. zu betreiben und das Sortiment permanent zu kontrollieren.

Der Kunde erhält auf diesem Wege eine Warenvorselektion, Discount-Angebote und maßgeschneiderte Zusatzleistungen wie Modenschauen und Kinderbetreuung.

Das Ergebnis ist eine hohe Kundenloyalität von zirka 70 %, eine Verdoppelung der Verkausfläche innerhalb von vier Jahren und eine bemerkenswerte Cross-Selling-Quote.

Auch und gerade im Finanzdienstleistungsbereich bieten sich viele Möglichkeiten, den Kunden im Mengengeschäft individuell anzusprechen.

In der First Wachovia, einer innovativen und sehr erfolgreichen Bank in North Carolina, werden alle Kunden bedient wie zuvor nur die besten. Jeder Kunde wird mit Namen angesprochen und erhält auf seine finanzielle Situation und seine langfristigen Ziele abgestellte Informationen.

Mit diesen Kenntnissen werden neue Produkte vorgeschlagen, die auf die individuellen Verhältnisse des Kunden ausgerichtet sind.

Auf diesem Weg wird das Massengeschäft nicht kostengünstiger, aber wesentlich ertragreicher durch erhöhtes Cross-Selling und einen höheren Produktumschlag in der Palette, die ein Kunde über eine bestimmte Periode hinweg kauft.

Das Ergebnis ist eine höhere Kundenzufriedenheit und eine deutlich gestiegene Profitabilität der Bank im Massengeschäft. Einzelkunden-Marketing setzt allerdings die Fähigkeit voraus, den Einzelkunden auch managen zu können.

4. Vom Massengeschäft zum Einzelkunden-Management

Im Unterschied zu der dargestellten Tendenz in allen Märkten betrachten viele deutsche Banken das Massengeschäft per se als Verlustbringer, dem nur mit Automation und Standardisierung der Produktpalette „beizukommen" sei. Mitunter scheint man davon auszugehen, daß bei mehr als ein paar Dutzend Kunden die Grenze zum Massengeschäft bereits überschritten sei. Einige Großbanken versuchen sogar, durch geeignete Konditionengestaltung diese Kundengruppe ganz loszuwerden.

Hinzu kommt, daß Geschäftsstrategien für das Massengeschäft auf Periodenanalysen aufbauen und so der Lebenszeitwert dieses Kundenstammes überhaupt nicht ermittelt und unter Umständen sogar leichtfertig verschenkt wird.

Es ist insofern schon bemerkenswert, daß gerade die deutschen Universalbanken, die in Teilmärkten wie dem Großkundengeschäft durchaus kundenindividuell agieren, im Privatkundengeschäft meist ganz anders vorgehen.

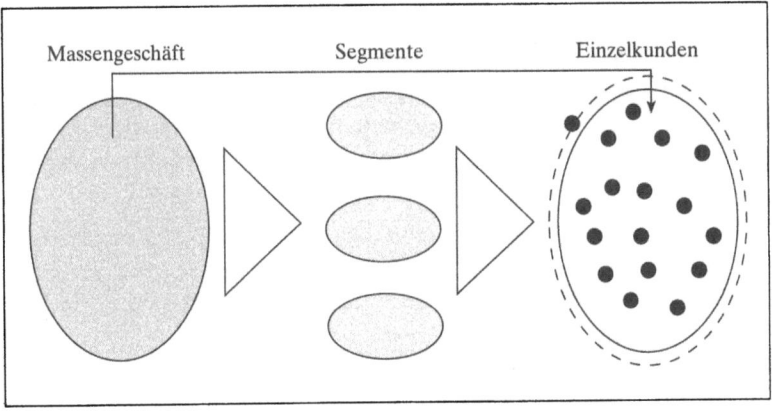

Abbildung 46: Vom Massengeschäft über das Segment zum Einzelkunden

Das Kernproblem beim Übergang vom Massen- zum Individualmarketing ist das Denken in Segmenten. Die Segmentbildung gilt als Errungenschaft des strategischen Denkens. Eine Bank, die ihre Kunden „segmentiert", gilt oft schon allein deshalb als strategisch gut positioniert. Doch gerade der unkritische Umgang mit der Segmentierung bzw. die Übernahme standardisierter Segmentdefinitionen ist meist bereits Ursache eines falschen strategischen Ansatzes. Segmentierung ist kein Selbstzweck und sie verliert darüberhinaus immer mehr an Bedeutung.

Grundlage jeder Segmentierung ist die Homogenität der Anforderungen eines Segmentes. Zu Beginn des Segmentdenkens in Banken stand die klassische Aufteilung in die Segmente Firmen, Private und Institutionen/Banken, die noch heute die Grundlage für die meisten Aufbauorganisationen bildet. Firmenkunden fragten in erster Linie Kredite nach, weshalb die Firmenkundenbetreuer vor allem Kreditspezialisten sein mußten. Neben dem Kreditgeschäft spielten noch Zahlungsverkehr und Kapitalmarktprodukte eine Rolle. Der Institutionelle legte sein Geld an und mit den Banken betrieb man den Handel. Einzig der Privatkunde betrieb sowohl Aktiv- als auch Passivgeschäft.

Mit anderen Worten: Die Bank nahm Geld auf und lieh Geld aus und lebte von der Spanne.

Spätestens mit der Marktzinsmethode wurde klar, daß diese vereinfachte Sichtweise der Realität nicht mehr entsprechen konnte. Aktiv- und Passivgeschäft werden getrennt betrachtet und bewertet, die einzelnen Geschäfte werden klar abgrenzbar und meßbar. Nicht nur die direkten Kosten der Kundenbearbeitung, sondern auch die Finanzierungskosten, die den größten Einfluß auf die Profitabilität haben, können nunmehr über die Marktpreise zugeordnet werden.

Die Effekte auf die Marktbearbeitung waren und sind enorm. Das Bankgeschäft ist nicht länger ein ordnungspolitisches oder ein Handelsgeschäft, sondern Marktbearbeitung mit klar abgrenzbaren Teilmärkten, die gemessen werden können.

Durch die Meßbarkeit der Marktbearbeitungsqualität wurden auch die Techniken der Konsumgüterindustrie, die Segmentierung der Märkte in Teilmärkte mit homogenen Anforderungen, interessant. Die differenzierte Marktbearbeitung im Massengeschäft der Konsumgüterindustrie ähnelt durchaus dem Vertrieb von Finanzdienstleistungen. Insofern war die Vorgehensweise logisch und richtig, Segmente wie oben beschrieben zu definieren und differenziert zu bearbeiten.

Segmentierungsansätze sind niemals falsch, sondern nur oftmals unzweckmäßig. Das Problem der bestehenden Segmentierungsansätze (und der darauf aufbauenden Aufbauorganisation) ist nicht, daß sie falsch sind, sondern daß die Welt sich verändert hat.

Die Kunden legen immer größeren Wert auf individuelle Behandlung. Sie verlangen auf ihre Bedürfnisse zugeschnittene Produkte und Dienstleistungen, die zur Verfügung stehen sollen, wenn sie gebraucht werden. Dabei kann es sich um hochspezialisierte Einzelprodukte oder um standardisierte Produkte aus dem Automat handeln. Es ist die Entscheidung jedes einzelnen Kunden, wie er die Dienstleistung angeboten bekommen möchte. Da jeder Kunde eine ganz individuelle Entscheidung trifft, sind Vielfalt und Flexibilität der Vertriebskanäle ebenso erforderlich wie deren Effizienz.

Die Bedürfnisse der Kunden lassen sich immer weniger in homogenen Segmenten zusammenfassen. Große Unternehmen agieren wie Banken, legen Gelder an, verbriefen Kredite und gehen direkt an ausländische Börsen. Institutionelle Anleger fragen Bilanzstrukturmanagement nach, disponieren jedoch ihre Geldanlagen selber. Mittelständler akquirieren andere Unternehmen im Ausland und finanzieren ihre Transaktionen am Kapitalmarkt. Risikomanagement durch derivative Finanzprodukte wird von praktisch allen Großkunden betrieben und erfordert erheblichen Beratungsaufwand. Die Erbengeneration im Privatkundengeschäft erwartet neue Anlageideen und definiert neue Präferenzen für die Beratung durch die Bank. Und schließlich möchte der Privatkunde seine Dispositionen rund um die Uhr tätigen können und fordert zum Teil neue Betreuungsformen von seiner Bank wie z.B. Home-Banking.

Will die Bank diese Anforderungen erfüllen, muß sie praktisch jedem einzelnen Kunden die gesamte Produktpalette anbieten können. Inwieweit der Mittelständler von der Kapitalmarktexpertise gebrauch macht, inwieweit der Privatkunde das Home-Banking annimmt und inwieweit schließlich der Großkunde tatsächlich seine Bilanzstruktur mit der Bank bespricht, bestimmt der Kunde selbst.

Der Trend zum kundenindividuellen Produkt, das im Großkundengeschäft schon heute die Regel ist, wird mit dem Begriff des „Financial Engineering" umschrieben.

Das Financial Engineering ist der Todesstoß für alle Segmentierungsansätze klassischer Ausprägung, denn es bedeutet in letzter Konsequenz, daß für jeden Kunden ein maßgeschneidertes Produkt gefertigt wird.

Das Konzept der First Wachovia Bank z.B. beruht auf drei Neuerungen:

- eine umfassende kundenbezogene Datenbank
- ein umfassendes Trainingsprogramm für individuellen Service und
- ein laufendes persönliches Kommunikationsprogramm

Wieder wird die herausragende Bedeutung der Produktivfaktoren Personal und Technik deutlich.

Grundlage aller Individualisierungskonzepte ist die Fähigkeit, das Verhalten des einzelnen Kunden festzuhalten und zu verstehen. Durch die immer größer werdenden Möglichkeiten der Datenerfassung und die sinkenden Speicherkosten sind solche Datenbanken bereits heute wirtschaftlich.

Individualstrategien waren also in erster Linie ein Datenproblem, das heute nicht mehr besteht. So baut bspw. Citicorp eine gigantische Datenbank auf, mit deren Hilfe das Einkaufsverhalten von 30 bis 50 Millionen Haushalten in Supermärkten erfaßt werden soll. Sie wird den Anbietern von Konsumgütern eine Feinsteuerung ihrer Marketingmaßnahmen erlauben, wie es heute noch kaum vorstellbar ist.

Die großen Konsumgüterunternehmen werden genau wissen, welche Haushalte – mit Namen und Adresse – markentreu sind und welche zwischen Marken wechseln, welche Mengen gekauft werden und wie stark die Wettbewerbsprodukte nachgefragt werden.

Große deutsche Universalbanken haben zwischen 300 000 und 500 000 Kundenbeziehungen, aber nur einen Bruchteil davon in der aktiven Betreuung. Selbst eine mittlere Sparkasse betreut im Durchschnitt nur zehn bis zwanzig Prozent ihrer Kunden aktiv. Es ist heute datentechnisch kein Problem, die Kunden über Karte oder Kontoverbindung elektronisch zu erfassen. Die Produktnutzung ist ebenfalls kaum komplizierter festzustellen als für einen Markenartikelhersteller, der mit 15 bis 20 Produkten in der Angebotspalette eines Supermarktes operiert.

Die Individualisierungsstrategie ist weit mehr als eine Marketing-Offensive. Die Individualisierungsstrategie erfordert neben der Erfassung der Kundeninformationen auch die Ausrichtung der Organisation, d.h. der Systeme und des Personals, auf die Einzelkundenbetrachtung.

Schon bei der Geschäftsplanung setzt der Prozeß beim einzelnen Kunden an, d.h. jeder Kunde wird auf der Basis der bestehenden Kenntnisse über den Kunden geplant. Die Aggregation der Einzelplanungen ergibt den Akivitätenblock der Bank.

Aus den Einzelplanungen leiten sich Besuchsplanung, Angebote, Ergebnisplanung und der Kapazitätsbedarf in den Betreuungs- und in den Servicefunktionen ab. Nur eine solche Vorgehensweise stellt wirkliche Kundenorientierung dar und ermöglicht die effektive Vertriebssteuerung der Bank.

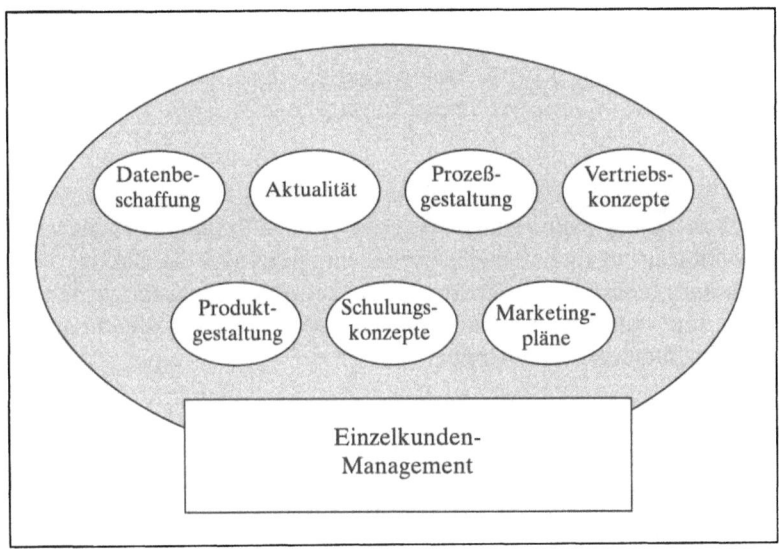

Abbildung 47: Einflußfaktoren für das Einzelkunden-Management

Die Individualisierung des Vertriebes macht im Grunde jede Segmentierung überflüssig. Wenn der Einzelkunde als Individuum datentechnisch erfaßt wird, umfangreiche Detailinformationen über Bedürfnisse, Neigungen, Risikoeinstellung, Hobbys und Finanzsituation vorliegen, können Angebote kundenindividuell gestaltet und vertrieben werden. Es leuchtet ein, daß mit wachsender Anzahl kundenbezogener Informationen auch die Anzahl der Unterscheidungsmerkmale zwischen den Kunden ansteigt. Je umfangreicher also die Datenbank, umso mehr Ansatzpunkte sind für eine wirkliche Kundenorientierung gegeben.

Dies bedeutet, die Zuordnung von Kunden und potentiellen Kunden auf Betreuer oder Teams muß den individuellen Anforderungen jedes einzelnen Kunden und dem Fähigkeitenprofil der möglichen Betreuer oder Teams folgen. Die Bank analysiert zunächst detailliert ihre Kunden und deren Bedürfnisse und ordnet sie den Betreuern zu, die diese Anforderungen am besten abdecken, wo „Chemie" und Leistungsprofil stimmen.

Dies führt zu einer segmentübergreifenden Zuordnung von Kunden zu Betreuern bzw. den Betreuungsteams, da Großfirmen und große Institutionelle oder private Großanleger durchaus gemeinsam von einem Spitzenbetreuer oder einem Spitzen-Team betreut werden können.

Um eine hohe Flexibilität (Selbstorganisation) der Vertriebsmannschaft zu erzielen und gleichzeitig eine breite fachliche Abdeckung der Anforderungen zu gewährleisten, empfiehlt sich die Bildung von Betreuungsteams in der Informations- und Beratungsschiene. Teamgröße und -zusammensetzung müssen dabei ebenfalls kundengruppenindividuell gestaltet werden.

5. Das Einzelkunden-Management in der Plattform-Organisation

Im Konzept der Plattform-Organisation arbeiten die Teams als selbständige Profit-Center und werden in bestimmtem Umfang an den erzielten Erträgen beteiligt. Die Teams betreuen ihre Kunden umfassend, d.h. sie bearbeiten auch die Kreditanträge, entscheiden weitgehend selbst über den Geschäftsabschluß und verbuchen die Geschäfte. Dies bedeutet, daß der Kunde mit einem festen Team zusammenarbeitet, das Kompetenz besitzt und Entscheidungen auch treffen kann. Die Verantwortung des Teams reicht also von der Information und Akquisition über die Betreuung des Kunden und die Geschäftsbearbeitung bis zur Verbuchung des Geschäftes.

Teams, die überwiegend im Anlagegeschäft tätige Kunden betreuen, verfügen darüberhinaus über Kundenhändler, die das Geschäft auch handelsseitig abdecken können. Der Eigenhandel der Bank und die Zentraldisposition sind dagegen im zentralen Treasury der Einheit „Steuerung" angesiedelt.

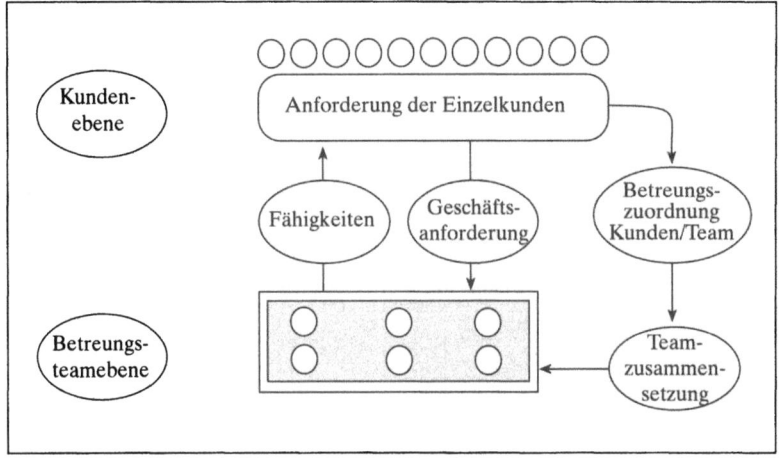

Abbildung 48: Betreuungsfunktion der Teams „Information/Beratung"

Zwei wesentliche Konsequenzen hat dieses Konzept für die Organisation der Bank:

- der hohe Selbstorganisationsgrad dieser Organisationsstruktur führt zu flachen Aufbaustrukturen, da die Führungsspannen durchaus 1:20 sein können.
- Nur die horizontale Organisation gewährleistet die erforderliche Flexibilität in der kundenindividuellen Zuordnung von Kunden auf Teams.

Durch die Betreuungsteams wird sichergestellt, daß der gesamte für den Kunden relevante Geschäftsprozeß der Information und Beratung einschließlich der Bearbeitung des Geschäftes von einer Stelle aus verantwortet wird. Die Abwicklung des Geschäftes ist dann Aufgabe der Einheit „Processing", die andere Anforderungen erfüllen muß, nämlich effizient und zuverlässig zu sein.

Während wir also in der Einheit „Information und Beratung" über flache, sich selbst organisierende Teams sprechen, die sich flexibel den Marktanforderungen anpassen, ist der für die Entscheidung des Kunden unsichtbare Teil der Abwicklung Aufgabe des „Processing". Die plattform-organisierte Bank der Zukunft wird in ihren Processing-Einheiten primär EDV-Anlagen betreuen, die eine sichere und effiziente Geschäftsabwicklung sicherstellen. Daher sind diese Einheiten, sofern sie nicht als eigene Gesellschaften als oder Gesellschaft unter einer Holding geführt werden, hierarchischer organisiert als die vertriebsorientierten Einheiten.

Die Plattform-Organisation vereinigt also durchaus unterschiedliche Organisationsgrundsätze in einem Konzept.

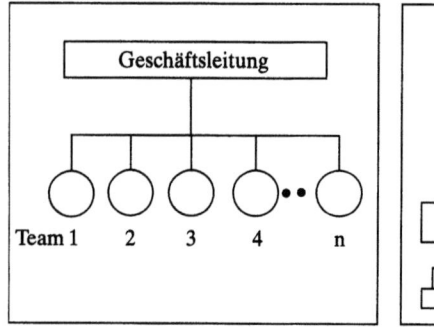 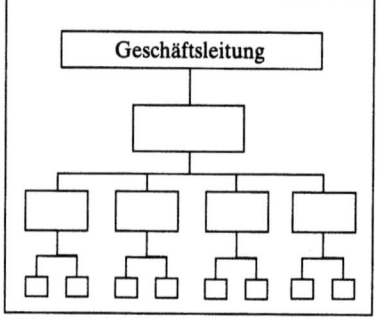

Abbildung 49: Selbstorganisierende Teams vs. Hierarchie im Processing

Nur die horizontale Bündelung der Verantwortung für den Geschäftsprozeß „Information und Beratung" sichert den optimalen Einsatz von Personalressourcen und Systemen. Kundenbetreuungs- und Bearbeitungsfunktionen werden gleichermaßen über die gemeinsame Teamarbeit kundenorientiert ausgerichtet. Die Teams wählen sich ihre eigene, aufgabenadäquate Arbeitsaufteilung. Mancher „Sachbearbeiter" wird seine Vertriebsfähigkeiten kennenlernen oder aber quasi den „Innendienst" für das Team organisieren. Diese Form der Zusammenarbeit sichert bei entsprechender Ausgestaltung der Führungsinstrumente die volle Motivation der Mitarbeiter durch Aufhebung der Fragmentierung des Prozesses.

Zur umfassenden Betreuung des Einzelkunden durch ein Team gehört selbstverständlich die Erarbeitung von Problemlösungen für den Kunden. Die meisten neuen Produkte entstehen nicht am Reißbrett, sondern in der Zusammenarbeit mit bzw. durch die Arbeit am Kunden. Beispielhaft sei hier auf die rasante Entwicklung der Finanzinnovationen hingewiesen, deren Vielfalt nichts anderes widerspiegelt als die Vielfalt der Probleme von Kunden im Risikomanagement. Nichts unterstreicht den Trend zur Individualisierung deutlicher als die unüberschaubare Zahl unterschiedlicher Ausprägungen der derivativen Finanzinstrumente, die zumeist nur einmal für einen bestimmten Problemfall konzipiert werden.

Die Funktion der Betreuungsteams umfaßt also die Problemlösung für den Kunden mit Hilfe der bestehenden Finanzinstrumente.

Die Problemlösungskompetenz der Teams wird in zwei Fällen überschritten:

- Der Umfang der zu erarbeitenden Lösung überschreitet erheblich Kapazität und Kompetenz des zuständigen Teams.
- das vorliegende Problem erfordert den Einsatz bislang nicht entwickelter oder erprobter Finanzinstrumente.

Ein die vorhandene Kompetenz oder Kapazität des Teams überschreitender Fall tritt ein, wenn für einen betreuten Kunden bspw. die Markteintrittsstrategie in einen neuen Markt mit Hilfe von Finanzinstrumenten strukturiert und gesichert werden soll. Es fallen unter Umständen nicht nur Finanzierungsfragen, sondern auch Steuerfragen, bilanzstrategische und -strukturelle Fragen, Liquiditätsmanagement- und Währungsrisikofragen sowie Kooperationsfragen an.

Probleme dieser Dimension können auch bei Kapitalmarkteinführungen, Portfoliomanagementfragen oder Zahlungsverkehrsstrategien anfallen.

In all diesen Fällen ist das mit dem Tagesgeschäft betraute Team tendenziell überfordert; jetzt ist Projektarbeit gefordert.

Die Organisationseinheit „Financial Engineering" (FE) übernimmt die Erarbeitung der Lösung auf der Basis eines kontrahierten Auftrages. Die FE-Einheit stellt unter federführender Steuerung des Betreuungsteams ein Projektteam zusammen und definiert Zeitplan, Lösungsweg und Aufwand, der dem Betreuungsteam in Rechnung gestellt wird. Die Einheit FE verfügt über Spezialisten in allen wesentlichen Fachfragen, bedient sich aber auch externer Spezialisten zum Auffüllen von Kompetenzlücken. Für die durch die FE-Einheit abzudeckenden Fragen sind Finanzierungs- und Anlageexperten, Steuer- und Bilanzexperten sowie Rechts- und – vor allem – IT-Experten vorzuhalten.

Die FE-Einheit fungiert also quasi als Produktentwicklungszentrum, das auf Bedarf der kundenbetreuenden Einheiten eingeschaltet wird und das das erforderliche Spezial-Know-how vorhält. Die FE-Einheit kann daher auch von anderen Stellen der Bank (Vorstand etc.) beauftragt werden, neue Lösungsansätze oder Finanzinstrumente zu entwickeln.

Damit ist die FE-Einheit der Schmelztiegel der heute überwiegend in verschiedenen Organisationseinheiten angesiedelten Spezialisten. Die sonst nur fallweise praktizierte Zusammenführung von Spezialisten in einem Team auf Zeit wird im Konzept der Plattform-Organisation institutionalisiert. Die zunehmende Notwendigkeit der Zusammenführung von Spezialisten zur Bewältigung immer komplexer werdender Problemstellungen und Finanzinstrumente findet damit in der Plattform-Organisation ihre organisatorische Entsprechung.

Durch die horizontale Struktur der Plattform-Organisation wird auch die Systemkomponente optimiert, da die vertriebsunterstützenden Systeme für alle Kunden übergreifend konzipiert werden und die entwickelnden Einheiten in FE auf einheitliche Entwicklungsprozesse und -tools ausgerichtet sind.

6. Die Bedeutung der Informationstechnologie für Einzelkunden-Management und Lebenszeitbetrachtung

Die zentrale Rolle der Informationssysteme für die Individualisierung läßt sich in drei Anforderungen zusammenfassen:

- Verfügbarkeit der Informationen, wo sie unmittelbar gebraucht werden: Auch einzigartiger Service kann programmiert werden. So fühlt sich die Bankkundin sicher eher als etwas Besonderes, wenn sie glaubt, die Rose zum Geburtstag kommt vom Kundenbetreuer und nicht vom Computer.
- Telekommunikative und datenmäßige Vernetzung der Leistungskette: Die Verfügbarkeit von Daten an verschiedenen Stellen der Bank (realtime) wird bei der zunehmenden Vernetzung der Produkte und den verschärften Steuerungsanforderungen eine immer entscheidendere Rolle spielen.
- Datenbanken, die letztlich die treibende Kraft für die Individualisierungsstrategien sind: Die Kenntnis des Kunden und seiner Anforderungen ist die entscheidende Basis für wahrhaft kundenorientiertes Verhalten. Die Datenbeschaffung ist hierfür eine permanent zu leistende Aufgabe der kundenbetreuenden Einheiten.

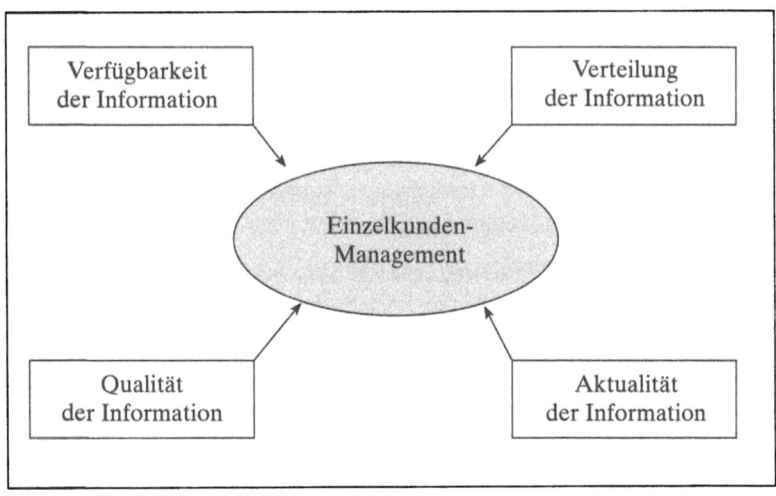

Abbildung 50: IT-Anforderungen aus dem Einzelkunden-Management

Die Informationstechnologie ermöglicht also erst die Ausrichtung der Bank auf die kundenindividuelle Marktbearbeitung.

Durch eine konsequente Individualisierungsstrategie wird die periodenbezogene Segmentbetrachtung von der Lebenszeitwertbetrachtung jedes Einzelkunden abgelöst. So ist für die Sparkasse die herausragende Betreuung der Studenten unter Periodengesichtspunkten unattraktiv, unter Lebenszeitgesichtspunkten durchaus lohnend. Regional- und Multispezialisten sind daher vor allem von der Tendenz zur Individualisierung auf Lebenszeitwert-Basis betroffen.

Es leuchtet ein, daß die Höhe des Lebenszeitwertes erheblich von dem Faktor Zeithorizont abhängt. Dies bedeutet, je früher die Kundenbeziehung beginnt, umso höher ist tendenziell der Lebenszeitwert des Kunden. Diese an sich lapidare Erkenntnis führt zu erheblichen Konsequenzen bei der Ausgestaltung der Individualisierungsstrategie einer Bank.

Für den Regional- und den Multispezialisten beginnt mit der Geburt eines Kindes der Wettbewerb um den Kunden. Das erste Sparbuch vom Großvater legt die Basis für eine dauerhafte Kundenbeziehung. Schon hier beginnt die Notwendigkeit der datentechnischen Erfassung.

Die nächste Stufe ist die Sicherstellung der Ausbildung durch die Eltern und Verwandten, die von der Bank organisiert wird.

Es folgt der Berufseintritt und die Notwendigkeit, Finanztransaktionen zu tätigen und mit dem Vermögensaufbau zu beginnen. Eigenheimfinanzierungen und Geldanlagen kennzeichnen die Beziehung der Bank zum jungen, besser verdienenden Familienvater.

Die Kunden-Bank-Beziehung erreicht ihre höchste Komplexität mit dem Eintritt des Kunden in die Erbschaftsphase, die Vermögensausbauphase und die Ausbildungsplanungsphase für die eigenen Kinder. Alle diese Phasen überlappen sich in der Regel in einem Zeitraum von etwa 10 bis 15 Jahren.

Es folgt die Phase der Alterssicherung und der Vermögensdisposition.

Es leuchtet unmittelbar ein, daß jede Phase unterschiedliche Anforderungen an die betreuende Bank stellt und die jeweils erforderlichen Informationen am POS/POA vorliegen müssen. Während in der frühen Lebenszeitphase das Standardgeschäft dominiert, stellen Vermögensaufbau und -disposition sowie Alterssicherung und Erbschaftsregelung deutlich andere und höhere Anforderungen an die Betreuung durch die Bank.

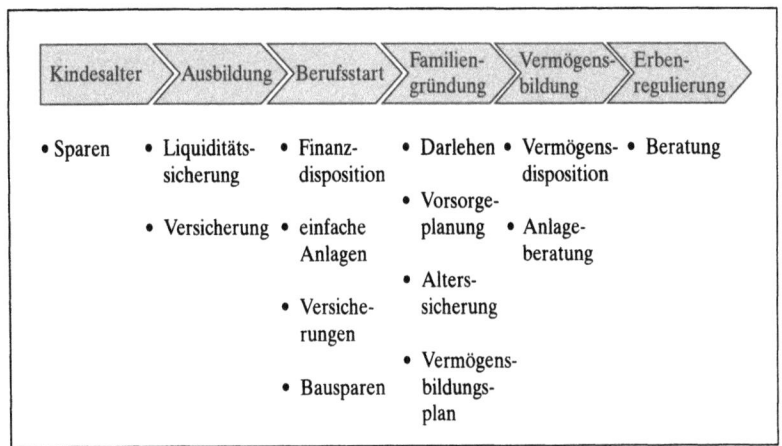

Abbildung 51: Anforderungen je Lebensphase

Für den Regionalspezialisten ist der erste Kontakt mit dem Kunden im Kindesalter von existenzsichernder Bedeutung, denn anders als der Multispezialist wird er immer einen „natürlichen" Verlust an entwickelten Kundenbeziehungen, z.b. durch Wohnsitzveränderung, auszugleichen haben. Mit Erreichen des Ausbildungsalters und mit Eintritt in den Beruf fallen nicht selten – vor allem in ländlichen Gebieten – Standortwechsel an, die eine Kundenbeziehung von selbst beenden. Wieder fällt auf, daß sogar innerhalb gleichartiger Bankengruppen wie Sparkassen oder Volks- und Raiffeisenbanken gravierende Unterschiede in der Marktstrategie bestehen können. Während der ländliche Regionalspezialist mit dem Standortwechsel-Problem deutlich mehr zu kämpfen hat, können städtische Regionalspezialisten den Wohnsitzwechsel durch zuziehende Potentialkunden ausgleichen.

Multispezialisten haben insgesamt den Vorteil, einen Kunden überregional und auch in anderen Produktkategorien begleiten zu können.

Anders als für Regional- und Multispezialisten beginnt der Lebenszeitwert des Kunden für einen klassischen Geschäftsfeldspezialisten (Privatbank) mit Antreten einer Erbschaft oder mit Erreichen einer bestimmten Vermögensgrenze zu laufen. Für eine in der Vermögensberatung engagierte Privatbank ist daher die Kenntnis der Erbengeneration und deren rechtzeitige Ansprache von ebenso entscheidender Bedeutung wie für die Sparkasse die Kenntnis der Geburtenziffer in der Region. Die Informationstechnologie darf sich hierbei nicht auf eine reine Informationsbereitstellung beschränken, sondern muß in vorgangsgesteuerten Verfahren sicherstellen, daß diese Informationen auch systematisch verwertet und in eine Vetriebsaktivität umgesetzt werden

7. Organisatorische Imperative für die individualkundenorientierte Bank

Ebenso bedeutsam wie die Kenntnis über den einzelnen Kunden und deren Lebenszeitwert ist die Ausrichtung der Organisation auf die Individualisierung. Die Individualisierung erfordert das Denken und Arbeiten in vernetzten und flexiblen Strukturen. Die Vernetzung folgt dem Gebot der umfassenden Informationsaufnahme, -verarbeitung

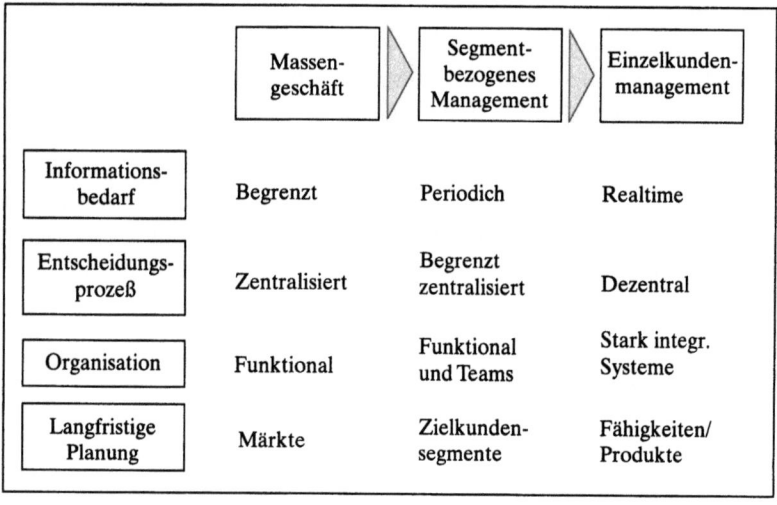

Abbildung 52: Organisatorische Imperative für die vertriebsorientierte Bank

und -bereitstellung der Kundendaten; die Flexibilität dagegen der Individualität der Kundenanforderungen.

Die Plattform-Organisation verkörpert in idealer Weise die Umsetzung dezentraler, integrierter und vernetzter Strukturen. Die Bündelung der Informations- und Beratungsverantwortung in den Teams und die Einbindung von Spezialisten aus dem Bereich Produktentwicklung (Financial Engineering) sichert Kompetenz, Innovation und Entscheidungskraft am POS/POA.

Durch die Optimierung des Ressourceneinsatzes von Personal und Systemen werden die Kernanforderungen an eine kundenorientierte Bank überhaupt erst erfüllt:

- dezentrale Entscheidungsfindung
- Real-time-Bereitstellung von Informationen
- selbstorganisierende Strukturen im Vertrieb (Teams)
- fähigkeitenorientierte Führung

Die kunden- und vertriebsorientierte Bank stellt den Kunden als Individuum und nicht als Teil eines abstrakt beschriebenen Segmentes in den Mittelpunkt ihrer Betreuung.

Organisatorisch bedeutet dies, die Abstraktion der Informationen über Kundensegmente aufzulösen zugunsten einer auf den Einzelkunden ausgerichteten Informationsstruktur. Die bereits hinreichend beschriebene, erfolgskritische Verknüpfung von Informationstechnologie und Organisationsabläufen ist die zwingende Voraussetzung für das Gelingen einer einzelkundenbasierten Strategie.

Die erfolgreiche Umsetzung einer einzelkundenbasierten Strategie beginnt bei der umfassenden Informationsaufnahme über den Einzelkunden. Die umfassende Aufnahme von persönlichen Daten, der Geschäftschronologie mit diesem Kunden, seiner sonstigen Bankaktivitäten, seiner Geschäftsgewohnheiten, bisheriger Angebote inklusive der Erfolgsraten sowie von individuellen Betreuungsnotwendigkeiten findet derzeit vollständig nur in den wenigsten Banken statt.

Diese Informationen müssen nicht nur irgendwo in der Bank, sondern am POS/POA zum Zeitpunkt des Kundenkontaktes vorhanden sein. In Zeiten der Dezentralisierung des Vertriebes, wo sich die Akquisition zunehmend von der Geschäftsstelle als Ort des Geschehens löst, stellt diese Anforderung die Bank vor besondere Schwierigkeiten. Hat der Kundenbetreuer, der Kunden zu Hause besucht, den Zugriff auf alle diese Daten, wenn er mit dem Laptop unterwegs ist? Wie wird die vorgangsgesteuerte Beratung des Kunden bei der Fülle der Einzelkontakte sichergestellt?

Es muß darüberhinaus sichergestellt werden, daß diese Informationen jedem Teammitglied aktuell zur Verfügung stehen, wenn der Kunde bspw. einmal überraschend in die Geschäftsstelle kommt und jedes andere Teammitglied diese Informationen auch verwerten können muß.

Diese Anforderungen können nur erfüllt werden, wenn die entsprechenden leistungsfähigen Datenbanken und die vielfältigen Zugriffsmöglichkeiten, einschließlich des erforderlichen Zugriffsschutzes, vorhanden sind. Die technischen Probleme sind dabei einfacher lösbar als die organisatorischen, die sicherstellen müssen, daß die Informationen auch vertriebstechnisch verwertet werden.

Kundenbetreuer müssen diese Informationen in konkrete Angebote umsetzen können, was wiederum die Existenz eines effektiven Vertriebscontrolling mit Besuchsplanung etc. voraussetzt. Der Umgang mit der damit verbundenen Informationsflut setzt eine hohe informationstechnologische Kompetenz der Bank voraus, schon bei vergleichsweise kleinen Instituten.

Neben dem Umgang mit der Informationsflut ist die Aktualität der Informationen das zweite, aber nicht weniger große Problem. Bei der Fülle der benötigten Informationen besteht eine große Komplexität hinsichtlich der Anforderung, ständig aktuelle Daten zur Verfügung zu haben. Der hierfür nötige Aufwand ist nur zu einem geringen Teil informationstechnologischer Natur. Der Aufwand, dezentral die Daten ständig zu aktualisieren, schlägt sich vor allem in den Personalkosten nieder, da die benötigte Zeit für die Bewältigung anderer Aufgaben fehlt.

Der einzige Weg, dieses Problem in den Griff zu bekommen, ist, die Verantwortung für die Aktualität der Informationen bei den Teams zu belassen, d.h. bei denjenigen, die von der Qualität der Daten profitieren. Die Informationstechnologie sollte so flexibel gestaltet sein, daß die einzelnen Teams Gestaltungsmöglichkeiten bei der Aufbereitung und Eingabe der Informationen haben.

Das Einzelkunden-Management stellt also wesentlich höhere Anforderungen an die informationstechnologische und ablauforganisatorische Infrastruktur als das abzulösende Segment-Management. Der Aufwand ist nicht unbeträchtlich, denn er umfaßt nicht nur die Technik und Organigramme, sondern vor allem auch eine Änderung des Selbstverständnisses der Marktbearbeitung. Marketingkonzepte sind ebenso anzupassen wie Schulungsinhalte. Lohnt sich dieser ganze Aufwand?

Es ist nicht die Frage, ob man will oder nicht. Wer im härter werdenden Wettbewerb überleben will, muß seinen Markt sehr viel feiner bearbeiten, als dies heute zumeist geschieht. Die feinste Form der Marktbearbeitung ist der Einzelkunde als eigenes Segment. Insofern ist es zwingende Notwendigkeit, die Vertriebsinstrumente weiterzuentwickeln, um jedes Marktpotential erfassen und optimal bearbeiten zu können.

Die Plattform-Organisation schreibt kein Zuordnungsschema von Kunden auf die Betreuungsteams vor, weil auch dies ein Verstoß gegen die Individualität jeder Entscheidungssituation ist. Warum sollte bspw. im Privatkundengeschäft nicht nach persönlicher Beziehung zwischen Kundenbetreuer und Kunde zugeordnet werden, wenn der Kunde dies wünscht?!

Das Einzelkunden-Management ist ein wesentlicher Baustein der Umsetzung der Plattform-Organisation. Es ist aber auch nur ein Schritt in die richtige Richtung. Ein weiterer Baustein für die erfolgreiche Bank der Zukunft ist der Auf- bzw. Ausbau der Produktentwicklungskompetenz. Ohne attraktive Produkte kann keine noch so perfekt organisierte Bank überleben. Dabei ist eine nicht unwesentliche Frage, was unter dem Produkt einer Bank überhaupt zu verstehen ist.

VI. Die Renaissance des Produkts

1. Standardprodukt und Standardinstrument

Gerade die Diskussion um die neuen Vertriebsinstrumente wie Direct-Banking oder Telefon-Banking hat die Frage wiederbelebt, wie stark standardisiert Banken ihre Dienstleistungen vertreiben sollten. Die „neuen" Marketing-Philosophien, die mit dem Direktbankgedanken entwickelt wurden, setzen auf der weitgehenden Standardisierung der Dienstleistungen auf, da diese sich deutlich einfacher über die technischen Vertriebswege schleusen lassen als individuell gestaltete Produkte.

Auf der anderen Seite besteht durch den Trend zum Individualkunden-Marketing die Notwendigkeit, den Markt deutlich feiner zu segmentieren und letztlich jeden Kunden als sein eigenes Segment zu begreifen. Diese Individualisierung, die durch das Dialog-Banking tatsächlich eine neue Dimension der Marktbearbeitung für Banken eröffnet, führt zwangsläufig zu einem Anwachsen der kundenindividuellen Lösungen, zum Financial Engineering.

Differenzierungsstrategien können sowohl bei standardisierten Produkten als auch im Financial Engineering erarbeitet werden. Bei Standardprodukten findet die Differenzierung überwiegend über die Konditionen, also den Preis, statt. Dieses Wettbewerbsmuster ist typisch auch für andere Industrien, etwa im Konsumgüterbereich, wenn ein Produkt so weit vereinheitlicht und standardisiert ist, daß der Kunde überhaupt keinen Unterschied zwischen alternativen Produkten mehr wahrnimmt. In vielen Segmenten der Konsumgüterbranche wurden daher auch sogenannte „No Name"-Produkte eingeführt, gerade weil man von einer Markentreue der Kunden für die Markenartikelhersteller nicht mehr ausgehen konnte. So wurde für Zigaretten, Kaffee, Süßwaren, Glühbirnen und ähnliche Produkte des täglichen Gebrauchs versucht, über den Preis die Markentreue der Kunden abzuschwächen oder gar abzulösen.

Der Versuch kann als gescheitert angesehen werden. Die „No Name"-Produkte haben nur bescheidene Marktanteile erwerben können und wurden zwischenzeitlich vielfach wieder vom Markt genommen. Die Lektion für den Finanzdienstleistungsmarkt lautet, daß man mit dem Wettbewerbsinstrument Preiskampf sehr vorsichtig operieren und sich keine allzu großen Illusionen über die Akzeptanz bei den Kunden machen sollte. So gehen die Marktanalysen heute davon aus, daß höchstens 20 % der Bankkunden überhaupt Potentialkunden für Direktbanken sind. Mehr als 80 % der Kunden wollen bei wichtigeren Finanzierungsfragen auf den persönlichen Kontakt zum Betreuer nicht verzichten.

Das klassische Privatkundengeschäft verläuft nach ähnlichen Gesetzmäßigkeiten wie auch die Konsumgüterindustrie. So wie sich der Umsatzanteil der über Versandkataloge bestellten Waren auf einem relativ geringen Niveau hält, wird sich auch der auf Direktbanken entfallene Geschäftsanteil in überschaubaren Grenzen halten. Das Einkaufsverhalten der Kunden im Konsumgüterbereich, wo es „Direct Shopping" via Katalog schon sehr viel länger gibt, gleicht dem der Privatkunden im Finanzdienstleistungsmarkt. Dies ist nicht verwunderlich, denn es handelt sich schließlich um dieselben Kunden.

Versucht eine Bank daher, sich über den Preiswettbewerb bei Standardprodukten zu differenzieren, setzt sie sich dem härtesten möglichen Wettbewerb aus. Jeder neue Wettbewerber, der nicht über gewachsene Kundenbeziehungen verfügt, wird im Privatkundengeschäft über elektronische Vertriebswege, standardisierte Produkte und günstige Konditionen in den Markt einzudringen versuchen. Große etablierte Anbieter können im Standardgeschäft (Commodities) ihre Größenvorteile ausspielen, denn bei standardisierten Produkten bzw. Instrumenten erfordert die maschinelle Bearbeitung entsprechende Auslastung der Kapazitäten, um effizient zu sein. In dem Geschäft mit Standardprodukten hat daher nur derjenige Wettbewerber eine Überlebenschance, der Scale-Effekte über sein Geschäftsvolumen erzielen kann. Die einzelne mittelgroße Bank hat gegen Großunternehmen wie Microsoft oder die Citibank dauerhaft keine Chance. Beispiele für diese Wettbewerbsstrukturen finden sich heute im globalen Clearing-Geschäft, das zunehmend von einer Handvoll großer Anbieter beherrscht wird, oder in der Wertpapierabwicklung des Euro-Marktes.

Differenzierungsstrategien können dauerhaft nur über die Qualität der Information, d.h. über die Qualität der Problemlösung, erfolgreich sein. Basis einer solchen Differenzierungsstrategie ist die Erkenntnis, daß Problemlösungen in der Welt des Individualmarketing niemals standardisierbar sind, wohl aber die Instrumente zu ihrer Umsetzung. Wer daher von der zunehmenden Standardisierung der Produkte spricht und die Problemlösung meint, der irrt. Problemlösungen können nicht standardisiert werden, weil die dahinter liegenden Probleme des Kunden individuell sind und daher nicht standardisiert bearbeitet werden können. Wer dagegen von der zunehmenden Standardisierung der Produkte spricht und die Instrumente meint, hat recht, denn die enormen manuellen Aufwendungen der Erfassung und Abbildung von exotischen Instrumenten und die häufig geringen Stückzahlen lassen keine andere Einschätzung zu.

Die Banken sind gut beraten, Standardisierung nur als notwendige Abrundung der Instrumentenpalette, nicht aber als Grundlage der Differenzierungsstrategie zu begreifen. Im Preiswettbewerb der Zukunft wird der „Commodity"-Markt stärker von Direktbanken sowie Non- bzw- Near-Banks durchdrungen werden als andere Marktsegmente. Nur Banken mit effizienten Prozessen können dauerhaft in diesem Segment überleben.

Eine besondere Herausforderung für die Erarbeitung der Differenzierungsstrategie jeder einzelnen Bank ist daher das Entwickeln eines Verständnisses für die Gesetzmäßigkeiten bzw. Anforderungen der einzelnen Geschäftsfelder. Während – wie dargestellt – eine Bank, die im Geschäftsfeld der Standardprodukte tätig ist, nur durch Effizienzvorteile überleben kann, bestehen in anderen Geschäftsfeldern der nicht-standardisierten Produkte bzw. Instrumente sehr unterschiedliche Möglichkeiten der Produktdifferenzierung.

2. Geschäftsfeldentwicklungen

Der wachsende Wettbewerbsdruck in den verschiedenen Geschäftsfeldern des Finanzdienstleistungsmarktes und der Zwang zur nachhaltigen Differenzierung über die Qualität der Information (Problemlösung) fordern eine starke Orientierung der Bank an ihren Kernfähigkeiten. So muß die Bank, die im Standardgeschäft mit den Direktbanken konkurrieren will, über entsprechend effiziente Prozesse verfügen können. In anderen Geschäftsfeldern gelingt die nachhaltige Differenzierung, d.h. die erfolgreiche Umsetzung einer Differenzierungsstrategie, nur, wenn die erforderlichen Prozesse und Kompetenzen vorhanden sind. Vor dem Hintergrund der wachsenden Anforderungen an die Leistungsfähigkeit der Bank ist die Konzentration auf die Kernfähigkeiten der Organisation ein wesentlicher Erfolgsfaktor im Wettbewerb der Zukunft.

Mit der Konzentration auf die Kernfähigkeiten erlebt die Orientierung am Produkt eine Renaissance. Bei aller Berechtigung einer stärkeren Kundenbedarfsorientierung liefen die Banken doch Gefahr, die eigentliche Basis für eine von Kunden wahrnehmbare Differenzierung, nämlich das Produkt, etwas aus dem Auge zu verlieren. Diese Renaissance des Produktes ist auch zurückzuführen auf eine stärkere Leistungsorientierung der Kunden bei der Auswahl ihrer Bank und auf eine Abschwächung, nicht Abschaffung, der Persönlichkeitskomponente in der Kunde-Bank-Beziehung. Die Gründe hierfür sind zum einen der erhöhte Performance-Druck für die Kunden im gewerblichen Bereich selbst, zum anderen eine höhere Kompetenz der Privatkunden. Dies schlägt sich in einer stärkeren Professionalisierung der Arbeit mit der Bank nieder.

Während die deutschen Banken traditionell die Kundenbeziehungen über persönliche Verbindungen stabilisieren, versuchen ausländische, vor allem angelsächsische Wettbewerber, im Direktgeschäft über Produktperformance in den Markt einzudringen. Vor allem Investment-Banken nutzen ihren Kompetenzvorteil, den sie sich im wettbewerbsintensiveren Heimatmarkt erworben haben, um traditionell gewachsene Kunde-Bank-Beziehungen in Deutschland abzulösen.

Dabei kommt ihnen zum einen der oben beschriebene Trend zu mehr Performance-Orientierung, zum anderen weitreichende Generationswechsel in den Banken und den Kundenhäusern zugute. In der Summe bedeutet dies, daß die attraktiven Geschäfte zunehmend performanceorientierter vergeben werden, d.h. an die Bank mit der besten Informations- und Beratungsqualität.

Bei einer sich insgesamt weiter reduzierenden Anzahl von Bankverbindungen bedeutet dies für einige deutsche Banken den Verlust langjähriger stabiler Kundenbeziehungen und -erträge.

Zwei Parameter beschreiben alternative Kunde-Bank-Beziehungen und definieren die unterscheidbaren Geschäftsfelder im Finanzdienstleistungsmarkt.

Die Kundenbeziehung wird zum einen über die Beziehungsintensität zwischen Bank und Kunde (Relationship), zum anderen über die Leistungsfähigkeit im einzelnen Problemfall (Performance), bspw. die Anzahl erfolgreicher Börseneinführungen, geschaffen bzw. stabilisiert. Durch die Tendenz zur Professionalisierung des Geschäftes gewinnt dabei die Performance-Orientierung zunehmend an Bedeutung.

Geschäftsfelder sind die Bereiche, in denen eine Bank mit einem Kunden in Geschäftsverbindung tritt oder treten will, d.h. wo sie ihre Dienstleistung (Produkte) auf der Basis ihrer Kernkompetenzen anbietet.

Dabei unterliegen die Erfolgsfaktoren und der Charakter der Geschäftsfelder einem permanenten Wandel. Wo gestern noch gute per-

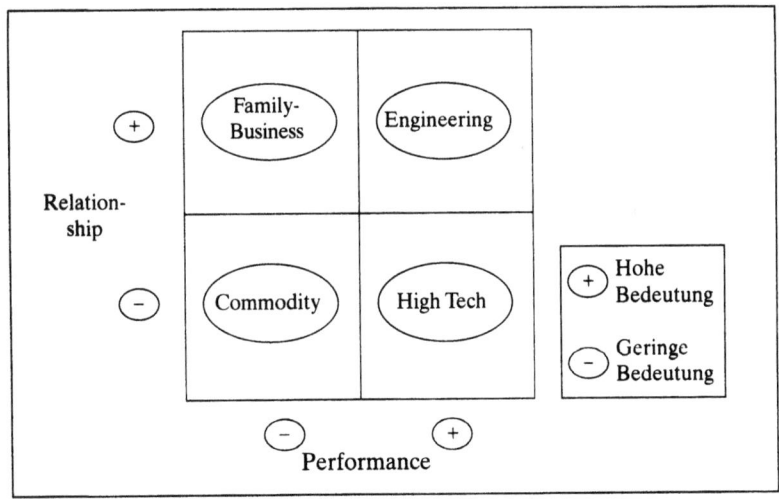

Abbildung 53: Geschäftsfeld-Matrix

sönliche Beziehungen ausreichend, muß heute schon internationale Kompetenz gezeigt werden. Was heute noch als anspruchsvolles Geschäft mit guten Margen gilt, ist morgen bereits ein Commodity-Geschäft.

Mit Hilfe der Geschäftsfeldmatrix läßt sich verdeutlichen, in welchen Geschäftsfeldern welche Anforderungen an die Kernkompetenz bestehen und für welche Bankentypen (Erfolgsmuster) wo die besten Marktchancen existieren.

Die Matrix unterscheidet vier Geschäftsfelder nach unterschiedlicher Bedeutung der Entscheidungsparameter Performance und Relationship:

- „Family-Business", d.h. Geschäftsarten, die primär aufgrund starker persönlicher und/oder traditioneller Geschäftsbeziehungen zwischen Bank und Kunde vergeben werden und bei denen die Performance-Orientierung eine geringe Rolle spielt (z.b. Baufinanzierungen im Privatkundengeschäft),
- „Commodity", d.h. Geschäftsarten, deren Vergabe an Banken weder durch starke Kunde-Bank-Beziehungen noch durch die Performance der Bank, sondern primär durch den Preis bestimmt wird (z.B. Ordergeschäft, Kreditkarten),
- „High Tech", d.h. Geschäftsarten, die primär nach Performance-Gesichtspunkten vergeben werden und wo die traditionellen Geschäftsbeziehungen nur eine geringe Rolle spielen (z.B. Derivate, Außenhandelsfinanzierungen),
- „Engineering", d.h. Geschäftsarten, bei denen sowohl eine starke Beziehung zwischen Bank und Kunde als auch die ausgeprägte Performance-Orientierung für die Vergabe der Problemlösung ausschlaggebend sind (z.B. Strukturierte Finanzierungen).

Die Anforderungen an die Dienstleistungsqualität bzw. Kernkompetenzen der Bank sind in den vier Segmenten sehr unterschiedlich. Während im Commodity-Segment der Preis der entscheidende Erfolgsfaktor ist, wo die Bank vor allem über eine starke Vertriebsmannschaft und effiziente Prozesse erfolgreich ist, sind im Family-Business-Segment Vertrauensbildung, im High-Tech-Segment die Innovationskraft der Bank und im Engineering-Segment die Fähigkeit zur Erarbeitung maßgeschneiderter Lösungen erfolgskritisch.

In den letzten drei Segmenten ist unmittelbar einsichtig, daß die Personal- und die Systemqualität eine entscheidende Rolle für die Fähigkeit der Bank spielt, kreative und kundenorientierte Lösungen erarbeiten und vermitteln zu können.

Über die Geschäftsfeldmatrix läßt sich auch die Dynamik des Geschäftes verdeutlichen.

So waren Emissionen bis vor wenigen Jahren typische Family-Business-Geschäfte, da die Kapitalmarkttransaktion ein starkes Vertrauen des Kunden in die Verläßlichkeit der Bank voraussetzten. Nicht nur mußte die Bank die Emission optimal vorbereiten und terminieren, sondern sie mußte auch die nötige Plazierungskraft besitzen und in der Lage sein, die eventuell notwendige Marktpflege zu betreiben. Dies erforderte einen erheblichen Vertrauensbeweis des Kunden, weshalb in Deutschland die meisten dieser Transaktionen über hausbankähnliche Beziehungen vergeben wurden.

Heute sind die Kunden in der Regel mit dem Gang zum Kapitalmarkt vertraut, haben selbst eigene Erfahrungen im Umgang mit diesem Instrument und suchen daher vor allem einen preislich günstigen, d.h. einen hohen KGV (Kurs-Gewinn-Verhältnis) bietenden Partner. Selbstverständlich zählen noch immer Kreativität und Potential, wenn es um interessante Projekte geht. Aber das Instrument der Emission ist mittlerweile ein gängiges und damit in vieler Hinsicht ein Commodity.

Dagegen ist das Baufinanzierungsgeschäft der Hypothekenbanken und kleinerer Regionalspezialisten auch heute noch überwiegend ein „Family-Business". Viele Kunden, die in ihrem Leben nur einmal ein Haus bauen oder kaufen, wenden sich an Personen ihres Vertrauens und achten dabei weniger auf den Preis. Man ist eher bereit, ein viertel Prozent mehr zu bezahlen, wenn die Finanzierung stimmt und die Beratung die Erwartungen erfüllt hat. Für den Regionalspezialisten ist daher das bereits beschriebene Lebenszeitkonzept von herausragender Bedeutung, denn es führt zu einer aktiven Begleitung des Kunden in allen wesentlichen Fragen des jeweiligen Lebensabschnittes.

Die fortschreitende Technisierung des Bankgeschäftes wie z.B. im Bereich des Home Banking wird dieses Nachfrageverhalten nicht grundsätzlich verändern. Die neuen Vertriebswege bieten Zugang zu einer großen Anzahl von alternativen Anbietern, die sonst gar nicht berücksichtigt worden wären, und schaffen somit eine höhere Transparenz für den Kunden. Die bereits erwähnte Erhöhung der Kompetenz auf Kundenseite basiert ganz wesentlich auf den verbesserten Informationsmöglichkeiten.

Das traditionelle Ordergeschäft, die Konsumkreditvergabe oder der Vertrieb von Sparbüchern erfordern dagegen keine herausragenden Fähigkeiten in Richtung Performance oder Kundenbeziehung. Hier entscheiden meist nur die angebotenen Konditionen, weil der Kunde bereits mit klaren Vorstellungen an die Bank herantritt.

Schon aus diesem Grund wird sich die Aufwertung der Dienstleistungspalette bei Direktbanken in Grenzen halten. Bei beratungsintensiveren Produkten bzw. Instrumenten hat die Mehrzahl der Kunden eben nicht mehr das Know-how, um selbst zu wissen, wie man sein Problem löst. Auch kann die Individualität der Problemstrukturen nur begrenzt über „intelligente", also interaktive Systeme, eingefangen und bearbeitet werden. Der Aufwand, die Systeme so auszugestalten, daß sie komplexere Problemlösungen erarbeiten können, wird sich angesichts der geringeren Zahl von Transaktionen wohl nicht rechnen.

Damit wird auch deutlich, daß die Standardisierung der Dienstleistungspalette an quasi natürliche Grenzen stößt, nämlich dort, wo der fehlenden Eigenkompetenz der Kunden durch entsprechend aufwendige Systeme begegnet werden müßte. Diese Systeminvestitionen, wenn sie nicht quersubventioniert werden, werden durch die kanppen Margen im Direktbankgeschäft nicht amortisiert.

Die Performance-Orientierung greift wesentlich stärker in den Segmenten High-Tech und Engineering. Während bei High Tech-Geschäftstypen wie Derivaten die Innovationskraft entscheidend ist, um Kunden angesichts kurzer Produktlebenszyklen und der unmittelbaren Kopierbarkeit durch Wettbewerber schnell neue Problemlösungen anbieten zu können, erfordert Engineering quasi Projektarbeit, bei der kompliziertere Problemlösungen (Pakete) in der Regel aus bestehenden Finanzinstrumenten kundenindividuell zusammengeführt werden.

Abbildung 54: Typische Dienstleistungen in der Geschäftsfeld-Matrix

Führt man sich die beiden Trends, Commodity-Orientierung einerseits, Financial-Engineering- bzw. Performance-Orientierung andererseits, vor Augen, so könnte man zu der Ansicht gelangen, der Markt würde quasi zweigeteilt werden. Nicht wenige Bankstrategen gehen denn auch davon aus, daß in absehbarer Zeit zwei Märkte mit unterschiedlichen Anbietern für Commodity- und für Performance-Dienstleistungen entstehen werden.

Diese Ansicht vernachlässigt den dynamischen Aspekt des fließenden Übergangs von beratungsintensiven Bankprodukten zu standardisierten Instrumenten. So werden laufend neue Derivate oder innovative Anlagekonzepte entwickelt, die binnen kürzester Frist zu absoluten Commodities werden, wie es am Beispiel der Swaps oder der Geldmarktfonds besonders deutlich wird.

Aber auch der umgekehrte Weg ist möglich. Durch die kundenindividuelle Problemlösung in einer strukturierten Finanzierung werden ansonsten als Commodities (Instrumente) vertriebene Dienstleistungen wie Kredite, Kapitalmarkttransaktionen und Steuersparmodelle zu einem komplexen Lösungsvorschlag im Sinne einer Financial-Engineering zusammengebaut. Meist zahlt der Kunde für die intellektuelle Leistung der Bank keine Gebühr, sondern akzeptiert höhere Margen bei den einzelnen Instrumenten.

Dieser Transformationsprozeß zwischen Commodities und Performance-Produkten wird es verhindern, daß sich der Finanzdienstleistungsmarkt in zwei völlig separate Märkte aufspaltet. Die Vielfalt der Anbieter wird sicher steigen; wesentliche Teile des Marktes werden aber von Banken abgedeckt werden, die sowohl in der Lage sind, standardisierte Instrumente (Commodities) im Massengeschäft als auch kundenspezifische Lösungen zur nachhaltigen Differenzierung im Wettbewerb zu erarbeiten und zu vertreiben (Financial Engineering).

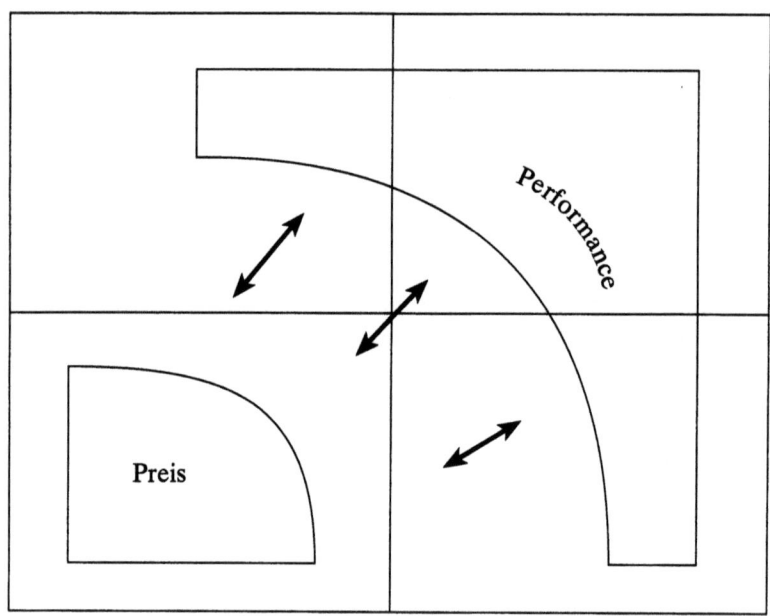

Abbildung 55: Erfolgsfaktoren in der Geschäftsfeld-Matrix

Die zunehmende Ergebnisorientierung und Kompetenz der Bankkunden erfordert jedoch insgesamt eine immer stärkere Performance-Orientierung der Bank.

Zwar wird auch das Baufinanzierungsgeschäft in Teilbereichen zunehmend zu einem Commodity-Geschäft, weil es bereits zu einem gängigen Finanzierungsinstrument geworden ist, bei dem Kunden das Risiko selbst einschätzen können und bei der Wahl der Bank stärker auf die Konditionen achten können. Es besteht jedoch auch ein gegenläufiger Effekt, denn die insgesamt wachsende Tendenz zu kundenindividuellen Lösungen führt zu einer immer stärkeren Verzahnung der Finanzinstrumente. Baufinanzierungen werden dabei nicht als isolierte Instrumente, sondern als Teil eines Gesamtpaketes, das Steueraspekte ebenso berücksichtigt wie Versicherungen und die Altersversorgung oder die Erbschaftsregelungen.

So gesehen wird z.B. auch die Emission verstärkt nur als Teil eines Gesamtpaketes (Engineering) im Rahmen einer Gesamtlösung für ein kundenindividuelles Finanzierungsproblem eines gewerblichen Kunden gesehen werden müssen.

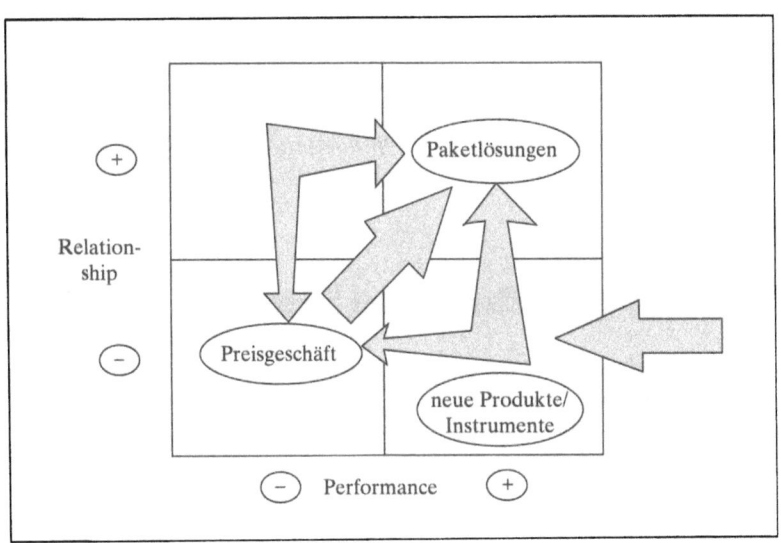

Abbildung 56: Dynamik der Dienstleistungspositionierung in der Geschäftsfeldmatrix

Ähnlich verhält es sich mit innovativen Finanzprodukten, die heute noch vielfach isoliert angeboten werden und vom Kunden selbst in eine Lösung eingebaut werden. Künftig wird auch das neue Produkt verstärkt alsTeil einer Gesamtlösung entwickelt und begriffen werden. Die Individualisierung des Kundenmarketings führt daher auch hier zum Financial Engineering.

Der dargestellte Megatrend zum Engineering von Finanzdienstleistungen fördert den Wettbewerb. Er gibt neuen Wettbewerbern aus dem In- und Ausland deutlich bessere Chancen für einen Marktantritt, weil die stabilen Beziehungsgeflechte zwischen den deutschen Banken und ihren Kunden an Bedeutung verlieren werden. Die Markteintrittsbarrieren werden durch das Financial Engineering deutlich gesenkt.

Dabei macht die Entwicklung auch vor den Regionalspezialisten, also den Sparkassen sowie Volks- und Raiffeisenbanken mit dem eher standardisierten Dienstleistungsportfolio, nicht halt. Die Individualisierung und das Engineering dringen immer tiefer in das sogenannte Massengeschäft ein. Nicht mehr nur das Mittelstandsunternehmen will individuell gestaltete Finanzdienstleistungen, auch der Bäckermeister um die Ecke möchte Problemlösungen, die nicht nur das gegebene Finanzierungsproblem lösen, sondern auch umfassend seine individuelle Lebenssituation und seine Planung berücksichtigen. Diese Probleme sind vielfältig und kundenindividuell strukturiert und erfordern daher auch kundenindividuell gestaltete Konzepte.

3. Erfolgsmuster, Qualität und Sortiment

Die verschiedenen möglichen Differenzierungsstrategien von Regional-, Geschäftsfeld- und Multispezialisten erhalten über die Geschäftsfeldmatrix ihre Konkretisierung für die Definition der Kernkompetenz.

So hat der Regionalspezialist, dessen Differenzierungskriterium die Kundennähe im räumlich definierten Markt des Massengeschäftes (Breiten- oder Vollversorgung) ist, seine Schwerpunkte im Commodity- und im Family-Business. Als Vollversorger im Massengeschäft muß er effiziente Prozesse ebenso bereitstellen wie entsprechend ausgestaltete technische Vertriebswege, um den Wettbewerbsvorteil der Kundennähe (Lebenszeitkonzept) auch gegenüber den Direktbanken wahren zu können. Vor diesem Hintergrund müssen Filialstrukturen überarbeitet und Abläufe angepaßt und technisch optimal unterstützt sein. Nur so kann der Regionalspezialist im Preiswettbewerb mit Dirketbanken und anderen Regionalspezialisten bestehen.

Die große Zahl der gewachsenen Kundenbeziehungen kann der Regionalspezialist zur Erarbeitung der notwendigen Differenzierungsstrategie im Family-Business nutzen. Nicht-standardisierte oder -standardisierbare Dienstleistungen, die Beratung von Kunden in Fragen der Finanzierung, der Anlage oder des Transfergeschäftes bieten eine Fülle von Möglichkeiten zur positiven Differenzierung. Die Qualität der gelieferten Information (Performance) entscheidet über die Nachhaltigkeit des Wettbewerbsvorteils. Die Berücksichtigung kundenspezifischer Anforderungen im Baufinanzierungsgeschäft, im gewerblichen Kreditgeschäft oder bei Unternehmensgründungen schafft Raum für die Vermittlung der Kernkompetenzen der Bank.

Der Regionalspezialist in nur in Ausnahmefällen in den Geschäftsfeldern High-Tech oder Financial Engineering tätig. Seine Kernkompetenz liegt nicht in der Schaffung innovativer Anlagekonzepte, sondern in deren Adaptierung für die eigenen Kunden. Auch ist bspw. die einzelne Sparkasse oder Volks- und Raiffeisenbank tendenziell überfordert, komplexe Finanzierungsprogramme selbständig zu entwickeln. Hier muß die Unterstützung der zuständigen Zentral- oder Landesbank hinzukommen.

Regionalspezialisten können in diesen Geschäftsfeldern nur begrenzt tätig sein, weil ihnen die kritische Masse in diesen Geschäftsfeldern fehlt, um die erforderliche System- und Personalqualität schaffen und vorhalten zu können.

Bezogen auf die Geschäftsfeldmatrix sind Geschäftsfeldspezialisten tendenziell in den High-Tech- und Financial-Engineering-Segmenten tätig. Typische Geschäftsfeldspezialisten sind Privatbanken, deren Kernkompetenz in der Erarbeitung innovativer Anlagekonzepte für vermögende Privatkunden sowie intelligenter Konzepte für Kapitalmarkttransaktionen gewerblicher oder institutioneller Kunden liegen muß. Die Privatbank lebt von der Erfüllung der höchsten Performance-Anforderungen der anspruchsvollsten Kunden. Privatbanken, die sich im Massenkundengeschäft versuchen, haben keine Überlebenschance, weil ihnen die erforderliche räumliche Kundennähe sowie die kritische Masse für effiziente Prozesse fehlt.

Andere Geschäftsfeldspezialisten wie Investmentbanken konzentrieren sich auf intelligente Produktkombinationen für Firmenübernahmen oder das Bilanzstrukturmanagement. Sie konkurrieren mit Privatbanken um die Beteiligung oder Führung von Kapitalmarkttransaktionen und betreiben in unterschiedlicher Ausprägung auch das Handelsgeschäft. Investmantbanken leben von dem breiten und tiefen Know-how ihrer „Champions", die in der Lage sind, hochkomplexe Problemstellungen zu lösen. Vor allem die Qualität des Personals ist im Geschäftsfeld Financial Engineering der kritische Erfolgsfaktor.

Multispezialisten sind, wie bereits ausgeführt, in besonderem Maße darauf angewiesen, in den vielfältigen Dienstleistungsbereichen die kritische Masse an Kompetenz oder an Geschäft zur Etablierung effizienter Prozesse sicherzustellen. Es ist schon aus diesem Grund erklärbar, daß gerade die großen deutschen Multispezialisten die Vorreiter bei der Gründung von Direktbanken waren. Der Spagat zwischen performance-orientierten Geschäftsfeldern und dem Commodity-Segment würde die Infrastruktur und Kultur dieser Häuser tendenziell überfordern. Zudem bieten die Direktbanken die Chance, den Wettbewerbsnachteil der reduzierten räumlichen Nähe zu den Kunden in der Fläche (geringere Filialdichte) über effiziente technische Vertriebswege zu kompensieren. Inwieweit es gelingt, die Anforderungen der Kunden nach effizienter Bedienung im Commodity-Segment via Direktbank und gleichzeitiger persönlicher Betreuung in den Filialen dauerhaft ohne Kulturkonflikt durchzuhalten, bleibt abzuwarten. Auf jeden Fall sind erhöhte Management-Anforderungen zu erfüllen.

Die Schaffung von Direktbanken gibt den Multispezialisten Raum, sich auf die performance-orientierten Geschäftsfelder zu konzentrieren. Den Vorteil der Größe können die Multispezialisten zwar vorwiegend im Commodity-Segment ausnutzen, in den performance-orientierten Segmenten lassen sich durch globale Aktivitäten kritische

Massen erzielen, um auch die entsprechenden Aufwendungen für Spitzentechnologie und -personal zu alimentieren. Hier liegen nachhaltige Wettbewerbsvorteile für den Multispezialisten gegenüber den tendenziell kleineren Geschäftsfeldspezialisten, denen (Ausnahme: große Investmentbanken) der globale Antritt zumeist verwehrt ist.

Ein anderer Typus des Geschäftsfeldspezialisten sind ausländische Banken, die sich auf das Commodity-Geschäftsfeld konzentrieren, um über den Preiswettbewerb den etablierten Spezialisten (Regionalspezialisten, Multispezialisten) Konkurrenz zu machen.

In verteilten Märkten bestehen Markteintrittsbarrieren, die entweder über den Preis (Commodity-Segment) oder innovative Produkte (High-Tech-Segment) überwunden werden können. Deshalb ist es auch erklärbar, daß die großen ausländischen Wettbewerber entweder über aggressives Marketing und Pricing im Massenkundengeschäft (z.B. Citi-Bahn-Card) oder gezielte Akquise mit innovativen Produkten bei großen gewerblichen oder institutionellen Kunden (z.B. Portfolio-Management, Research, Ausland) in den Markt eingedrungen sind. Das Hineinwachsen in stärker relationship-getriebene Geschäftsfelder gelingt daher auch erst über die Zeit. Der Anteil auslän-

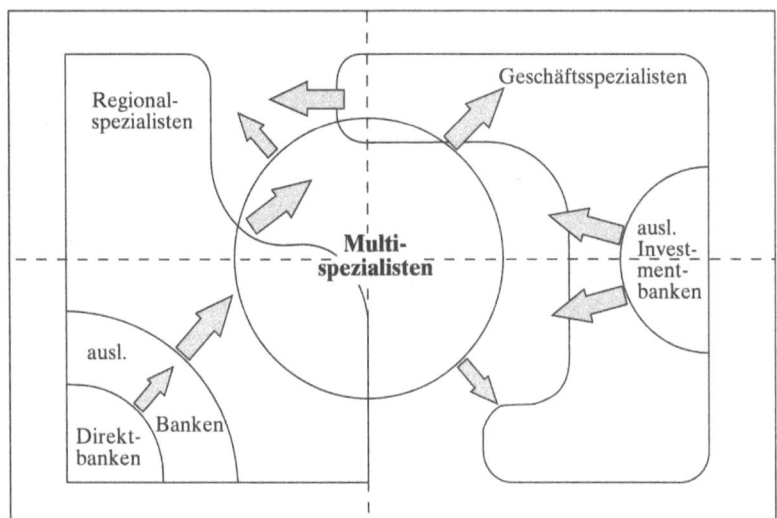

Abbildung 57: Wettbewerberperspektiven in der Geschäftsfeldmatrix

discher Banken am deutschen Finanzdienstleistungsmarkt ist daher auch noch bescheiden.

Selbstverständlich sind diese Markt- und Wettbewerbsstrukturen spezifisch für den deutschen Bankenmarkt. Die Höhe der relationshipbegründeten Markteintrittsbarrieren ist sicherlich in Deutschland höher als in Großbritannien oder den USA, weil der deutsche Finanzdienstleistungsmarkt noch weniger entwickelt ist und daher die traditionell gewachsenen Kundenbindungen (noch) stärker sind als in entwickelteren Märkten.

Auch ist die Bereitschaft der Kunden, eine Bankbeziehung zu wechseln, geringer ausgeprägt als etwa in den USA, obgleich sich der Trend zu einer Reduzierung der Kundenloyalität auch im deutschen Markt deutlich abzeichnet.

4. Das Produkt als Vertriebsimpuls

Die Kernkompetenz als wesentlichen Konkretisierungsschritt der Differenzierungsstrategie anzuerkennen, bedeutet zwangsläufig die Hinwendung zum Produkt als Vertriebsimpuls. Die eher naive Vorstellung, eine Bank könne strategisch frei entscheiden, welche Geschäftsfelder sie bearbeitet, geht völlig an der Realität vorbei.

Bevor die Bank ihre Kunden datailliert analysiert, muß sie ihre Kernkompetenzen analysiert und deren Beeinflußbarkeit bestimmt haben. Personalstrukturenn und Systemlandschaften lassen sich nicht in beliebig kurzer Frist völlig umkrempeln. Oft ist es auch so, daß eine erforderliche Umorientierung länger braucht, als der strategische Planungshorizont läuft.

So hat beispielsweise die Umwandlung von Bankers Trust von einer Universalbank zu einer erfolgreichen Investmentbank gut zehn Jahre gedauert. Keine Strategie konnte die Markt- und Wettbewerbsentwicklungen für einen solchen Zeitraum einigermaßen verläßlich prognostizieren.

Die Kernkompetenzen einer Bank liegen für einen überschaubaren Zeitraum einigermaßen fest. Es ist allerdings vielfach so, daß die

Kompetenzen zwar vorhanden sind, aber nicht genutzt werden, weil die Strategie unklar, die Prozesse demotivierend ineffizient oder das Wettbewerbsumfeld übermächtig erscheint.

Das Ausschöpfen der Potentiale der Bank beginnt mit der Besinnung auf die Kernkompetenzen der Bank. Welches besondere Know-how existiert, das in für die Kunden attraktive Angebote gegossen werden kann? Mit welchen Dienstleistungen kann sich die Bank im entsprechenden Geschäftsfeld differenzieren?

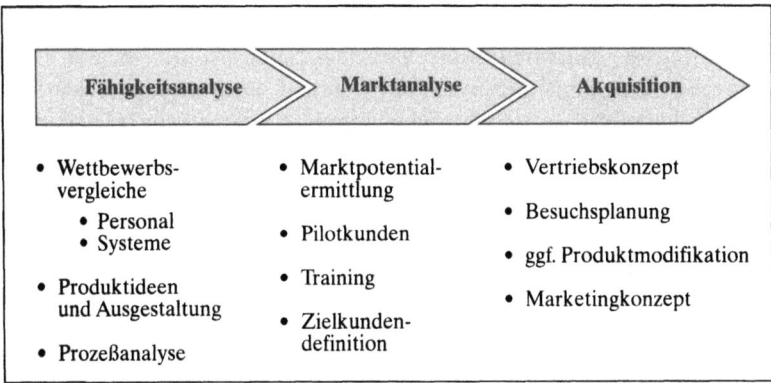

Abbildung 58: Von der Kernkompetenz zur Kundenanalyse

Erst die Hinwendung zur Kernkompetenz und damit zum Produkt schafft auch die notwendige Ausrichtung auf die Informationsqualität als entscheidenden Erfolgsfaktor. Qualität kann nur geliefert werden, wenn die erforderliche Kompetenz vorhanden ist.

Vielfach haben Banken bei ihren Diversifikationsbemühungen gegen dieses „Grundgesetz" verstoßen und teuer bezahlt. Nur zu erkennen, daß irgendwo ein attraktiver Markt mit potenten Kunden existiert, reicht als Voraussetzung für den Markterfolg nicht aus. Man muß den Anforderungen dieses Geschäftsfeldes auch genügen können.

Selbstverständlich muß neben der Analyse der Kernkompetenzen auch die Markt- und Wettbewerbsanalyse gleichberechtigt stehen. Man darf aber nicht den Fehler machen, zu glauben, jede x-beliebige Marktstrategie sei mit jeder gegebenen Bank und ihrer Infrastruktur prinzipiell auch erreichbar. Die bescheidenen Erfolge der Umsetzung von Strategien in Banken sind zu einem wesentlichen Teil darauf zurückzuführen, daß die Analyse der Kernkompetenzen der betroffenen Banken nicht die nötige Aufmerksamkeit gefunden hat. Die Analyse der Kernkompetenzen einer Bank kann durchaus zu dem Ergebnis führen, daß dieses Haus keine Chance hat, in einem attraktiven, aber anspruchsvollen Markt zu überleben, eben weil die Kernkompetenzen nicht ausreichen und im Rahmen der gegebenen Möglichkeiten auch nicht geschaffen werden können.

Wichtig bei der Besinnung auf die Kernkompetenzen als Basis der Detaillierung der Differenzierungsstrategie ist das aktive Moment der Definition der Information als zentrales Bankprodukt. In den über Informationsqualität differenzierungsfähigen performance-orientierten Geschäftsfeldern reagiert die Bank nicht oder nur in Ausnahmen auf die Anforderungen der Kunden; sie bringt die Angebote an den Kunden, bevor dieser im Markt danach fragt.

Eine Information entfaltet ihren Wert am Kunden, nicht dadurch, daß sie einfach nur vorhanden ist. Eine neue Produktidee muß aktiv zum Kunden transportiert werden; sie sucht sich ihre Kunden. Die bloße Ausrichtung auf Kunden, um deren Bedürfnisse auch ja rechtzeitig zu erfassen, ist heute nicht mehr zeitgemäß. Im Wettbewerb der Zukunft gewinnt diejenige Bank, der es am besten gelingt, ihre Produktideen bei möglichst vielen Kunden aktiv zu vermarkten.

So wie die Kundenorientierung in Form der Segmentbildung ein erster wichtiger Schritt von der Rolle der staatstragenden Institution Bank hin zu einem wettbewerblich orientierten Unternehmen war, gilt es nun, die Marktbearbeitung über das Individualkunden-Marketing auf der Basis ausformulierter Kernkompetenzen deutlich zu verfeinern. Die neue Dimension der Marktbearbeitung wird dadurch erreicht, daß die Bank systematisch neue Produktideen für ihre Kunden generiert oder bereits existierende Lösungsideen für die eigenen Kunden aufbereitet. Der wichtige Unterschied zur ersten Stufe der Kundenorientierung (Segmentbildung) ist die proaktive Marktbearbeitung, d.h. das Geschäft wird von einer nachfragegetriebenen zu einer angebotsgetriebenen Ausrichtung gebracht.

Die Verbindung von kernkompetenzgetriebener Produktorientierung und dem Trend zum Financial Engineering führt abschließend zu der Frage, wie sich dies auf die Entwicklung der Instrumente zur

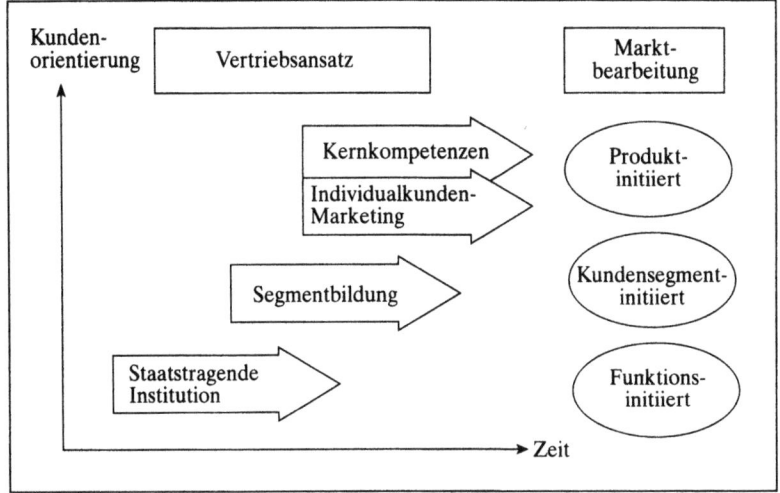

Abbildung 59: Die neue Dimension der Marktbearbeitung

Lösung der kundenindividuellen Problemstellungen auswirken wird.

Der Megatrend zum Engineering führt nicht zu einem Durcheinander an Instrumenten, die in sich keine Gemeinsamkeiten mehr aufweisen. Es wird keinen „Einheitsbrei" von Instrumenten geben, der den erforderlichen Aufbau der entsprechenden Kompetenz unmöglich machen würde. Die Verzahnung von Instrumenten zu kundenindividuellen Lösungen wird im wesentlichen drei „Instrumentenbündel" schaffen:

- Problemlösungen für Finanzierungsfragen
- Handelsdienstleistungen und Problemlösungen für Anlagefragen
- Kommunikations- und Transferdienstleistungen

Unter „Problemlösungen für Finanzierungsfragen" sind alle Finanzierungsinstrumente vom Kontokorrentkredit bis zur Strukturierten Finanzierung, also auch die Palette des Corporate Financing, gebündelt.

Dies bedeutet, daß die heute noch gültige Unterscheidung zwischen den Kredit- und den Kapitalmarktinstrumenten verschwinden wird. Der Kundenbetreuer muß gleichermaßen die Handelsfinanzierung, die steuerliche Optimierung sowie die Beteiligung kompetent anbieten können, weil künftige Problemstellungen wesentlich stärker eine umfassende konzeptionelle Kompetenz in Finanzierungsfragen erfordern.

Unter „Handelsdienstleistungen und Problemlösungen für Anlagefragen" wird die Zusammenfassung aller Kundenhandelsaktivitäten sowie die Beratung in Anlagefragen vom Sparbuch bis zum Portfolio-Management zu verstehen sein.

Die Lebenszeitmodelle im Einzelkunden-Marketing legen den Grundstein für die umfassende Betreuung eines Kunden. Mit der wachsenden Kompetenz der Kunden gewinnt die umfassende Beratung in allen Anlagefragen noch stärker an Bedeutung. Eine noch 1995 durchgeführte Analyse der Stiftung Warentest gab den meisten getesteten Banken gerade hinsichtlich des Umfangs und der Qualität der Beratung in Anlagefragen schlechte Noten.

Die „Kommunikations- und Transferdienstleistungen" schließlich umfassen den ganzen Bereich des in- und ausländischen Zahlungsverkehrs und des Electronic Banking bis zur vollständigen Integration

„Finanzierung"	„Handel/Anlage"	„Transfer"
Kontokorrent	Spargeschäft	Zahlungsverkehr
Kredite/Darlehen	Vermögens- und Anlageberatung	Electronic Banking
Baufinanzierung		Technologieberatung
Strukturierte Finanzierung	Allfinanz	
	Kundenhandel	
Beteiligungs- und Projektfinanzierung	Risikomanagement	
Handelsfinanzierung	Handelsabwicklung	
Kapitalmarktgeschäft		
Liquiditätsplanung		

Abbildung 60: Verzahnung der Geschäftsaktivitäten im Financial Engineering

der Kommunikation zwischen Bank und Kunde (EDIFACT, Home Banking, Telefon-Banking).

Die gesamthafte Gestaltung der Kunde-Bank-Beziehung muß alle Facetten des Geschäftes umfassen, und zwar sowohl von der Produkt- wie von der technischen Seite.

Eine weitergehende Verzahnung der Geschäftsfelder ist aus heutiger Sicht nicht zu erwarten. Im Einzelfall werden immer wieder Anlage- und Finanzierungsfragen integriert zu betrachten sein, in der Regel handelt es sich jedoch um separate Probleme und Lösungen.

Auch die zunehmende Verbriefung von Krediten und die damit verbundene Handelbarkeit widerspricht nicht der grundsätzlichen Trennung von Handels- und Finanzierungsfragen. Der handelbare Kredit oder -abschnitt ist ein „Wertpapier" und nicht mehr mit dem eigentlichen Finanzierungsvorgang verbunden. Insofern besteht zwischen dem Commercial Paper und dem zugrundeliegenden Kredit in dieser Hinsicht keine Verbindung mehr.

Der Megatrend hin zum Engineering von Finanzdienstleistungen ist auch keine Einbahnstraße in Richtung Universalbanksystem, weil die Konzentration auf die Kernfähigkeiten zwingende Voraussetzung für das Erreichen marktgegebener Qualitätsstandards ist. Es spielt aus Sicht des Marktes keine Rolle, ob die jeweils höchste Qualität von einer Universalbank oder einem Spezialinstitut erbracht wird. Die Spezialinstitute werden ihre Produktpalette, wenn nötig, gemäß den Forderungen des Marktes erweitern und sind dann potente Konkurrenten der Universalbanken. Deren Risiko besteht darin, wegen der Fülle der Aktivitäten den Blick für den notwendigen Qualitätsstandard bzw. seine kontinuierliche Veränderung zu verlieren.

Auf welchem Level eine Bank Financial Engineering betreibt, hängt wiederum von ihren Kernfähigkeiten und ihrer strategischen Positionierung in den Geschäftsfeldern ab. Innerhalb des Instrumentenbündels Finanzierung, Handel/Anlage und Kommunikation/Transfer können entweder globale und „highly-sophisticated" Lösungen angeboten werden oder aber Lösungen für das regionale Massengeschäft.

So wird sich eine Volksbank oder eine Sparkasse eher im unteren Bereich der Grafik betätigen, gleichwohl aber durchaus im Trend zum

Abbildung 61: Geschäftsfelder und Standardisierung

Engineering. Ihre Kernfähigkeiten lassen nur eine begrenzte Erweiterung nach oben zu, weil ab einem bestimmten Level erhebliche Zusatzinvestitionen in Personal und Systeme notwendig sind, die sich im Wettbewerb nur selten auszahlen.

Vor einer besonderen Schwierigkeit steht in dieser Hinsicht der Multispezialist, besonders in der Form der Universalbank deutscher Prägung. Es gilt nicht nur, multi-spezialisiert und multikulturell beschaffen zu sein, sondern es dürfen diese verschiedenen Elemente auch nicht vermischt werden, wenn Qualität und Effizienz den Marktstandards genügen sollen.

Die Aussage von Cartellieri aus dem Jahre 1990, nur die Banken mit den Größenvorteilen eines Massenherstellers könnten dauerhaft überleben, kann sich vor dem Hintergrund der beschriebenen Markttrends und -anforderungen durchaus gegen sein eigenes Haus richten. Kann ein Multispezialist die Fliehkräfte in seiner Organisation wirklich unter Kontrolle halten oder wird er auf Dauer gezwungen sein, kleinere selbständige Einheiten zu bilden, die als Spezialinstitute im Markt agieren und nur über eine Holding verbunden sind?

Die Qualitätsanforderungen des Marktes führen also in der Konsequenz zu einer stärkeren Besinnung auf die Kernfähigkeiten der Bank und ihrer Organisation. Die damit verbundene Konzentration der Aktivitäten muß zu einer stärkeren Betonung des Produktes im strategischen Konzept einer Bank führen.

5. Die Produktkonzeption in der Plattform-Organisation

Von besonderer Bedeutung innerhalb der drei Geschäftsfelder „Finanzierung", „Handel und Anlage" sowie „Kommunikation und Transfer" ist die Frage der Unterscheidung von Standard- und Individuallösungen. Sparbücher, Konsumkredite und Bundesschatzbriefe sind Instrumente, die gerade bei Universalbanken im Filialgeschäft „low sophisticated products" sind. Insoweit könnte man davon ausgehen, Standardinstrumente und Engineering im Sinne von Problemlösungen getrennt betrachten – und organisieren – zu wollen.

Individualisierung und Engineering fordern jedoch die integrierte Betrachtung auch über Standardinstrumente und kundenindividuelle Problemlösungen. So wünscht der Kunde neben dem Sparbuch für seine Enkelin vielleicht zum selben Zeitpunkt auch gerade eine Empfehlung für die Depotumschichtung. Und wenn in diesem Depot ne-

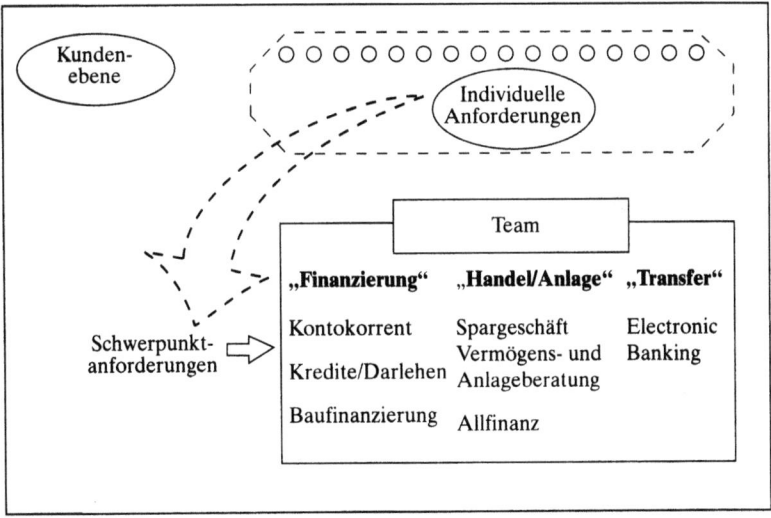

Abbildung 62: Produktkompetenz eines Betreuungsteams

ben 90 % deutschen Renten nun auch zu 10 % ausländische Aktien enthalten sind, ist der Kundenbetreuer schnell überfordert. Gegen solche „Überraschungen" hilft nur die detaillierte Analyse der Kundenpotentiale ex ante und individuell. So wird der Kunde von dem Team oder dem Berater betreut, das/der den „Spitzenbedarf" des Kunden abdecken kann und dann das Sparbuch mit abwickelt.

Die sorgfältige Analyse des Einzelkunden oder potentiellen Kunden auf der Basis bestehender Kernfähigkeiten ist die wesentliche Voraussetzung zur optimalen Betreuung des Kunden.

Gerade hier liegt ein wesentliches Element der Problemlösungsausrichtung der Bank der Zukunft in der Plattform-Oganisation. Wer sein Geschäft als ein kundenindividuelles betrachtet, dessen Kern (im Sinne des Produktgedankens) die aktive Problemlösung darstellt, der betreibt detaillierte Kundenpotentialanalysen, um Ansatzpunkte für Geschäfte zu finden. Genau dies geschieht in den meisten deutschen Banken gerade nicht; man plant bestenfalls die Umsätze der einzelnen Instrumente bei den einzelnen Kunden.

Eine auf den Einzelkunden abstellende Planung ist die Voraussetzung für eine bedarfsgerechte Produktgestaltung und -entwicklung. Nur wer auf Einzelkundenbasis plant, erzwingt die detaillierte Auseinandersetzung mit den Bedürfnissen jedes individuellen Kunden.

Abenteuerliche Ausreden der Kundenbetreuer, wegen der allgemeinen Zins- und Konjunkturlage ließen sich bestimmte Ertragsziele nicht erreichen, lassen sich dann im einzelnen und unter Zuhilfenahme des angelsächsischen Zauberwortes „Cross-Selling" leicht ad absurdum führen. Wenn man aber die Einzelkundenplanung nicht kennt oder fordert, wird jeder unbefriedigende Zwischenabschluß eine Diskussion um den unvorhersehbaren Einzelfall.

Im Konzept der Plattform-Organisation wird die umfassende Kundenanalyse von den Betreuungsteams in der Einheit „Information und Beratung" geleistet, die die ihnen zugeordneten Kunden und Potentialkunden in eigener Regie betreuen bzw. akquirieren. Die Teams stellen das gebündelte erforderlich Problemlösungs-Know-how dar und tragen damit der erforderlichen Flexibilität in der Kundenbetreuung Rechnung. Die Teams setzen sowohl Standardinstrumente als auch komplexe Lösungskonzepte ein und erreichen dadurch eine optimale Kundennähe. Sie agieren damit unternehmerisch im eigentlichen Sinne.

Dezentrale Vertriebscontrolling- und Kalkulationsmethoden unterstützen und steuern den Prozeß. Entscheidend ist, daß die Teams tatsächlich unternehmerisch agieren können und nicht über versteckte Instrumente Verantwortung entzogen bekommen.

Durch diese gelebte Philosophie ist nicht mehr länger nur die gewachsene persönliche Beziehung, sondern die Problemlösungskompetenz der Bank der entscheidende Erfolgsfaktor. Der Produktgedanke tritt gegenüber dem Beziehungsgedanken in den Vordergrund, d.h. nicht das Instrument, sondern das Produkt steht im Mittelpunkt.

Es wäre aber auch falsch, die künftige Bank-Kunde-Beziehung in der Plattform-Organisation als rein fachlich-technisch darzustellen. Das persönliche Moment, d.h. die Qualität des Personals am POS/POA, ist und bleibt von entscheidender Bedeutung. Die Problemlösung der Bank muß schließlich dargestellt und erläutert werden, dem Kunden müssen die eventuell komplexen Zusammenhänge verdeutlicht werden und – last but not least – ist das Vertrauen in die Glaubwürdigkeit des Betreuers wesentlicher Teil des gelebten Images der Bank.

Die Renaissance des Produktes ist daher der Ausdruck einer wachsenden Professionalisierung des Bankgeschäftes. Auch in der Zukunft wird das Bankgeschäft ganz wesentlich durch die persönliche Komponente geprägt sein, nur ist es nicht die Beziehungskomponente alten Stils vom Golfplatz oder aus dem Tennisclub, sondern die auf der Problemstellung aufbauende Vertrauensbasis zwischen dem Kunden und der durch den oder die Kundenbetreuer personifizierte Leistungsfähigkeit der Bank. Die Ausrichtung der Bank nach den Prinzipien der Plattform-Organisation ist die Basis für eine optimale Verknüpfung zwischen Personal- und Systemqualität im Sinne der Problemlösung für den Kunden.

Die kundenbetreuenden Teams, die durch die Verknüpfung der wesentlichen Know-how-Komponenten die umfassende Abdeckung der Kundenanforderungen sicherstellen und die nach den drei Geschäftsbündeln Finanzierung, Anlage und Transfer ausgerichtete Engineering-Einheit verkörpern gewissermaßen die neue Philosophie der Problemlösung bzw. der Information als dem Bankprodukt im wettbewerblichen Sinne.

VII. Fluch und Segen der Informationstechnologie

1. „Strategic Alignment" der Informationstechnologie

Die Bedeutung der Technologie, d.h. in erster Linie der Informationstechnologie (IT), für das Bankgeschäft im allgemeinen war nie unumstrittener als heute. Neue Vertriebswege, Direktbanken und virtuelle Finanzdienstleister haben auch den letzten Winkel der bankstrategischen Diskussionen erreicht und deutlich gemacht, daß ohne Technologie im Bankgeschäft der Zukunft kein Blumentopf mehr zu gewinnen ist.

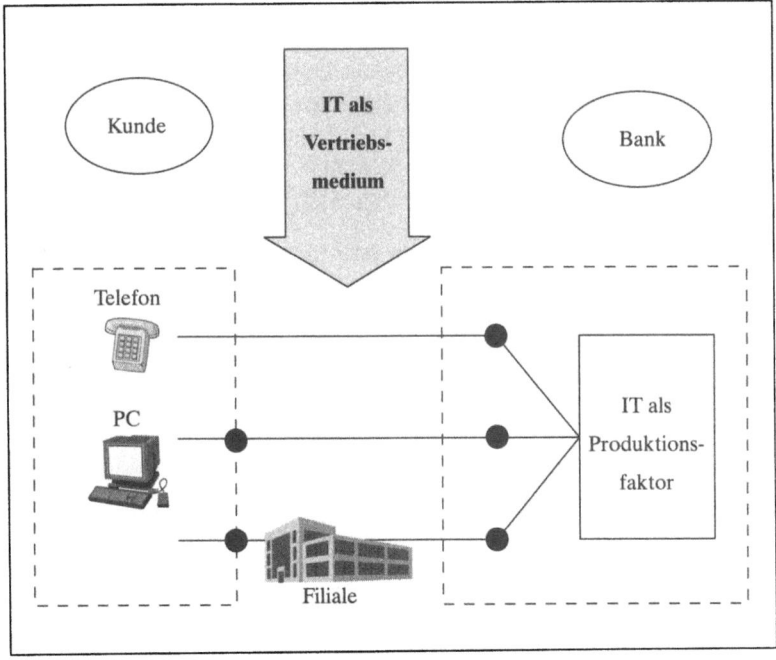

Abbildung 63: Wirkungsfelder der Informationstechnologie

Interessant ist bei der Auseinandersetzung mit der Technologie, daß eindeutig die marktbezogene Seite im Vordergrund steht. Das heißt, es wird im Zusammenhang mit Informationstechnologie ganz überwiegend nur von der Beziehung Bank-Kunde gesprochen, nicht aber von der Bedeutung der Informationstechnologie als Produktionsfaktor innerhalb der Banken.

Die Banken produzieren Informationen und differenzieren sich gegenüber ihren Wettbewerbern über die Informationsqualität. Insofern liegt der bedeutende Teil des Wertes der Informationstechnologie für den Markterfolg der Bank nicht außerhalb, sondern innerhalb der Bank. Die Entwicklung der alternativen Vertriebswege bietet der einzelnen Bank deutlich geringere Gestaltungsmöglichkeiten als die Architektur der Informationstechnologie im Sinne eines Produktionsfaktors. Die Zahl der Möglichkeiten ist bei den Vertriebswegen begrenzt, beim Produktionsfaktor IT tendiert sie gegen unendlich.

Die Gestaltungsmöglichkeit der bankinternen Informationstechnologie stellt aber auch einen wesentlichen Hebel zur positiven Differenzierung im Wettbewerb dar. Die Leistungsfähigkeit und Effizienz der Systeme beeinflußt ganz entscheidend die Position der Bank am POS/POA. Die Qualität und die Kosten der Information sind durch die Gestaltung der Technologie maßgeblich beeinflußbar.

Das Begreifen der Information als zentrales Bankprodukt öffnet den Blick auf die Informationstechnologie als Produktionsfaktor. Die Leistungsfähigkeit der Banken im Vertrieb wird dauerhaft nur dann gewährleistet sein, wenn es ihnen gelingt, die neuen Vertriebsinstrumente so mit der bestehenden IT-Infrastruktur in den Häusern zu verbinden, daß Effizienz und Leistungsfähigkeit gewahrt bleiben.

In vielen Banken werden die neuen Vertriebsinstrumente auf eine gewachsene Infrastruktur aufgesetzt, mühsam angeflanscht und mit großem Aufwand gemeinsam betrieben. Dies kann nicht gutgehen, denn auf diesem Weg kann dauerhaft weder effizient noch leistungsfähig gearbeitet werden. Die Mehrkosten durch den aufwendigeren Betrieb sowie der zusätzliche Schnittstellenaufwand bei zusätzlichen Anforderungen fließen dabei allzu oft nicht in die Kalkulation der neuen Produkte oder Vertriebsinstrumente ein.

Wenn aus strategischen oder wirtschaftlichen Gründen der völlige Neuaufbau der gesamten Infrastruktur für die neuen Vertriebsinstrumente in einer eigenen Gesellschaft (Direktbank) nicht in Frage kommt, müssen neue Aktivitäten und bestehende Infrastruktur miteinander in Einklang gebracht werden. Besonders bedeutsam in einer Zeit der peramenten Veränderung ist dabei die Flexibilität der bestehenden Infrastruktur. Genau hier liegt die Bedeutung der Informationstechnologie als Managementproblem, nämlich die aus der strategischen Positionierung der Bank hergeleiteten Anforderungen mit den Möglichkeiten der bestehenden Infrastruktur („Legacy-Systems") in Einklang zu bringen. Es ist ein den Banken eigenes Phänomen, daß einer der wesentlichen Produktionsfaktoren dabei meist von einer Mannschaft betreut und weiterentwickelt wird, die in das Bankmanagement kaum integriert ist. In der überwiegenden Zahl der Banken ist die Repräsentanz der Informationstechnologie im Top-Management eine Angelegenheit, die „man eben so mitmacht", ohne daß eine wirkliche Integration in die Fragestellungen der Gesamtbank stattfindet. Um es zu verdeutlichen: Dies ist so, als würde im Vorstand Mercedes-Benz über die Produktionsstrategie und- problematik der Kraftfahrzeuge nur in Ausnahmefällen gesprochen werden.

Dieser Tatbestand der ungenügenden Transparenz über die Informationstechnologie ist auf den Umstand zurückzuführen, daß in der Vergangenheit, oft aber auch noch heute, die informationstechnologischen Probleme als nachgelagerte, d.h. in der Umsetzung von strategischen und organisatorischen Entscheidungen anzusiedelnde oder als Restriktionen bzw. Schwachstellen im laufenden Betrieb auftauchende Fragestellungen angesehen wurden und werden.

Die Systeme in der Bank wurden von Technikern, also Menschen von geringerer Wertschätzung in Bankenkreisen, entwickelt und betreut, von Mitarbeitern also, deren Vokabular fremd und deren Verständnis für das Bankgeschäft gering ausgeprägt war und zum Teil noch ist. Insofern ist es nicht verwunderlich, daß das Top-Management von Banken nur selten mit Mitarbeitern besetzt ist, die technische Kenntnisse mitbringen und technologische Möglichkeiten und Grenzen einschätzen und kommunizieren können. Überhaupt ist die Kommunikation zwischen IT-Verantwortlichen und übrigem Management selten durch gegenseitiges Verständnis und Aufmerksamkeit gekennzeichnet. Die Informationstechnologie gilt, nicht zu Unrecht, auch wegen ihres eigenen Vokabular als „Black Box", die immense Kosten verursacht, deren Nutzen jedoch nur selten transparent ist.

Im Gegensatz zu ihrer innerbetrieblichen Stellung hat die Informationstechnologie auf die Ergebnissituation der Bank erhebliche Auswirkungen. Zwischen 10 und 30 % der Gesamtkosten deutscher Banken entfallen auf die IT-Kosten, wobei Filialbanken aufgrund der hohen Mitarbeiterzahl und deren Kosten geringere IT-Kostenanteile aufweisen als z.B. Zentralbanken.

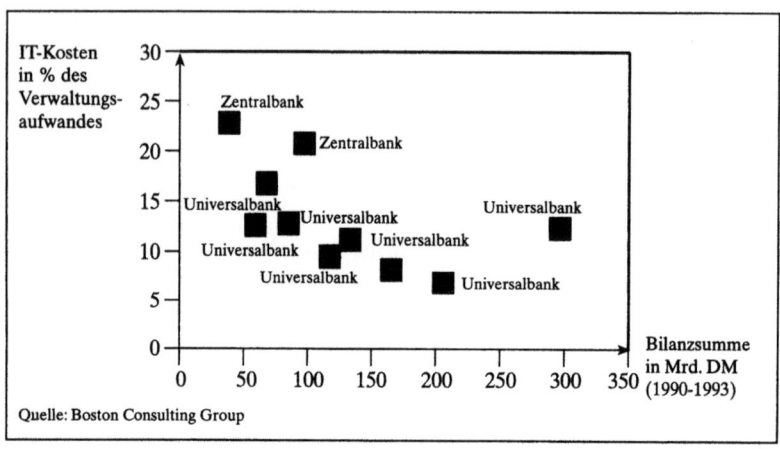

Abbildung 64: IT-Kostenanteile alternativer Bankentypen

Dabei sind nicht nur die direkt der Informationsverarbeitung zuzurechnenden Kosten wie Produktion, Entwicklung und Wartung einzubeziehen, sondern auch die in den Fachbereichen gebundenen Ressourcen der Unterstützung der Anwender sowie deren zahlreiche Selbsthilfemaßnahmen.

Die Entwicklung und Wartung der IT-Systeme und ihre Implementierung verschlingen ungeheure Summen, ohne daß wirklich nachgewiesen werden kann, daß hohe IT-Investitionen auch entsprechende Returns on Investment, also höhere Erträge, mit sich bringen. Untersuchungen belegen vielmehr, daß es keinen empirisch nachweisbaren Zusammenhang zwischen IT-Investment und Unterneh-

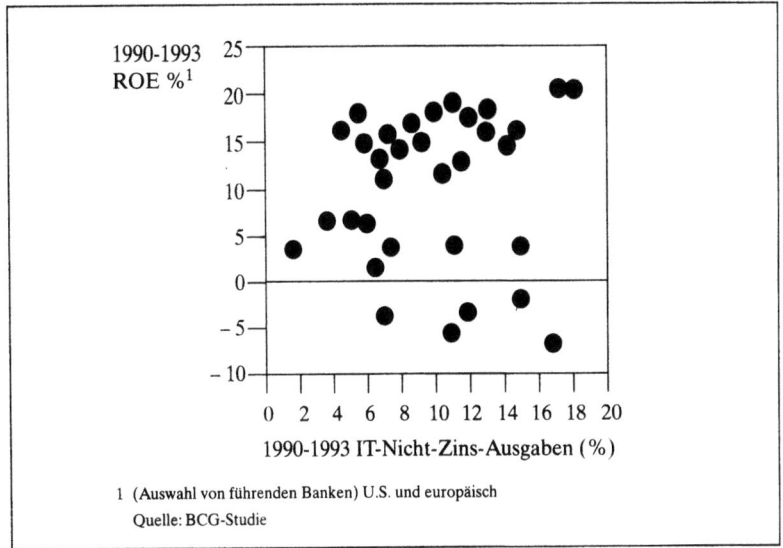

Abbildung 65: Zusammenhang zwischen IT-Aufwand und Ertragskraft der Bank

menserfolg zu geben scheint. Es müssen daher andere Erfolgsfaktoren für den optimalen Einsatz der IT existieren.

Angesichts der fortschreitenden Technisierung des Bankgeschäftes und der damit unbestritten wachsenden Bedeutung der Informationstechnologie für die Leistungsfähigkeit der Banken wird deutlich, daß die strategiekonforme Entwicklung der Systemunterstützung nicht nur nach technologischen Gesichtspunkten, sondern unter Berücksichtigung von Effizienzanforderungen vor allem nach Managementgesichtspunkten erfolgen muß. Die Frage kann also längst nicht mehr lauten, ob Informationstechnologie einen positiven Nutzen für die Bank haben kann, sondern wie sie ihren Nutzen optimal entfalten kann.

Damit wird die Aufgabe des Management der Informationstechnologie in Banken zu einer Top-Management-Aufgabe, deren Anforderung die Herstellung und Sicherstellung der Übereinstimmung von Geschäftsstrategie und IT-Strategie ist. Dieser Zustand der Übereinstimmung wird als „Strategic Alignment" bezeichnet. Es bedarf dabei vor allem der kommunikativen Vernetzung von technologischem und geschäftspolitischem Denken. Ohne ein tiefes Verständnis für bankfachliche Zusammenhänge wird die Entwicklung der Systeme immer wieder durch Ineffizienzen gekennzeichnet sein, weil der Techniker die Aufgabe anders verstanden hat als der Anwender und spätere Nutzer. Umgekehrt kann der Anwender ohne ein ausreichendes Verständnis für die technologischen Zusammenhänge seine Anforderungen niemals realistisch einschätzen und unterliegt leicht falschen Einschätzungen hinsichtlich der Realisierbarkeit von IT-Lösungen.

Auf der Top-Management-Ebene ist diese mangelnde Interaktion zwischen Technik und Anwender besonders problematisch. Viele Bankmanager denken noch in den klassischen Strukturen, nach denen zunächst die Unternehmensstrategie festzulegen ist, danach dann die Aufbau- und Ablauforganisation auszurichten ist, die anschließend durch ein IT-Konzept abgerundet werden muß. Diese Vorgehensweise führt dazu, daß die Unternehmensstrategie an den vielfältigen Restriktionen der Umsetzung durch die Technologie scheitern kann, weil bei der Erarbeitung der Strategie nicht bedacht wurde, daß die erforderlichen Systeme zur Unterstützung der neuen Marktbearbeitung nicht oder nur unvollständig vorhanden sind und daß die neuen Abläufe in der Organisation mit der bestehenden Systemlandschaft, in die bereits enorme Investitionen getätigt wurden, überhaupt nicht umgesetzt werden können. Im Ergebnis mangelt es dann an der Ergebnisabbildung in den neuen Strukturen, die ermittelten Effizienzpotentiale lassen sich wegen mangelnder maschineller Unterstützung nicht realisieren, und die Kosten für die eilig beschlossenen IT-Maßnahmen überkompensieren die erhofften Zusatzerträge.

Die Informationstechnologie ist aber nicht nur Restriktion der Unternehmensentwicklung, sondern bietet auch in immer stärkerem Maße zusätzliche Möglichkeiten der Marktbearbeitung. Das Kreditkartengeschäft und das Electronic-Banking bzw. die alternativen Vertriebsformen des Telefon- und Home-Banking sind überhaupt erst durch technologische Entwicklungen möglich geworden. Die Chance, dem Kunden elektronisch alle relevanten Marktinformationen zur Verfügung zu stellen und ihn damit indirekt an die Bank zu binden, eröffnet neue Ertragspotentiale. Die ausgefeilte Individualisierung des Bankmarketing basiert ausschließlich auf den neuesten technologischen Entwicklungen des Datenmanagement. Und schließlich eröffnen die neuen Möglichkeiten der vernetzten Kommunikation und der neuen Speichermedien vollkommen neue Potentiale der Effizienzverbesserung für die Bankenorganisation. Die Chance kann aber nur genutzt werden, wenn die Infrastruktur der Informationstechnologie innerhalb der Bank auch entsprechend präpariert ist.

Die Bank, die heute noch ohne detaillierte Kenntnisse der Informationstechnologie das Wertpapiergeschäft vom Research bis zur vollautomatisierten Abwicklung betreiben will, muß scheitern. Allein die unterschiedlichen Anforderungen für die Anbindung an die verschiedenen Börsen dieser Welt, die Einbindung der verschiedenen Informationsmedien, die Interaktion mit den Kunden über On-line-Verbindungen, die Durchdringung der informationstechnologischen Konzepte zur Marktanalyse im Research und die effektive Unterstützung der Händler in den verschiedenen Feldern des Renten-, Aktien- und Derivategeschäftes erfordern eine hochkomplexe Systeminfrastruktur, deren Qualität über Sein und Nicht-Sein der Bank in diesen Märkten entscheidet.

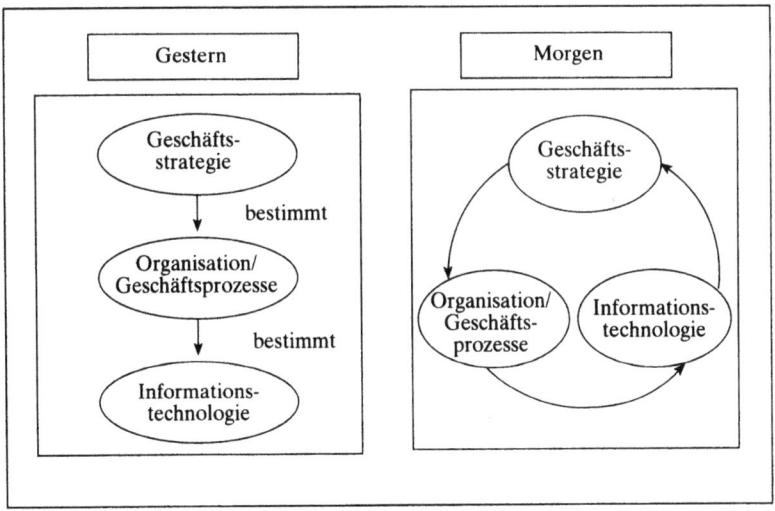

Abbildung 66: Die neue Rolle der Informationstechnologie

Die Übereinstimmung von Geschäfts- und IT-Strategie (Strategic Alignment) kann nur gelingen, wenn die Informationstechnologie als zentraler Produktionsfaktor, gleichberechtigt neben der Marktbearbeitung (Personal), anerkannt und behandelt wird. Dies setzt voraus, daß bei der Erarbeitung strategischer Konzepte der strategische Erfolgsfaktor IT als integraler Bestandteil von Top-Management-Entscheidungen eingesetzt wird.

Die zentrale Anforderung an die Informationstechnologie, die Fachanforderungen effizient zu unterstützen, kann nur erfüllt werden, wenn die Möglichkeiten und Grenzen der Technologie schon bei der Konzeption der Geschäftspolitik eingebracht werden können. Neue Technologien wie Client-Server-Anwendungen können nur vor dem Hintergrund der individuellen Strategie der Bank und unter Berücksichtigung ökonomischer Entscheidungsparameter beurteilt werden. Die Informationstechnologie ist daher in erster Linie ein Management-, nicht ein Technologieproblem.

2. Kosten-Nutzen-Management der Informationstechnologie

Die Grundproblematik des Management des Produktionsfaktors Systeme ist die kontinuierliche Auseinandersetzung mit dem, was technisch machbar und dem, was sachlich und ökonomisch notwendig ist, d.h. das Management von Kosten und Nutzen der Informationstechnologie. Die wachsenden Anforderungen an die Unterstützung der Arbeitsprozesse durch die Technik führen in den meisten Instituten nach wie vor zu deutlichen Anstiegen der IT-Budgets, ohne daß dem Top-Management transparent ist, ob und inwieweit sich die Kosten und Investitionen überhaupt amortisieren.

Die Management-Problematik besteht also darin, die aus der Geschäftsstrategie (Differenzierungsstrategie) ableitbaren Anforderungen in eine informationstechnologie Strategie einzubetten, die die Parameter Leistungsfähigkeit und Effizienz erfüllt. Die Verantwortung des Management geht aber noch weiter.

Die Kosten-Nutzen-Relation alternativer Realisierungsmöglichkeiten ist ebenfalls kein technisches, sondern ein Management-Problem. Die Informationstechnologie liefert die Kosten-, die Marktbereiche die Nutzenkomponente für die Gestaltung der Geschäftsprozesse der Bank. Zentraler Ansatz der modernen Informationstechnologie ist daher die Unterstützung von Kernprozessen des Bankgeschäftes, weil erst die Neugestaltung der Prozesse durch die Informationstechnologie Differenzierungs- und Effizienzpotentiale erschließt.

So gehen die Banken heute verstärkt dazu über, die Kreditantragsbearbeitung durch Systeme zu unterstützen, so daß die manuellen Tätigkeiten der Antragserstellung, der Informationsbeschaffung und der Beurteilung durch automatische Zuspielung der relevanten Kunden- und Kreditinformationen auf den Bildschirm weitgehend entfallen.

Zwei wesentliche Konsequenzen ergeben sich aus diesem Trend:

- Der Kreditprozeß wird wesentlich beschleunigt durch Reduzierung der Transport- und Liegezeiten sowie geringere Fehleranfälligkeit und
- Bündelung der Tätigkeiten bei einem Sachbearbeiter im Sinne der integrierten Sachbearbeitung (Gesamtprozeßverantwortung des einzelnen Mitarbeiters).

Diese Effekte lassen sich in vielen anderen Bereichen der Bank ebenfalls realisieren, d.h. überall dort, wo Routinetätigkeiten manuell ausgeführt werden, wie in der Wertpapierabwicklung, im Zahlungsverkehr oder in der Verwaltung.

Neben der Beschleunigung von Prozessen durch Automatisierung spielt auch die Informationsversorgung und Beratung eine immer bedeutsamere Rolle im Konzept der Informationstechnologie einer Bank. Gerade im Wertpapiergeschäft ist die Qualität der Beratung auch von der Qualität der gelieferten Information und der Anlageempfehlungen abhängig. Gerade das Wertpapiergeschäft zeigt eindrucksvoll die Bedeutung der Interaktion von Personal und Technik. Nicht nur die Informationsversorgung des Beraters am POS, sondern auch die Zurverfügungstellung von top-aktuellen Anlageempfehlungen über den Bildschirm schafft die entscheidenden Wettbewerbsvorteile im Kampf um den Kunden.

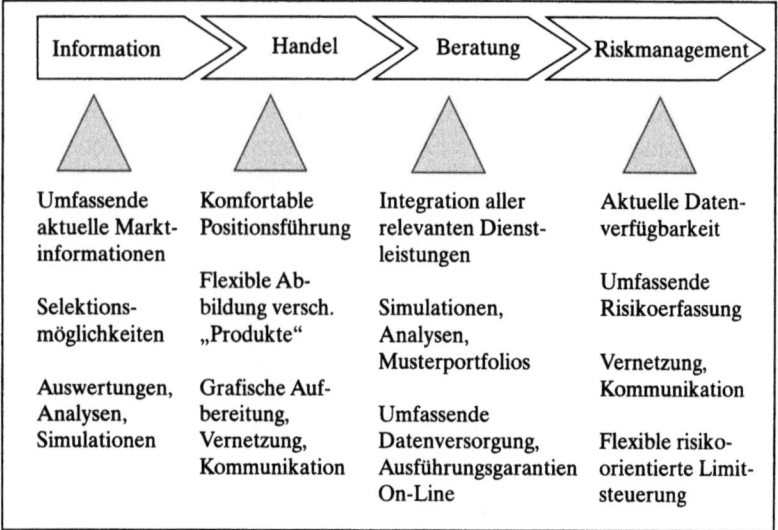

Abbildung 67: Erfolgsfaktor Technik im Wertpapiergeschäft

Sowohl die Prozeßunterstützung der Bearbeitungs- und Abwicklungsfunktionen als auch die Informationsversorgung profitieren von der sich immer stärker beschleunigenden Entwicklung neuer Technologien und Anwendungen. In der Prozeßsicht liegt die Einstiegsmöglichkeit für das Management in die Kosten-Nutzen-Analyse informationstechnologischer Aktivitäten, denn die Prozesse stellen ja nichts anderes dar als die Produktionsprozesse für das zentrale Bankprodukt Information. Um dieses Produkt bewertbar bzw. controllingfähig zu machen, bedarf es unter anderem der detaillierten Analyse der Produktionskosten.

Die ökonomische Durchdringung der Informationstechnologie in den Banken ist leistbar. Jede Anwendung, jede technologische Investition steht in einem Kosten-Nutzen-Verhältnis. Die Kosten informationstechnologischer Maßnahmen lassen sich im allgemeinen noch recht einfach ermitteln, wobei auch hier oft genug die Anschaffungs- mit den relevanten Kosten verwechselt werden. Bei PC bspw. liegen die Kosten der Gesamtnutzungsdauer bei im Durchschnitt etwa dem Fünffachen des Anschaffungsbetrages. Wartungskosten, Reparaturkosten und Garantieverwaltungskosten binden Kapazitäten, deren Kosten in eine Beschaffungskalkulation einfließen müssen.

Noch gravierender verhält es sich mit vielen Investitionen in Software, die als „Standard-Software" fremdbezogen wird, weil der vermeintliche Nutzen einer Anwendung seine Kosten um ein Vielfaches überschreitet.

Viele Anwendungen, bspw. in der Unterstützung der Handelsbereiche, können heute für sich beanspruchen, den Charakter von Standard-Software zu erfüllen. Anwendungen im Bereich der Unterstützung im derivativen Geschäft, im Risk-Management oder im Bereich Anlageberatung setzen heute in gewissem Maße einen Standard durch die weite Verbreitung in Banken, ungeachtet der Tatsache, daß es sich bei vielen Software-Anbietern um kleine Häuser handelt, deren Anfälligkeit für Marktschwankungen naturgemäß höher ist als bei großen Entwicklungshäusern.

Oftmals ist schon allein das Fehlen einer konkreten Alternative Grund genug für die Anschaffung einer „Standard"-Software. Bei der Kalkulation von Kosten und Nutzen der Anwendung wird dann meist der geringe Aufwand einer solchen, als Insellösung konzipierten Anwendung als entscheidender Vorteil gegenüber der Eigenentwicklung angesehen. Vor allem bei Banken, die sich erst in ein neues Geschäftsgebiet (z.B. DTB) hineinwagen, ist die Ad-hoc-Funktionsfähigkeit der Anwendung von besonderer Bedeutung, da ein geringes Geschäftsvo-

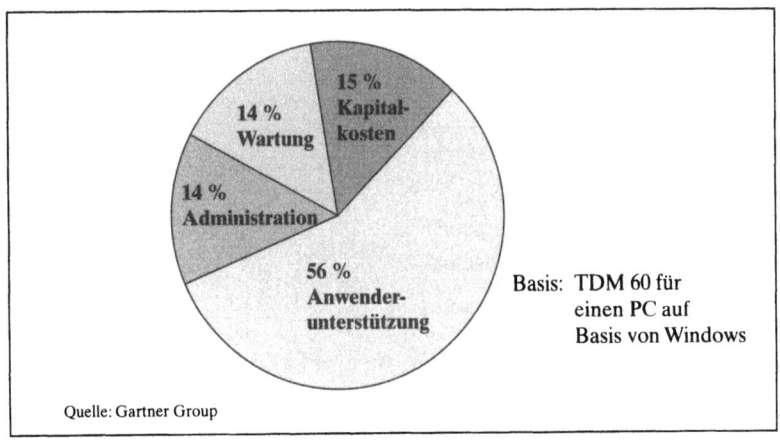

Abbildung 68: Gesamtkosten über die Lebenszeit am Beispiel des PC

lumen über eine existierende Anwendung optimal unterstützt und abgewickelt werden kann. Nicht selten sind die Anwendungen daher auch so konzipiert, daß sie sowohl das Front-Office als auch das Back-Office, also die Abweichung, abdecken können.

Der entscheidende Fehler passiert meist in der Einschätzung der Kosten für die Einbindung dieser dann entstehenden Insellösung in die IT-Gesamtarchitektur der Bank. Können bei kleinem Geschäftsvolumen die erforderlichen Controlling- und Meldedaten im Ernstfall manuell erfaßt und ausgewertet werden, so erfordert dies bei steigendem Volumen eine technische Schnittstelle zu den bestehenden Buchungs- und Auswertungssystemen. Der Aufwand für die Integration der Insellösung in die Gesamtarchitektur beträgt nicht selten ein Vielfaches der Anschaffungskosten der Anwendung.

In eine Kosten-Nutzen-Analyse müssen daher nicht nur die Anschaffungs-, sondern vor allem auch die Integrations- und die Wartungskosten einbezogen werden.

Gerade auch die Wartungskosten, zu denen kleinere Weiterentwicklungen gehören, verschlingen leicht erhebliche Beträge. Oft handelt es sich bei den neuen Anwendungen um solche, für die in der Bank kein Know-how vorhanden ist; es muß daher ein teurer Wartungsvertrag mit einem Externen abgeschlossen werden.

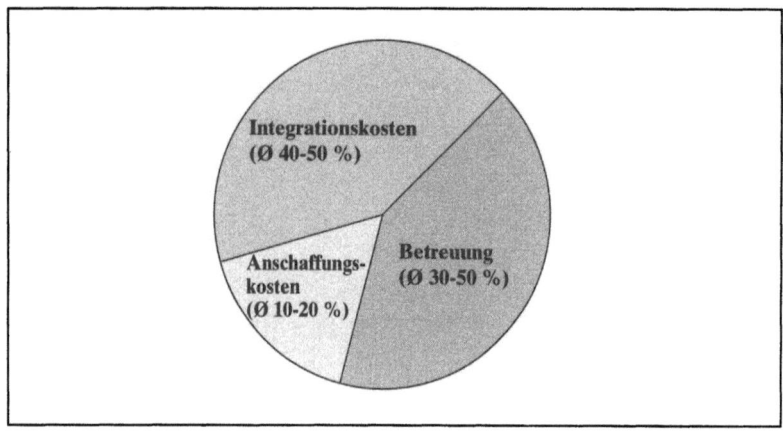

Abbildung 69: Vollkosten bei der Integration von Standard-Software

Von besonderer Bedeutung für das Erfassen aller relevanten Kosten ist auch die Technik im engeren Sinne, d.h. der Systembetrieb. Die Aufrechterhaltung des Betriebes durch die Technik erfordert neben der Betreuung der Hardware vor allem die laufende programmtechnische Steuerung der Anwendungen in der Produktion. Die Systemtechniker haben dabei die Aufgabe, die Interaktion der verschiedenen Rechner mit den zugehörigen Betriebssystemen und den verschiedenen Anwendungen „am Laufen" zu halten.

Gerade die hierbei entstehenden Produktions- und Wartungskosten stellen ein erhebliches Kostenvolumen dar. Es ist daher nicht verwunderlich, daß die Bestrebungen, Kosten durch Integration der System zu reduzieren, vor allem aus dem Systembetrieb gefördert wurden. Anschaffungen im Bereich „Hardware" betreffen nur im geringsten Umfang die Anschaffungskosten; das Gros der Gesamtkosten stellt die Aufrechterhaltung des laufenden Betriebes, d.h. Wartung, Weiterentwicklung der Betriebssysteme und die Produktionskosten, dar, vor allem in den Großrechnerwelten.

Viele Banken und ihre Rechenzentren sind daher schon dazu übergegangen, ihre Datenverarbeitung vom Großrechner auf leistungsfähigere, kleiner dimensionierte und vernetzte Rechner, sogenannte Client-Server-Architekturen, zu legen. Das Client-Server-Konzept basiert auf der Vernetzung eines leistungsstarken Datenservers mit verschiedenen Endgeräten, in der Regel PC (Clients). Client-Server-Systeme sind in der Lage, große Datenmengen in einer hohen Flexibilität und gleichzeitig an verschiedene Stellen des Netzes zu liefern bzw. aufzunehmen und zu verarbeiten, wie es bspw. im Wertpapiergeschäft bei der Übertragung von Marktdaten an die verschiedenen Informationsverarbeiter notwendig ist. Technologisch sind Client-Server-Konzepte schon heute in der Lage, Großrechner vollkommen zu ersetzen. Ein wesentlicher Grund, weshalb dies nicht in stärkerem Maße geschieht, sind die bereits geleisteten Investitionen in die Großrechner-Landschaft der Banken (Legacy Systems).

Auf der anderen Seite muß deutlich hervorgehoben werden, daß die anfänglich vorhandene Euphorie für Client-Server-Architekturen einer nüchternen Einschätzung der damit verbundenen Vor- und Nachteile gewichen ist. Zwar sind die Vorteile von Client-Server-Strukturen, wie Flexibilität, Leistungsfähigkeit und Anschaffungskosten nach wie vor unbestritten, aber das Betreiben einer solchen Struktur ist, und das haben manche Banken schon teuer bezahlt, auch nicht problemlos. Zumeist fehlt das entsprechend geschulte Personal für die Wartung der Anlagen und Anwendungen oder es müssen teuere Wartungsverträge geschlossen werden. Fragen wie Zugriffsschutz, Back-up-Konzepte und Datenkonsistenz sind in dezentralen Systemen ungleich schwerer zu gewährleisten als in der klassischen Großrechnerwelt. Hinzu kommt, daß der Aufwand, den der Anwender selbst betreiben kann und muß, um ein Vielfaches höher ist als bei zentralen Verfahren, aber nur selten in die entsprechenden Kalkulationen einbezogen wird. Insofern ist auch die Client-Server-Technologie kein Allheilmittel für die IT-Problematik der Banken.

Insofern ist es logisch, daß sich die Banken und ihre Rechenzentren nun vor allem darum bemühen, die existierenden drei Rechnerwelten einer Bank,

- den Großrechner
- die mittlere Datentechnik (Client-Server-Strukturen)
- die PC-Welt

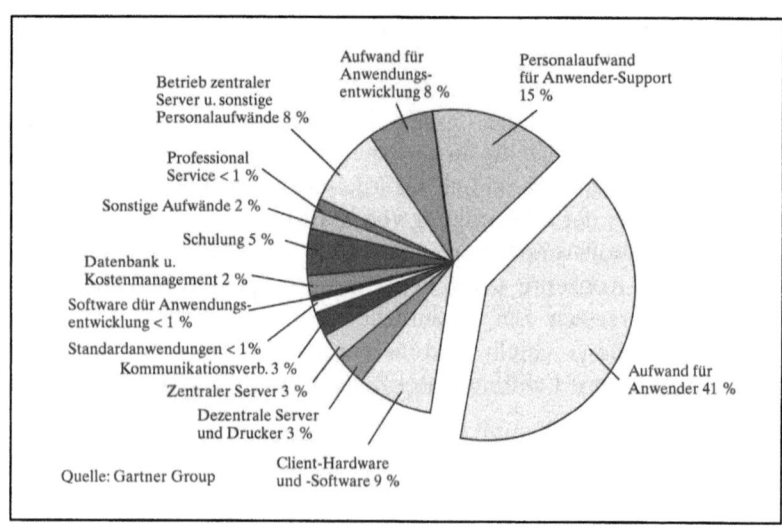

Abbildung 70: Gesamtkosten einer Client-Server-Welt

zu integrieren, d.h. so zu verbinden, daß ein einheitliches Steuern des gesamten Prozesses der technischen Informationsverarbeitung, einschließlich der Netzwerke, möglich ist. Dabei muß man beachten, daß auch innerhalb der einzelnen Rechnerebenen in fast allen Banken unterschiedliche Betriebssysteme für unterschiedliche Hardware existieren, die historisch gewachsen sind.

Dies führt dazu, daß für jede Technik eigene Spezialisten vorgehalten werden müssen, jedes Programm eigenständig gewartet und weiterentwickelt werden muß, für jede Technologie ein eigenes Programm-Management implementiert werden muß und somit die Kosten bei steigender Nutzung der Informationssysteme und steigender Anzahl neuer Systeme überproportional ansteigen.

Die ökonomische Durchdringung der Informationstechnologie beginnt bei der Einsicht, daß die Informationstechnologie elementarer Bestandteil des Bankgeschäftes ist.

Die Schaffung von Kostentransparenz erfordert ausreichendes Verständnis für die Kosteneinflußfaktoren der IT. Dabei spielen die Anschaffungskosten von Soft- oder Hardware in der Regel nicht die maßgebliche Rolle. Der Hauptanteil der Gesamtkosten entsteht im laufenden Betrieb, d.h. bei der Integration in die bestehende Systemarchitektur, die Weiterentwicklung und Wartung sowie gegebenenfalls durch die Produktionskosten in den Rechenzentren. Deshalb schlagen auch die fallenden Hardware-Preise weit weniger ins Gewicht, als allgemein angenommen wird.

Die herausragende Bedeutung der Verknüpfung von Unternehmens- und IT-Strategie (Strategic Alignment) wird am Beispiel der Kostenproblematik besonders deutlich. Allein die riesigen Investitionen in die Systemarchitektur, die in der Vergangenheit getätigt wurden, lassen kurzfristige Veränderungen in den technischen Basisstrukturen nicht zu. Eine falsche IT-Strategie kostet nicht nur Millionen, sie kann auch die Realisierung einer veränderten Geschäftsstrategie verhindern.

Insofern ist die sukzessive Integration der bestehenden Systemwelten (Migration) die einzige Möglichkeit für die Banken, der Kostenentwicklung in der Informationstechnologie Herr zu werden. Nicht die Abschaffung, sondern die Integration der bestehenden Systemwelten muß daher unter Effizienzgesichtspunkten das Ziel sein.

Die Nutzenkomponente der Informationstechnologie ist ungleich schwerer zu greifen als die Kostenkomponente. Inwieweit bspw. der gestiegene Zinsertrag einer Einheit auf das neu eingeführte Vertriebscontrolling-System zurückzuführen ist, wird sich nicht auf den Pfennig genau ermitteln lassen. Inwieweit die Existenz eines aufwendigen Handelssystems den Händler in die Lage versetzt hat, günstigere Arbitragemöglichkeiten zu entdecken und auch auszunutzen, ist kaum feststellbar. Mitunter ist es auch so, daß die Erfolge in der Marktbearbeitung nur von den Mitarbeitern beansprucht werden, die Mißerfolge dagegen auf die Informationstechnologie geschoben werden, die entweder überhaupt nicht oder nur ungenügend komfortabel zur Verfügung steht.

Das Management muß diesen Detaillierungsgrad auch nicht leisten, vor allem, weil der Erkenntniszugewinn bei steigender Detaillierung immer geringer wird. Entscheidend ist, daß eine Verbindung zwischen den strategischen Geschäftsaktivitäten (Geschäftsfeldmatrix) und den hierfür definierten Kernprozessen hergestellt wird. Der Prozeß

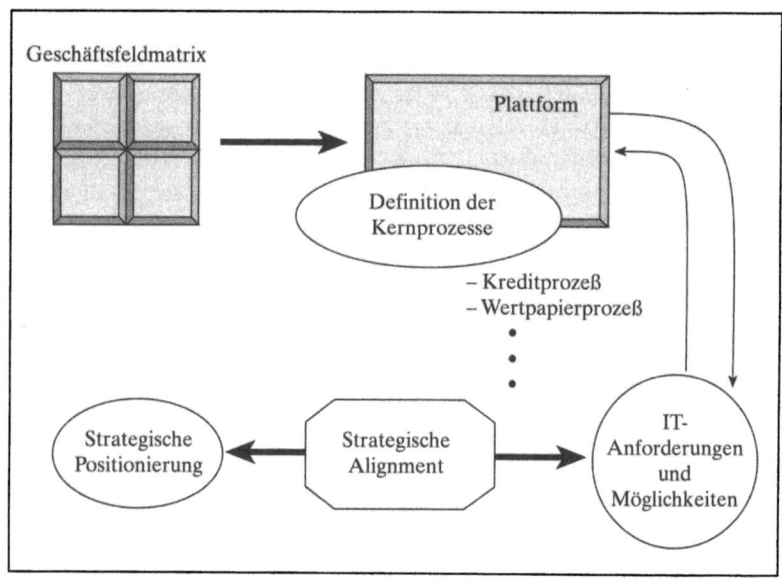

Abbildung 71: Der Prozeß als Hebel für die Kosten-Nutzen-Transparenz der IT

schafft die Transparenz von Kosten und Nutzen bestimmter informationstechnologischer Investitionen.

So können in strategisch ausgeschöpften Geschäftsfeldern rückläufige Ergebnispotentiale nicht wieder „herbei-reengineert" werden. Jeder Aufwand in die Informationstechnologie kann dann nur mit Effizienzpotentialen durch den Austauch teuerer manueller gegen günstigere maschinelle Bearbeitung begründet werden.

Anders verhält es sich in wachsenden Märkten, wo die Bank künftige Ergebnispotentiale sieht. Die Kernprozesse stellen die Konkretisierung der strategischen Willensbildung dar, d.h. mit ihnen kann ein konkretes geplantes Ergebnis identifiziert werden. Die Anforderungen der Kernprozesse stellen dann auch die Basis für entsprechende Kosten-Nutzen-Analysen dar.

Anders als bei der Erfüllung gesetzlicher Auflagen wie den KWG-Novellierungen, die geleistet werden müssen, ohne, daß sich ein konkreter Nutzen für die Bank ergibt, kann das Management, nicht der IT-Bereich, die Berechtigung einer IT-Investition auf der Basis der Kernprozeßdefinition überprüfen und entscheiden.

3. Der Plattformansatz in der Informationstechnologie

Jenseits der Systematik und Methodik der Kosten-Nutzen-Analyse bleibt das Problem zu klären, wie eine IT-Infrastruktur grundsätzlich zu optimieren ist, um sicherzustellen, daß Effizienz und Leistungsfähigkeit auch gewährleistet sind. Das Management steht ja unter Umständen vor dem Problem, daß angesichts einer desolaten IT-Infrastruktur die Kosten zwar richtig ermittelt wurden, aber dennoch einfach zu hoch sind. Oder es kommt vor, daß eine bestimmte, für einen Kernprozeß dringend benötigte Funktionalität einfach nicht bereitgestellt werden kann, weil die Systeme es nicht leisten können. Dieses Problem taucht z.B. bei der Erfüllung bestimmter gesetzlicher Risikosteuerungsanforderungen (Kapitaladäquanz-Richtlinie) auf, wo die traditionellen Großrechnerwelten, die über Nacht die Datenaktualisierung (Batch) durchführen, die geforderte tägliche Risikoermittlung technisch nicht leisten können.

An diesem konkreten Beispiel wird deutlich, daß nur eine enge Kooperation zwischen den betroffenen Fachbereichen und den IT-Verantwortlichen dauerhaft optimale Lösungen schaffen kann. Nur der Fachbereich kann einschätzen, wie häufig und wie tiefgreifend Änderungen in den Meldesystemen notwendig sein werden. Erst daraus kann sich ein Einschätzung über die Kosten alternativer Lösungsvarianten und ein Entscheidungsvorschlag ergeben.

Im Mittelpunkt muß die Frage stehen, wie stark die IT-Infrastruktur integriert sein muß. Werden für neue Anforderungen auch neue IT-Lösungen geschaffen, die dann über Schnittstellen mit den bestehenden Systemen kommunizieren, so ist der Flexibilitätsgrad bei der Auswahl möglicher Lösungen größer; der gravierende Nachteil ist, daß ein steigender Aufwand für die Schnittstellenbetreuung geleistet werden muß. Solche gering-integrierten Infrastrukturen tun sich oft auch sehr schwer mit der Erfüllung von Querschnittsanforderungen wie dem Risk-Management, weil diese Daten aus verschiedenen „Töpfen" fordern und dies meist nicht geleistet werden kann, ohne jedes isolierte System anzufassen und umzubauen.

Hochintegrierte Systemwelten, wie sie im Großrechnerumfeld üblich sind, bieten Redundanzfreiheit der Daten und eine hohe Sicherheit bei der Verarbeitung großer Datenmengen. Dies ermöglicht das leichtere Erfüllen von Querschnittsanforderungen, vorausgesetzt, die erforderlichen Daten sind tatsächlich auf dem Großrechner abgreifbar.

Der Nachteil hochintegrierter Systemwelten ist ihre mangelnde Flexibilität bei der Integration neuer Anforderungen. So stehen bspw. viele Banken vor großen Problemen durch die Erweiterung des Kreditbegriffes in der 5. KWG-Novelle. Das Einbeziehen von Wertpapieren in Kreditengagements war in den meisten Anwendungen nicht vorgesehen. Die erforderliche Integration erfordert einen hohen Aufwand, weil fast alle Komponeneten des integrierten Systemes geändert werden müssen.

Die Basis für das optimale Integrationsniveau der bestehenden Systemwelten ist ein verändertes Selbstverständnis der Informationstechnologie. Solange die Informationstechnologie als Problemlösungsinstanz, als nachgelagerte „Service"-Stelle von untergeordneter Bedeutung angesehen wird, entwickelt sich auch nur ein an der spezifischen Lösung für ein gegebenes Problem orientiertes Selbstverständnis im IT-Bereich der Bank.

In einer solchen Welt formulieren die Fachbereiche Anforderungen und die IT-Verantwortlichen suchen für diese Anforderungen Lösungen, am Markt über Standard-Software oder über selbstentwickelte Software. Benötigt also bspw. eine Kundenbetreuungseinheit im Firmenkundengeschäft eine Vertriebsdatenbank zur besseren Transparenz über die Aktivitäten der Kundenbetreuer, suchen die IT-Verantwortlichen eine entsprechende Lösung.

Benötigt etwa der Rentenhändler ein System zur Unterstützung von Simulationen über alternative Risk-Return-Strukturen seines Portfeuilles, wird am Markt eine Software gekauft und eingebaut.

Fordert das Rechnungswesen eine verbesserte Auswertbarkeit des Buchnungssystemes für Bilanzstrukturdiskussionen mit dem Vorstand, so wird eine solche Lösung in der Regel selbstentwickelt.

Diese Beispiele sind typisch für den Kommunikationsprozeß zwischen Fachbereichen und IT-Verantwortlichen in den meisten Banken. Das daraus sich entwickelnde Selbstverständnis der Informationstechnologie ist das eines problempunkt-bezogenen Problemlösers.

Ein übergeordneter Strukturierungsansatz, wie er einem Integrationskonzept zugrunde liegen müßte, kann aus einem solchen Selbstverständnis heraus nicht entwickelt werden. Wer seine IT-Verantwortlichen als reine Problemlöser ohne strategische Kompetenz begreift, wird in der Informationstechnologie nie den Partner für die Entwicklung und Umsetzung von Geschäftsstrategien sehen.

Genau dies ist aber die Voraussetzung für eine effiziente IT-Struktur in der Bank. Die bestehenden Systemwelten in den deutschen Banken ähneln Flickenteppichen weit mehr als systematisch entwickelten Systemwelten. Diese Flickenteppiche mit ihren ungeheuren Pflegekosten sind deshalb entstanden, weil sich über viele Jahre Fachbereiche und IT-Verantwortliche aus einem falschen Selbstverständnis heraus um „Problemlösungen" und nicht um Infrastrukturen bemüht haben. Die funktionale Sichtweise, die einem solchen Verhaltensmuster zugrunde liegt, schafft durch das Aneinanderreihen von Problemlösungen genau den Flickenteppich an Anwendungen und Technik, der heute die Probleme erst schafft. Die Integration der IT-Landschaft setzt eine eigenständige IT-Strategie und die Anerkennung der Informationstechnologie als elementarer Faktor der Bankstrategie durch die Anwender voraus.

Nur wenn diese Voraussetzungen gegeben sind, läßt sich die Strukturierung der IT-Architektur durchführen. Den meisten Banken fehlt es an einer durchgängigen IT-Strategie, die mit der Geschäftsstrategie der Bank verzahnt ist (Strategic Alignment).

Kern jeder IT-Strategie muß der Integrationsgedanke sein. Integration als Strukturierungsziel erfordert Klarheit über die durch eine integrierte, also einheitlich aufgebaute und gesteuerte IT-Architektur zu unterstützenden Arbeitsprozesse. Bei aller Betonung der eigenständigen Bedeutung der Informationstechnologie muß man sich doch deren entscheidender Aufgabe, nämlich der Prozeßunterstützung, bewußt sein. Die Informationstechnologie ist kein Selbstzweck.

Die Integration entfaltet ihren Wert in der Unterstützung gleichartiger Arbeitsprozesse durch jeweils ein Basissystem mit einheitlicher Benutzeroberfläche und durchgängiger Prozeßunterstützung. So kann sich der Anwender in einer immer gleich aufgebauten IT-Umgebung auf dem Bildschirm bewegen und arbeitet deshalb deutlich effizienter und sicherer. Darüberhinaus hat er die Möglichkeit, ohne Programmab- und wieder -anmeldung in einem anderen Programm, d.h. ohne zeitraubende Unterbrechungen, alle notwendigen Prozeßschritte durchzuführen. Eine integrative Arbeitsweise, bspw. in der Kreditbearbeitung, ist also erst durch integrierte IT-Unterstützung möglich.

Die Integration vereinfacht nicht nur die Arbeit für den Anwender, sondern auch für die Wartungs- und Entwicklungsverantwortlichen. Integrierte Systeme haben weniger Schnittstellen zwischen separaten Programmteilen, die bei veränderten Anforderungen erhebliche Aufwendungen und Risiken schaffen.

Integrierte Systeme führen auch zu erheblichen Vereinfachungen im Bereich des Systembetriebs. Eine einheitliche Hardware und einheitliche Betriebssysteme sind deutlich effizienter als der zum Anwendungsflickenteppich typischerweise gehörige Hardware-„Zoo".

Integration darf jedoch nicht zum Dogma werden. Hochintegrierte Systeme sind aufwendiger in der Anpassung an Veränderungen. Zwar sind weniger Schnittstellen zwischen separaten Programmteilen anzupassen, aber die Anzahl neu zu programmierender Lines-of-Code ist um ein Vielfaches höher als in einer heterogenen Landschaft, da sich Veränderungen auf ein komplexes Gesamtsystem auswirken müssen. Integration ist daher auch kein technisches oder informationstechnologisches, sondern vor allem ein zutiefst ökonomisches Managementproblem. Zu wenig Integration schafft teuere Insellösungen, zu viel Integration schafft Inflexibilität und Änderungsaufwand.

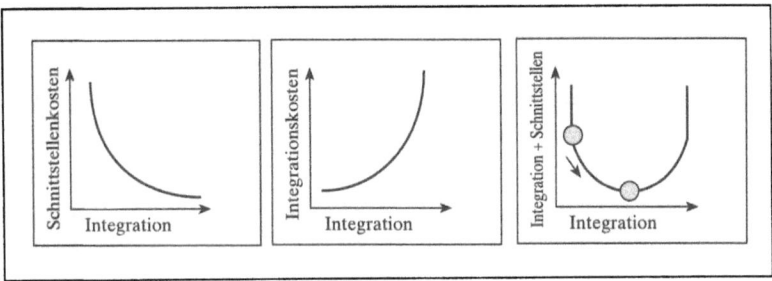

Abbildung 72: Die Optimierung des Integrationsniveaus

Die Optimierung des Integrationsniveaus schafft den Rahmen für eine zielgerichtete, d.h. strategiekonforme Entwicklung der Systemwelt. Das Integrationsniveau eröffnet dem Management der Bank die Möglichkeit, in einen interaktiven Prozeß mit den IT-Verantwortlichen einzusteigen und eine grundsätzliche Orientierung für den Auf- und Ausbau der Infrastruktur zu leisten. Auch die Optimierung des Integrationsniveaus ist in erster Linie eine Management-Aufgabe.

Die technologische Ausgestaltung der Integration steht vor einem grundsätzlichen Problem, das dem der Erstellung von Kosten-Nutzen-Analysen vergleichbar ist.

Eine Infrastruktur muß, will sie den Anforderungen der Bank gerecht werden, permanent angepaßt werden. Kaum ein Gebiet hat dabei in den letzten Jahren eine vergleichbar rasante Entwicklung genommen wie die Informationstechnologie.

Die Leistungsfähigkeit der Hardware ist dabei ebenso stark explodiert wie die Preise pro Leistungseinheit gefallen sind.

Die Entwicklung der Software hat ein Ausmaß an Beschleunigung erreicht, daß bei Installation einer Software diese schon wieder als veraltet angesehen werden muß.

Das Management der Informationstechnologie in den Banken steht daher vor der Aufgabe, die optimale Integration der Systemwelten in einem andauernden Veränderungsprozeß sicherzustellen.

Dieses Problem wird heute über die Schaffung von IT-Plattformen gelöst. Plattformen integrieren homogene Anwendungsgruppen (bspw. Handelssysteme), indem sie die Infrastrukturkomponenten jeder Anwendung, also Betriebssystem, Hardware und Netz vereinheitlichen und normierte Schnittstellen zu den eigentlichen Applikationen, also dem Teil der Anwendung, den der Anwender sieht, schafft.

Diese Infrastrukturkomponenten unterliegen einer deutlich langsameren Veränderungsgeschwindigkeit, vorausgesetzt, sie sind entsprechend weitsichtig konzipiert und flexibel. Diese Plattformen verfügen dann gewissermaßen über Steckdosen, an die jede Applikation ange-

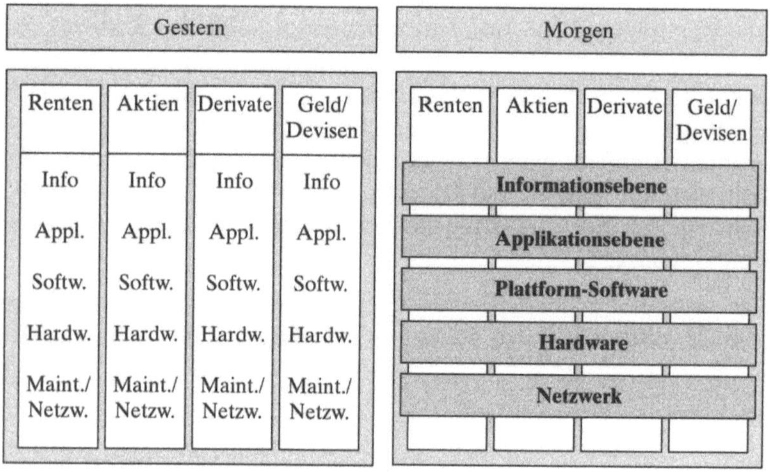

Gestern				Morgen			
Renten	Aktien	Derivate	Geld/Devisen	Renten	Aktien	Derivate	Geld/Devisen
Info	Info	Info	Info	Informationsebene			
Appl.	Appl.	Appl.	Appl.	Applikationsebene			
Softw.	Softw.	Softw.	Softw.	Plattform-Software			
Hardw.	Hardw.	Hardw.	Hardw.	Hardware			
Maint./Netzw.	Maint./Netzw.	Maint./Netzw.	Maint./Netzw.	Netzwerk			

Abbildung 73: Vom Stand-alone- zum Plattform-Konzept

schlossen werden kann. Es leuchtet unmittelbar ein, daß damit ein hohes Maß an Flexibilität gewonnen wird, weil bei jeder Anpassung nicht mehr alle Bestandteile der Anwendung bis zur geforderten Hardware angepaßt werden müssen.

Die Schaffung von IT-Plattformen verbindet damit die geforderte Flexibilität auf der Seite des Anwenders mit der Notwendigkeit eines sorgfältigen Umgangs mit dem optimalen Integrationsgrad der Infrastruktur. Die Kompetenz für den Umgang mit diesen Konzepten ist die Architekturkompetenz, die im Top-Management wünschenswert, aber nicht zwingend erforderlich ist. Die Detailsteuerung der Informationstechnologie sollte aber unter allen Umständen nur Personen anvertraut werden, die diese Architekturkompetenz besitzen.

4. Die logische Zielarchitektur der Bank der Zukunft

Die Optimierung des Integrationsgrads und die Schaffung von IT-Plattformen sind die Voraussetzungen der erfolgreichen Umsetzung einer Zielarchitektur der Bank.

Da für die Einschätzung des optimalen Integrationsgrades der IT-Architektur sowohl fachliche als auch funktionale Faktoren maßgebend sind, muß eine simultane Betrachtung beider Einflußfaktoren durchgeführt werden.

Unter fachlichen Einflußfaktoren sind alle Besonderheiten zu verstehen, die aus den spezifischen Anforderungen der entsprechenden Geschäftsaktivitäten resultieren, also z.b. das Wertpapier- oder das Kreditgeschäft. Beide Geschäftsfelder stellen, wie bereits ausgeführt, unterschiedliche Anforderungen an Umfang und Flexibilität der IT-Unterstützung.

Funktionale Anforderungen ergeben sich aus den unterschiedlichen zu unterstützenden Prozessen bzw. Prozeßschritten, die geschäftsaktivitätenübergreifend existieren. So sind die Anforderungen an die Kundenberatungsunterstützung grundsätzlich anders als an das Buchungssystem der Bank.

Die Geschäftsaktivitätenbetrachtung, die im letzten Kapitel ausführlich vorgestellt wurde, mündet in den drei Schwerpunkten Finanzierung, Handel und Anlage sowie Transfer und Kommunikation.

Gemäß der Prozeßdefinition aus Kapitel IV lassen sich die Kernprozesse Information und Beratung, Financial Engineering, Processing und Steuerung unterscheiden. Informationstechnologisch bedeutet dies, daß einem Kernsystem, das die weitgehende Redundanzfreiheit der juristischen Datenbestände sicherstellt, nach außen zunächst die Processing-Stufe folgt, die im wesentlichen die Abwicklung sicherstellt und damit den De-facto-Vollzug der Geschäfte regelt.

In eine andere technologische Welt tritt man ein, wenn weiter nach „außen", d.h. in Richtung Kundenbetreuung, gedacht wird. Die Kernprozesse Problemlösung und Information/Beratung bilden quasi die äußere Schale einer „IT-Zwiebel" als Verkörperung einer logischen Zielarchitektur.

Durch Übereinanderlegen von funktionaler und geschäftsfeldorientierter Betrachtung ergibt sich ein Leitbild der IT-Architektur, das mit den elementaren Entwicklungen der Banken in Einklang steht bzw. sich aus diesen logisch deduktiv herleitet.

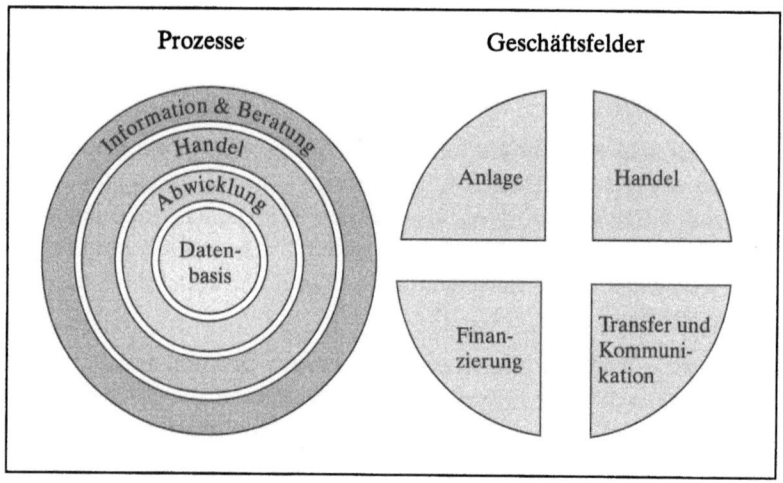

Abbildung 74: Funktions- und Geschäftsfelder

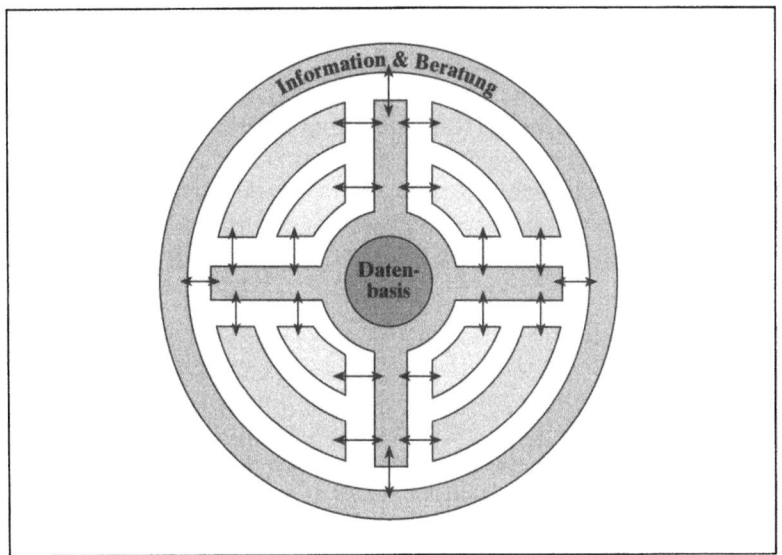

Abbildung 75: Die logische Zielarchitektur einer Bank

Anhand der IT-Zielarchitektur lassen sich die wesentlichen Eckpunkte der IT-Strategie herleiten:

- Der horizontale Aufbau der Systemwelt erzeugt ein Höchstmaß an Effizienz der IT (IT-Plattformen).
- Die Konzentration auf die drei Kern-Geschäftsaktivitäten stellt die Abdeckung der spezifischen Anforderungen sicher.
- Die Kombination von Geschäftsfeld- und Funktionsbetrachtung ermöglicht die Übereinstimmung zwischen Bank- und IT-Strategie.

Die Effizienz der Systemwelt wird über horizontale Strukturen sichergestellt, weil Schnittstellen minimiert und damit der Wartungs- und Weiterentwicklungsaufwand reduziert wird. Die Unterstützung gleicher oder ähnlicher Arbeitsschritte durch eine IT-Plattform schafft hierfür die Basis.

So werden Vertriebsdatenbanken zur Unterstützung der Marktbearbeitung sinnvollerweise nur einmal entwickelt und implementiert, d.h Kundeninformationen, Besuchsberichte und Produktnutzung werden bei allen Vertriebseinheiten benötigt und daher durch ein übergreifendes System zur Verfügung gestellt.

Marktinformationen und Börsendienste werden an verschiedenen Arbeitsplätzen verschiedener kundenbetreuender Einheiten benötigt. Verschiedene Systeme erfordern meist das mehrfache Beschaffen dieser Informationen (Reuters etc.) am Markt. Weder die mehrfache Beschaffung der Informationen noch die Entwicklung und Betreuung verschiedener Systme zur Unterstützung identischer Anforderungen aus verschiedenen Einheiten ist effizient. Nur die einmalige Beschaffung und Weiterleitung über ein System kann optimal sein.

Während auf der Informationsschiene die vollkommene Durchgängigkeit über alle Geschäftsfelder angestrebt werden kann, sind die Anforderungen im Prozeß Beratung von Geschäftsfeld zu Geschäftsfeld verschieden. Gleichwohl sind die bankfachlichen Interdependenzen zwischen Information und Beratung so stark, daß auch die Systemlösungen starke Gemeinsamkeiten aufweisen müssen.

So ist im Wertpapiergeschäft die Zusammenführung von Marktinformationen (Börsendienste etc.) und Beratungsempfehlungen (Re-

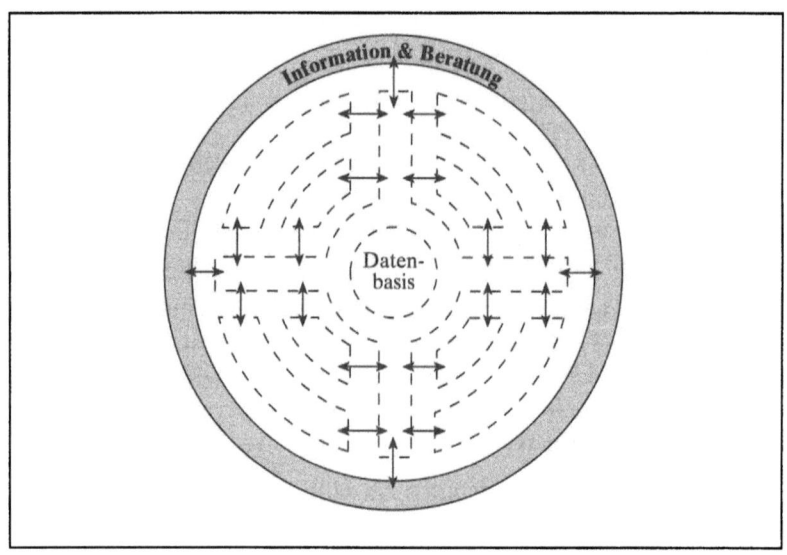

Abbildung 76: Die Informationsschiene in der logischen Zielarchitektur

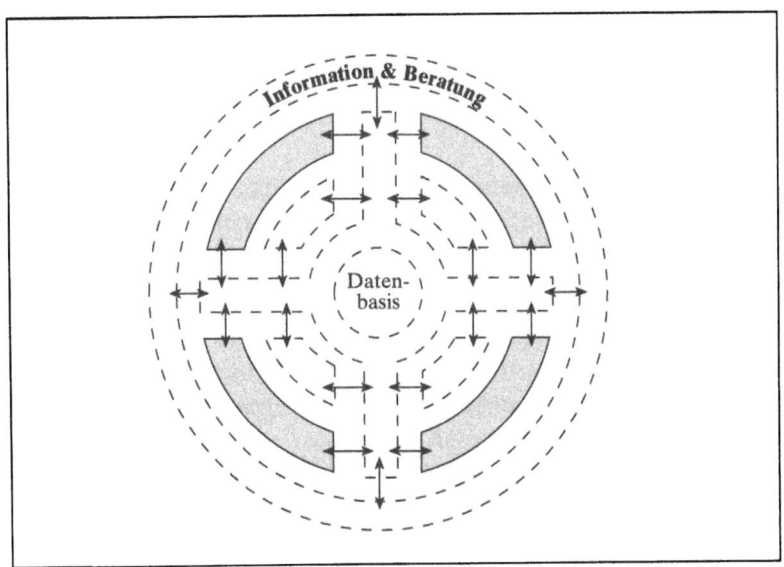

Abbildung 77: Die Front-End-Komponente in der logischen Zielarchitektur

search, Musterdepots, Asset Allocation) am Wertpapierberaterplatz der entscheidende Faktor für ein erfolgreiches Geschäft. Fehlt die Integration von Information und Beratung, erhält der Kundenbetreuer etwa nur die Börsendienste eingespielt, so ist der Beratungsinhalt, mithin die Beratungsqualität, in extremem Maße von dem einzelnen Berater abhängig. Die Qualität des einzelnen kann aber in komplexen Geschäftsfeldern nie die Qualität erreichen, die eine Organisation als Zusammenspiel von Research, Händlern, Kundenbetreuern und Analysten zu liefern imstande ist, vorausgesetzt, sie kann diese Qualität auch an den POS/POA bringen.

Wie in der Vermögensberatung, so ist auch im Handel die Verknüpfung von Informations- und Handelsunterstützung der entscheidende Erfolgsfaktor. Die Qualität der Handelsergebnisse ist systemseitig direkt abhängig von einem optimalen Zusammenwirken der Informations- und der Handelsschiene. Dabei erfordern die sich ständig ändernden Wertpapiermärkte eine hohe Flexibilität, um die sich bietenden, meist nur kurzfristig offenen „Fenster" für Arbitragemöglichkeiten ausnutzen zu können.

Das Wertpapiergeschäft fordert also, wie alle anderen Geschäftsfelder, auf der Front-Office-Seite eine hohe Flexibilität der Systeme und eine ebenso starke Verzahnung von Informations- und Beratungsunterstützung.

Die logische Zielarchitektur bringt die Spezifika des Geschäftsfeldes (hier: Wertpapiere) und des Kernprozesses (hier: Information und Beratung) zur Deckung und erlaubt daher eine klare Orientierung der strategischen und operativen Entscheidungen.

Ähnlich anzusehen sind auch die Anwendungen der Einheit „Produktentwicklung (Financial Engineering)". Die Ausrichtung auf die drei Geschäftsfelder „Handel/Anlage", „Finanzierung" und „Kommunikation/Transfer" erfordert eine mindestens ebenso flexible und leistungsfähige Systemunterstützung wie die Vertriebseinheiten selbst, wenn sie ihrer Aufgabe, der Erarbeitung komplexer und innovativer Problemlösungen, gerecht werden wollen.

Grundsätzlich anders ist die informationstechnologische Perspektive für die Funktionsebene „Processing" zu beurteilen.

Die abwicklungsorientierten Funktionen erfordern über alle Geschäftsfelder die absolute Prozeßsicherheit, d.h. alle abgeschlossenen Geschäfte müssen über die entsprechenden Systeme nicht nur effizient, sondern vor allem mit absoluter Zuverlässigkeit abgewickelt werden.

Dies umfaßt die erforderlichen Buchungen auf den Kundenkonten, die Veranlassung der notwendigen Meldungen, die erforderlichen Abstimmungen mit dritten Stellen z.B. im Wertpapiergeschäft und das Einholen der benötigten Geschäftsbestätigungen mit Kontrahenten. Eine Fülle weiterer Funktionalitäten im Back-Office-Bereich der Bank läßt sich unter diesen genannten Oberbegriffen subsummieren.

Das Kernproblem im Umgang mit Abwicklungsfunktionen ist die Sicherstellung der Ordnungsmäßigkeit des Bankbetriebes, d.h. die jederzeitige Gewährleistung der erforderlichen Transparenz über den Status der Bank, in Risikofragen oder bezüglich der Geschäftsentwicklung. Besonders bedeutsam ist hierbei die anzustrebende Redundanzfreiheit des juristischen Datenbestandes, d.h. des die externen Verpflichtungen der Bank dokumentierenden Datenbestandes.

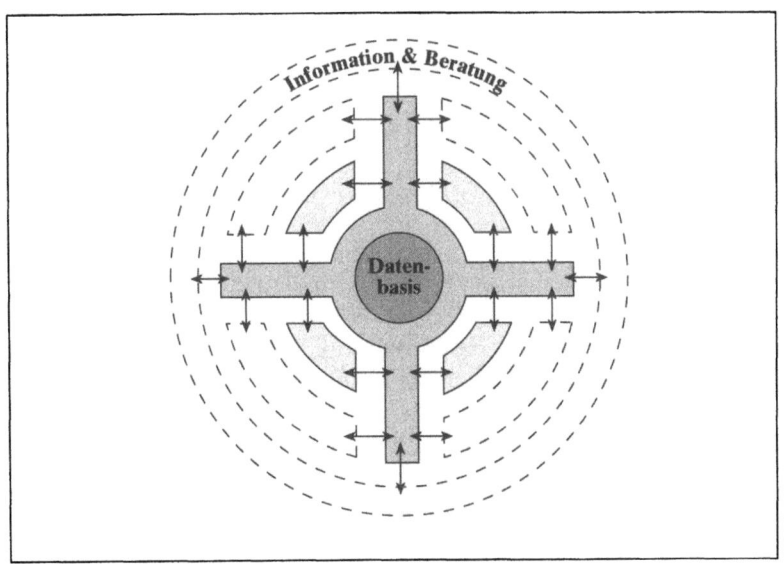

Abbildung 78: Die „Processing"-Komponente in der logischen Zielarchitektur

Je höher die Anzahl verschiedener juristische Datenbestände führender Systeme, umso höher der Schnittstellenaufwand, umso höher die Fehleranfälligkeit bezüglich der Sicherstellung gleichlaufender Buchungen und umso höher der Aufwand zur Erfüllung kommender gesetzlicher Auflagen wie der Kapitaladäquanz-Richtlinie, die unter Risikogesichtspunkten die taggleiche Erfassung aller relevanten Geschäfte fordert. Es leuchtet unmittelbar ein, daß solche Anforderungen nur von hoch integrierten Systemen problemlos erfüllt werden, wo die Abstimmung der relevanten Datenbestände kein gewaltiges Problem darstellt.

Konsequenz dieser Anforderungen für die logische Zielarchitektur ist die weitgehende Zusammenführung aller Processing-Funktionen in einer integrierten Systemlandschaft. Die totale Integration der Systeme auf im Extremfall ein einziges System widerspricht in der Regel den bereits skizzierten ökonomischen Grenzen der Integration, vor allem, wenn es um die Erfüllung geschäftsspezifischer Anforderungen wie z.B. im Wertpapiergeschäft geht. Integration ist auch im Funktionsbereich „Processing" kein Selbstwert.

Die informationstechnologischen Anforderungen der Funktion „Steuerung" werden zu einem großen Teil durch die Processing-Unterstützung abgedeckt. So basiert das Rechnungswesen der Bank auf den Buchungs- und Meldesystemen zur Geschäftsabwicklung. Die Bilanzierung und handelsrechtliche Ergebnisabbildung ist systemtechnisch dann nur noch ein „Abfallprodukt" des Rechnungs- und Meldewesens.

Besondere Anforderungen stellen allerdings die zentralen betriebswirtschaftlichen Steuerungsinstrumente des Controlling. Das Instrumentarium der modernen Banksteuerung basiert ganz wesentlich auf der Anforderung, die Bank selbst als Portfolio zu verstehen, dessen (Unternehmens-)Wert maximiert werden soll. Insofern greift die Zentraldisposition, also die Disposition der Eigenbestände der Bank und das Aktiv-Passiv-Management, über Risikolimite in die Gesamtsteuerung der Marktrisiken ein. Die Feinsteuerung der händlerindividuellen Risikolimite erfordert einen permanenten Abgleich der

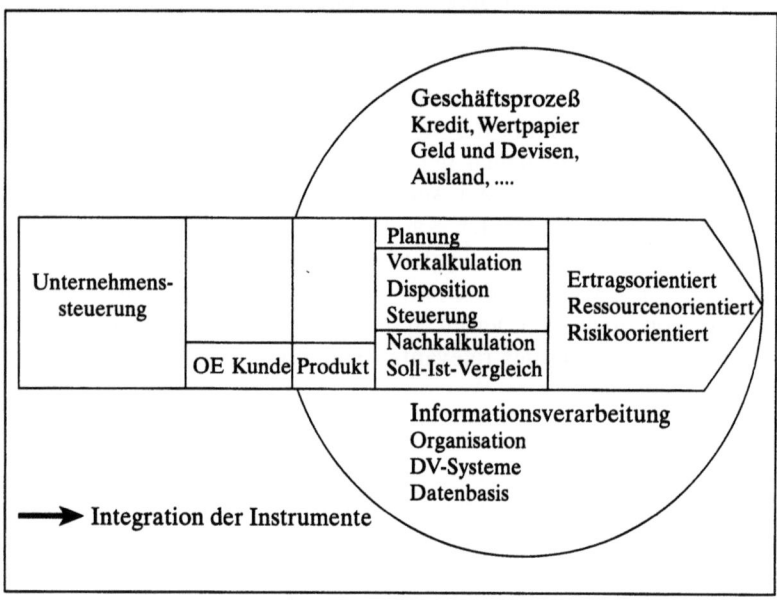

Abbildung 79: Integration der Controllinganforderungen in die Prozesse

Marktentwicklungen mit der Risikoposition der Bank und die Möglichkeit des jederzeitigen Eingreifens in die Aktivitäten der Händler. Systemtechnisch bedeutet dies, daß die Steuerungsinstrumente Bestandteil der Arbeitsprozesse und deren Systemunterstützung sein müssen, d.h. in die Vorgangsbearbeitung am Arbeitsplatz integriert werden müssen.

Ähnlich verhält es sich bei der Steuerung aller Ausfallrisiken, die im gesamten Geschäftsfeld der Finanzierung, also vom klassischen Kredit bis zur Exportfinanzierung, existieren und gleich einem Portfolio zentral gesteuert werden müssen.

Die Steuerung des Einzelgeschäftes erfolgt durch Risikoprämien, über die jedes Geschäft gemäß zentraler Analyse beurteilt und via Prämie versicherungstechnisch gegen das Geschäftsrisiko „versichert" wird. Ohne die Details des Konzeptes darzustellen, wird deutlich, daß dieser Vorgang bearbeitungstechnisch integrierter Teil des Kreditbearbeitungsprozesses sein muß. Der Bearbeiter des Kreditantrags durchläuft bei diesem Prozeß einen Abschnitt „Risikoprämien-Ermittlung", den er, ohne das System wechseln zu müssen, zentral zugespielt bekommt. Dies erfordert die Integration des Programmes „Prämienermittlung" in das Kreditunterstützungsprogramm.

Systemtechnisch muß die Steuerungsfunktion der Bank also unterschieden werden in prozeßintegrierte Verfahren (Limitsteuerung, Risikoprämien) und Auswertungsverfahren, die neben den bestehenden Anwendungen oder als Bestandteil des zentralen Buchungssystems konzipiert werden können. Tendenziell gilt auch hier, daß das Operieren mit juristischen Datenbeständen in einer hochintegrierten Systemwelt, die Auswertungs- und Berichtssysteme dagegen eher separat konzipiert werden sollten, um hohe Flexibilität und geringe Kosten zu gewährleisten.

5. Informationstechnologie und Plattform-Organisation

Das Konzept der Plattform-Organisation leistet die Integration der Informationstechnologie in die Bankstrategie in idealtypischer Weise. Das Funktionengeflecht zwischen Technik und Fachbereichen, das vor allem Banken als komplexe Informationserzeuger und -verarbeiter kennzeichnet, wird durch die horizontale Gesamtausrichtung der Organisation zusammengeführt.

Das in der bankbetrieblichen Realität vorherrschende und oben bereits beschriebene Problem der mangelnden Übereinstimmung von Fachbereichs- und IT-Strategie, das in einer beide Seiten frustrierenden Unterschiedlichkeit in Priorisierungs- und Methodenfragen mündet, wird durch die Plattform-Organisation vermieden. Die Ausrichtung der Organisations- und damit der Verantwortungsstrukturen nach den Kernprozessen Information/Beratung, Financial Engineering, Processing und Steuerung folgt neben den Markt- auch den Technologieanforderungen an ein modernes Bankmanagement.

Gerade die intensive Zusammenarbeit zwischen Technik und Fachbereichen schafft die nötige Plattform für eine effiziente Systemunterstützung der Arbeitsprozesse. Die detaillierte Abstimmung der Anforderungen an Neu- oder Weiterentwicklungen, die laufende gegenseitige Schulung im Tagesgeschäft zur Vertiefung von technischen oder geschäftsbezogenen Kenntnissen und die gemeinsame

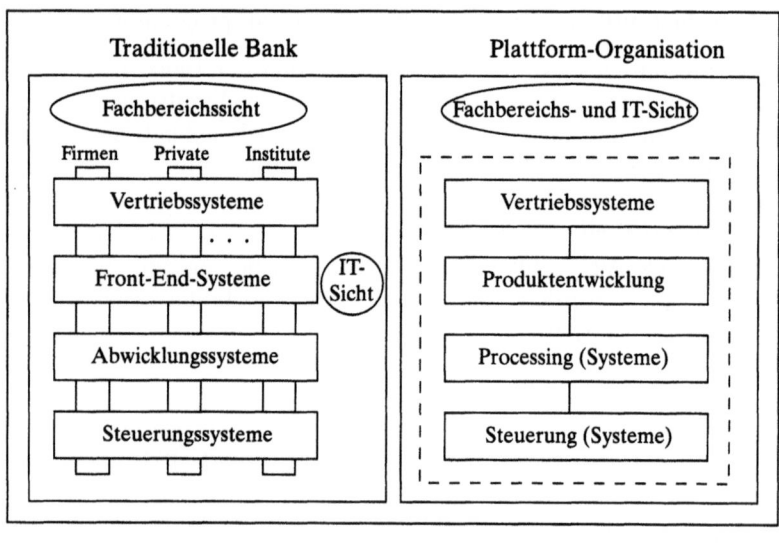

Abbildung 80: Übereinstimmung von Fachbereichs- und IT-Sicht in der Plattform-Organisation

Projektdurchführung sind gleichermaßen bedeutsam wie aber auch wenig ausgeprägt in den deutschen Banken.

Solange die Identifikation seitens der Fachbereiche mit ihren technischen Anforderungen und Vorhaben gering ist und an eine IT-Abteilung delegiert wird, deren Verständnis und Engagement für die Fachbereichsbelange ebenfalls unbefriedigend ist, solange kann die technische Unterstützung der Arbeitsprozesse nicht befriedigend und effizient werden.

Einer der herausragenden Vorteile der Plattform-Organisation ist daher auch die Sicherstellung der Übereinstimmung von Fachbereichs- und IT-Denken. Wer bspw. die gesamte Vertriebsverantwortung (Information/Beratung) für die Bank hat, der wird sich intensiv um die Entwicklung eines alle Kunden umfassenden Vertriebsunterstützungssystems bemühen und die Prioritäten entsprechend setzen. Er wird sich vor allem um den Ausgleich der verschiedenen Anforderungen kümmern, um einer zentralen Gefahr der IT-Entwicklung zu entgehen, nämlich der Gefahr von „Running Targets", d.h. ständig sich verändernder Zielkonzeptionen für die Informationstechnologie bzw. wechselnder Projektziele.

Die Informationstechnologie ist im Konzept der Plattform-Organisation nicht länger Randaktivität, die sich ausschließlich nach den Belangen und Zielen der Fachbereiche zu richten hat. Die Informationstechnologie ist vielmehr selbst ein die Organisation der Bank gestaltender zentraler Erfolgs- und daher Einflußfaktor.

Die Plattform-Organisation räumt auf mit der unglücklichen Trennung in Kunden-, Produkt- und Serviceeinheiten, die immer auch eine Wertung enthält. Der Prozeß als Kernerfolgsfaktor steht im Zentrum der organisatorischen Ausrichtung, und alle Funktionsträger, die diesen Prozeß prägen, gestalten und – vor allem – verantworten, sind ihm auch zugeordnet. Diesem Prinzip folgend ist die Informationstechnologie gleichberechtigter Partner im Konzert der Prozeßgestalter. Für den Prozeß sind alle, ob Kundenbetreuer, IT-Verantwortlicher oder Produktentwickler, Serviceleistende im Sinne des Geschäftserfolges.

Die Entwicklung der Plattform-Organisation als Management-Vision für Banken hat einen wesentlichen Teil ihres Ursprung in den Anforderungen, die durch die Informationstechnologie in die Banken getragen werden. Diese Anforderungen zu vernachlässigen, wäre mehr als leichtfertig. Die Plattform-Organisation stellt die Ausrichtung der Banken auf eine neue Stufe – ein wesentliches Fundament hierfür ist die Informationstechnologie.

VIII. Engpaßfaktor Personal

1. Mensch, Information und Motivation

In Wilsons Welt der Ameisenvölker sind die einzelnen Mitglieder der Organisation verläßliche, in ihrem Verhalten prognostizierbare Teile eines einzigen Willens, der das Ameisenvolk beherrscht. Die Verhaltensmuster sind den Tierchen einprogrammiert; Verhaltensanpassungen finden als Reaktion auf äußere Veränderungen über Generationen hinweg statt.

Das Bankmanagement könnte mitunter geneigt sein, diesen Zustand als erstrebenswert anzusehen, vor allem, wenn es darum geht, Veränderungen durchzuführen. In der Regel reagieren die Mitarbeiter einer Organisation in ihrer Mehrheit ablehnend auf Veränderungen. Man spricht von „Hidden Rules", verborgegenen Gesetzmäßigkeiten, nach denen eine Organisation wirklich funktioniert. Nicht von ungefähr steht daher auch die Verhaltensbeeinflussung im Zentrum aller Change-Management-Konzepte.

Die Banken haben begonnen, sich mit dem Faktor Personal auseinanderzusetzen. In diesem Zusammenhang wird allerdings meist nur von stetig steigenden Personalkosten, von Effizienzsteigerungen durch Ablaufverbesserungen mit dem Ziel der Reduzierung der Mitarbeiterzahl, von Qualitätsdefiziten und wachsender Technisierung des Bankgeschäftes allgemein gesprochen. Personal und seine gesetzlich geregelten Schutzvorschriften werden darüberhinaus als ein flexibilitäts- und veränderungshemmender Faktor für die Umsetzung neuer Geschäftsstrategien angesehen.

Selten nur wird im Zusammenhang mit Personal von einem zentralen Erfolgsfaktor gesprochen. Als Faktoren für den Geschäftserfolg gelten dagegen vielmehr Produkte, Vertriebsideen und zuweilen die Organisationsstruktur.

Die wenigsten Banken haben erkannt, daß ihr Produkt, die Information, einen Wert nur dann entfalten kann, wenn der Kunde sie wahrnimmt und aufnimmt. Das bedeutet, Information hat keinen Wert an sich, sondern nur dann, wenn sie von einem Entscheider, in der Regel dem Kunden, zur Beeinflussung seiner Entscheidung herangenommen wird. Der Wert einer Information ist somit höchst subjektiv und individuell.

So möchte der Kunde, der mit seiner Bank in Verbindung tritt, keinen Kredit, auch wenn er aus Unkenntnis der Finanzierungsalternativen danach fragt, sondern er möchte im Grunde ein Finanzierungsproblem gelöst bekommen. Der Bankmitarbeiter berät den Kunden über verschiedene Finanzierungsinstrumente, die zum Einsatz kommen können, einzeln oder gebündelt. Die Leistung des Beraters besteht in der Entwicklung eines Lösungsansatzes für den Kunden, d.h. der Information über den sinnvollen Einsatz der Finanzierungsinstrumente zur Lösung des Problems. Dieses Lösungskonzept, sei es ein Standard- oder ein maßgeschneidertes Konzept, ist das Produkt der Bank. Der Preis für das Konzept ist dann die Marge oder die Provision.

Ähnlich läßt sich ein Beispiel konstruieren, das im Mengengeschäft angesiedelt sein könnte. Der Kunde, der am Bankschalter seine Sorten für den Urlaub bestellt oder abholt, möchte mit diesen Sorten keinen Devisenhandel gründen, sondern seinen Urlaub unbeschwert von finanziellen Risiken verleben.

Das Erkennen dieser Motivationslage ermöglicht die Hinterfragung anderer möglicher Maßnahmen zur Absicherung des Urlaubsrisikos, z.B. Reisegepäck- oder Krankenversicherungen für das Ausland. Dies eröffnet der Bank Möglichkeiten für Zusatzerträge im Allfinanzbereich, gibt dem Kunden aber vor allem das Gefühl, sein Problem umfassend gelöst bekommen zu haben.

Information ist subjektiv und kann daher auch nur kundenindividuell bewertet werden. Information benötigt daher immer auch einen Übersetzer, d.h. einen Transmissionsriemen, um an den Kunden herangebracht zu werden. Teile dieses Prozesses können technisch vorgenommen werden, wie z.B. über das Aussenden von Daten über Marktentwicklungen (Börseninfos etc.) oder das Bereitstellen von Informationen über entsprechende Geräte (Kontoauszugsdrucker etc.). Auch wenn die Weiterleitung von Informationen an Kunden in weiten Teilen technisiert werden kann und wird, laufen doch zwei wesentliche Trends der vollkommenen Technisierung des Informationstransfers entgegen

- die zunehmende Komplexität und Kurzlebigkeit der Finanzdienstleistungsinstrumente
- die Individualisierung des Bank-Kunde-Kontaktes

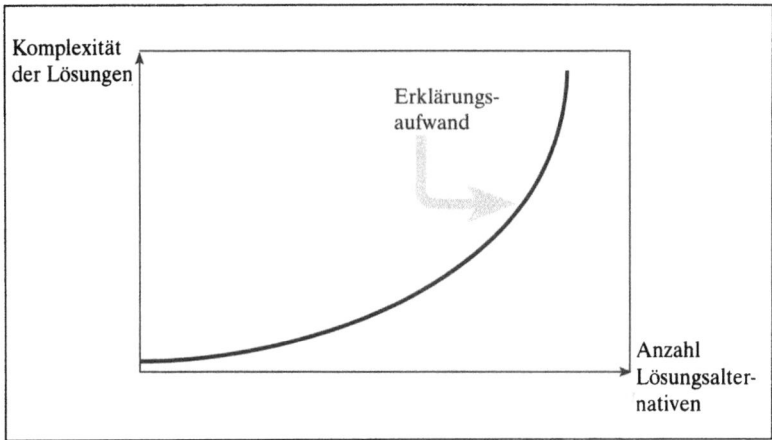

Abbildung 81: Erklärungsbedarf und Komplexität der Lösungsalternativen

Je größer die Anzahl der möglichen Lösungen und je größer die Komplexität der einzelnen Lösung (Financial Engineering), umso höher ist der Erklärungsbedarf. Hohe Informationsqualität zeichnet sich gerade dadurch aus, daß sie diesen Erklärungsbedarf abdeckt.

Der unbestrittene Trend der Intensivierung des Wettbewerbes erfordert die immer feinere Ausschöpfung der Marktpotentiale. Komplexität und Individualisierung sowie der Charakter der Information als nur subjektiv bewertbares Produkt machen nach wie vor und vielleicht auch immer mehr den persönlichen Kontakt zwischen den Menschen, d.h. zwischen Bankmitarbeiter und Kunde, unverzichtbar.

Das Erklären komplexer Produkte, das Aufzeigen von Marktchancen und das Erkennen von Problemstellungen lassen sich nur schwer technisieren.

Deshalb gilt, daß in Zeiten härter werdenden Wettbewerbs gutes Personal kein Luxus, sondern Basis für das Überleben der Bank ist. Der Wettbewerb fordert, gleichgültig, in welchem Geschäft die Bank sich engagiert, eine hohe Personalqualität. Wohl dem, der dies bereits vor Jahren erkannt hat und entsprechende Programme aufgesetzt hat.

Ein herausragendes Phänomen bei der Schaffung von Personalqualität ist die Erfahrung, daß die Leistungsträger, d.h. diejenigen, die die Qualität der Arbeit eigentlich ausmachen, nur etwa 10 bis 20 % der Mitarbeiter ausmachen, oft sogar noch weniger.

Diese Mitarbeiter zeichnen sich vor allem durch zwei Merkmale aus:
- Befähigung zum Denken in Prozessen und
- Übernahme von Prozeßverantwortung durch Prozeßmanagementfähigkeiten.

Das übergreifende Denken in komplexen Zusammenhängen ist eine besondere Herausforderung im Bankgeschäft. Die hohe und wachsende Verzahnung der Finanzdienstleistungsinstrumente, die Individualität der Kundenanforderungen, die hohe technische Durchdringung der Geschäftsabläufe und die komplexe Risikosituation des Geschäftes sind in kaum einem Industriezweig so ausgeprägt wie im Bankgeschäft.

Demgegenüber sind Banken, wie bereits ausgeführt, heute durch extrem arbeitsteilige Prozesse gekennzeichnet. Übergreifende Prozeßverantwortungen existieren kaum. Die Mitarbeiter sind daher oft in hohem Maße abgrenzungsorientiert, d.h. es wird großer Wert auf die Festlegung von Zuständigkeiten gelegt.

Die Zerteilung der Arbeitsprozesse nach Taylorschem Muster führt vor allem zur systematischen Reduzierung der Motivation des einzelnen Mitarbeiters für das Gesamtinteresse der Bank. Dies bedeutet, daß der einzelne Mitarbeiter den Gesamtprozeß, in den er arbeitsteilig eingebunden ist, nicht mehr überblickt und deshalb wenig Verantwortung für das Gelingen des Ganzen verspürt. Dementsprechend niedriger ist auch die Motivation, eigenverantwortlich zu agieren und zu denken. Dies bedeutet, daß der relativ geringe Prozentsatz von Leistungsträgern nicht etwa statistisch festgelegt und damit festgelegt ist, sondern daß die Arbeitsprozesse ganz wesentlich dazu beitragen, den Prozentsatz so weit zu reduzieren. Organisationen mit hohem Arbeitsteilungsgrad sind deshalb auch durch eine geringe Eigenmotivation ihrer Mitarbeiter und, als Folge hieraus, durch einen großen Regelungsaufwand gekennzeichnet. Behörden, Industriekonzerne und Großbanken sind typische Vertreter dieser Art.

Je arbeitsteiliger Prozesse organisiert sind, umso geringer die Gesamtprozeßverantwortung des einzelnen Mitarbeiters und umso niedriger seine Eigenmotivation. Es gilt aber auch, daß der sich daraus ergebende hohe Regelungsbedarf den Einsatz und die Entwicklung hochqualifizierter Mitarbeiter nicht eben fördert. Die Arbeitsteilung wirkt indirekt auch negativ auf die Qualität der Dienstleistung der Bank, die durch die Qualität ihrer Mitarbeiter bestimmt wird.

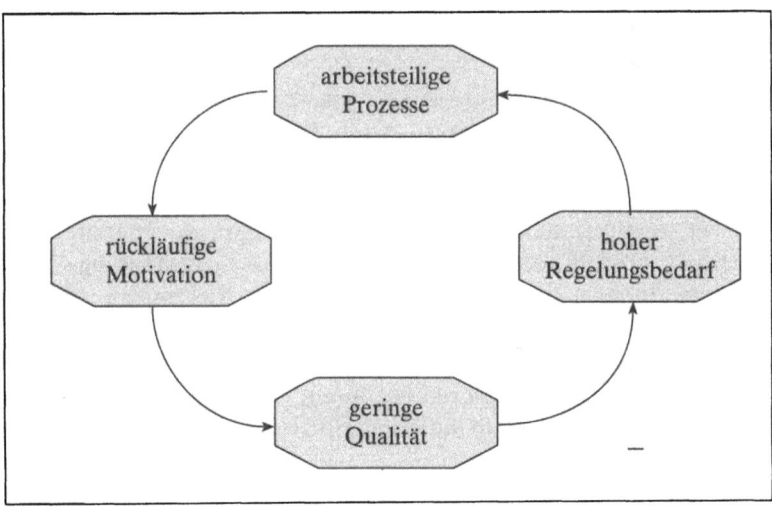

Abbildung 82: *Der Teufelskreis von Arbeitsteilung, Kontrolle und Motivation*

Es besteht also ein Teufelskreis zwischen dem Grad der Arbeitsteilung in den Arbeitsprozessen und der Qualität der Bankdienstleistung. Organisationen mit hohem Eigenmotivationsgrad ihrer

Mitarbeiter sind daher auch tendenziell deutlich effizienter und leistungsstärker als andere Organisationen.

Im Zentrum des Management des Erfolgsfaktors Personal muß daher die Schaffung bzw. Erhöhung der Eigenmotivation der Mitarbeiter, vor allem der Führungskräfte, stehen. Dabei muß unterstellt werden, daß jeder Mensch prinzipiell über Eigenmotivation verfügt. In Organisationen mit geringerer Eigenmotivation der Mitarbeiter, wie es typischerweise in Behörden zu beobachten ist, ist allerdings ein bemerkenswertes Auseinanderklaffen desjenigen Teils der Motivation, der sich auf die Arbeit bezieht, und des Teils, der sich auf die Freizeit bezieht, festzustellen. Mitarbeiter schalten gewissermaßen ab, wenn sie die Arbeitsstätte betreten und beginnen ihr Leben, wenn die Arbeit zu Ende ist.

In Organisationen mit hohem Eigenmotivationswert der Mitarbeiter, wie es z.B. in Investment-Banken oder Unternehmensberatungsgesellschaften oft zu beobachten ist, fällt der Motivationsteil, der sich auf die Arbeit bezieht, deutlich höher aus als in anderen Organisationen.

Das Motivations- und damit vor allem das Leistungspotential des einzelnen Mitarbeiters wird in den meisten Banken, die im Arbeitsablauf eher Behörden als dynamischen Unternehmen ähneln, fast systematisch verschleudert. Das Heben der Leistungsreserven im bestehenden Mitarbeiterstamm bietet wesentlich höhere ergebniswirksame Potentiale als alle Time-Based-Management-, Lean-Banking- oder Business Reengineering-Konzepte zusammen. Das engere Zusammenführen von persönlichen und Unternehmenszielen bei der Mehrzahl der Mitarbeiter kann zu signifikanten Leistungssteigerungen in allen Bereichen der Organisation führen, vorausgesetzt, die Unternehmensleitung öffnet sich und wendet sich dem Management der sogenannten „Soft Factors" zu.

Unter „Soft Factors" werden alle diejenigen Management-Instrumente verstanden, die sich mit der eher emotionalen Welt der Mitarbeiter beschäftigen und daher weniger klar in Zahlen und Fakten meßbar sind. Bestes Beispiel für einen „Soft Factor" ist die Unternehmenskultur.

Man muß sich vor Augen führen, daß Banken etwa zwei Drittel bis drei Viertel ihres Verwaltungsaufwandes für den Faktor Personal aufbringen. Das, was sie dafür erhalten, sind im Durchschnitt eher gering motivierte Mitarbeiter, die im Tagesablauf nach festgelegten Arbeitsprozessen ihre Arbeit verrichten. Wo ist der Unterschied zu Wilsons Ameisenkolonien?

2. „Change Management" als Herausforderung

Die Markt- und Wettbewerbsveränderungen zwingen die Banken nicht nur, ihre Personalqualität deutlich zu verbessern, sondern auch, ihre strategischen Ziele neu zu definieren und sich dementsprechend zu verändern. Dieser spürbare Veränderungsprozeß ist dabei kein einmaliger Akt, den es erfolgreich zu meistern gilt, sondern der Auftakt zu einer andauernden Anpassung an die Markt- und Wettbewerbsveränderungen. Es handelt sich hierbei um einen Paradigmenwechsel gravierendster Natur.

Einmalige Kraftakte sind durch entsprechende externe Unterstützung gegen den Widerstand der etablierten Strukturen durchsetzbar; die nachhaltige Befähigung zum kontinuierlichen Wandel als Folge der ständigen Anpassung an Markt- und Wettbewerbsveränderungen kann dagegen nur aus der Bank heraus selbst entwickelt und umgesetzt werden. Der Effekt einer externen Unterstützung schwächt sich üblicherweise nach einiger Zeit ab. Der Wille zur Veränderung kann nicht durch den Externen in die Organisation getragen werden.

Gerade für Veränderungen sind eigenmotivierte Mitarbeiter die wesentliche Voraussetzung. Organisationen, die nach einem umfangreichen und starren Regelwerk leben, sind nicht fähig, Wandel als Kontinuum zu begreifen und sich flexibel auszurichten. Einer Studie zufolge werden in Deutschland nur knapp 40 %n innerbetrieblicher Verbesserungsvorschläge umgesetzt, in Japan dagegen knapp 90 %. Da es sich bei der Studie um branchenübergreifende Erhebungen handelte, ist die Vermutung sicher nicht falsch, daß die Quote im Bankenbereich noch deutlich unter dem Industriedurchschnitt liegen dürfte.

Gerade deutsche Banken sind noch sehr vorsichtig, wenn es um Veränderungen geht. Die Vorsicht allein ist noch nicht problematisch; schwierig wird es erst, wenn der unmotivierte Teil der Mitarbeiter nicht in der Lage ist, die Notwendigkeit von Veränderungen anzuerkennen und Neuerungen umzusetzen. Die Fähigkeit zum kontinuierlichen Wandel ist nicht nur eine Frage von Vorstandsentscheidungen; sie ist vor allem eine Frage der Befähigung von Führungskräften und Mitarbeitern, Wandel auch zu realisieren und zu leben.

Im Zentrum des Wandels als Kernanforderung an die Bank der Zukunft steht der Geschäftsprozeß und damit das Denken in Geschäftsprozessen.

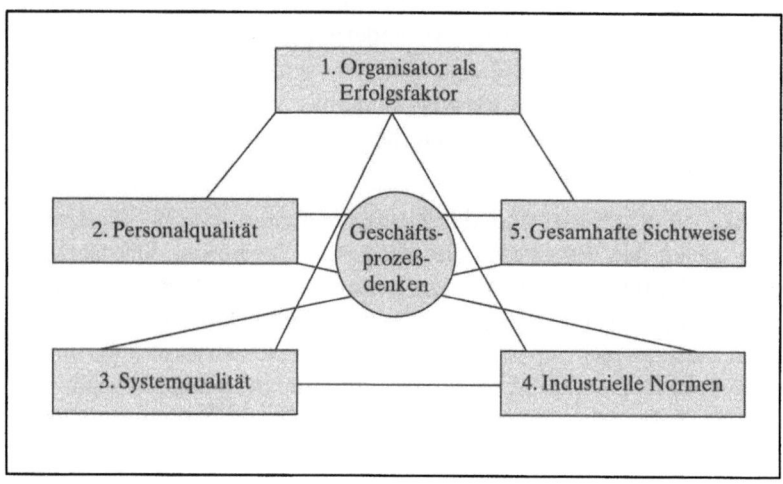

Abbildung 83: Die Kernanforderungen an die Bank der Zukunft

Die ständige Suche nach Verbesserungen, nach neuen Marktchancen und Produkten ist kein zentral zu regelnder Prozeß, sondern muß dezentral vom einzelnen Mitarbeiter ausgehen. Dabei ist zu gewärtigen, daß Veränderungen in der Regel auf Ablehnung oder abwartende Haltung bei großen Teilen der Mitarbeiterschaft stoßen, meistens aus Unkenntnis oder Unsicherheit. Vier Gründe sind zumeist die Ursache:

- Mitarbeiter beziehen Stabilität aus Tätigkeiten, die nur sie seit Jahren beherrschen, und die sich nicht verändert haben.

- Spezialisten fürchten um den Verlust ihrer „unique position".
- Führungskräfte haben geringe Neigung, sich vor ihren oder neuen Mitarbeitern in einem veränderten Umfeld neu beweisen zu müssen.
- Leistungsschwächere Mitarbeiter fürchten um ihren Arbeitsplatz.

Die innere Beschaffenheit der Organisation, d.h. die Summe der individuellen Befindlichkeiten der Mitarbeiter, ist das entscheidende Hemmnis bei allen Veränderungen in einer Bank. Die individuellen Hoffnungen und Ängste der Mitarbeiter, aber auch der Führungskräfte, die selten offen kommuniziert werden, sind die „geheimen Regeln", die „Hidden Rules" der Organisation, die man verstanden haben muß, um sie zu überwinden oder aber nutzen zu können.

Ohne diese Regeln bestünde kein wesentliches Hindernis für die Umsetzung von Bank- oder Bereichsstrategien.

Wenn von einem top-down abgesetzten Impuls der Stärke 100 auf der dritten Ebene noch eine durchschnittliche Impulswirkung von 20 – 40 ankommt, weil auf den dazwischenliegenden Ebenen viel von der Wirkung absorbiert wird, dann wird an diesem fiktiven, aber sicher nicht unrealistischen Beispiel deutlich, daß Veränderungen in einem durch Individualinteressen gekennzeichneten Organismus nur über die Beeinflussung des Meinungsbildes des einzelnen Mitarbeiters erfolgreich sein können.

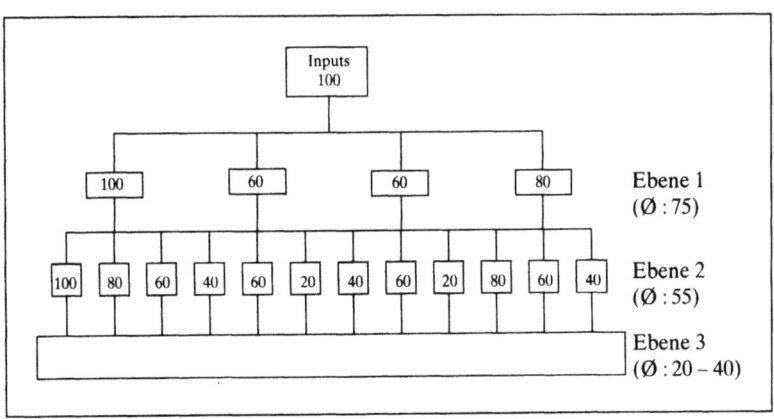

Abbildung 84: Umsetzungsproblematik der „Hidden Rules"

Die Kenntnis der Markt- und Wettbewerbsentwicklungen und die Existenz einer Vision sind ebenso wesentliche Voraussetzungen für Veränderungen wie deren Umsetzung in strategische Ziele und die entsprechende Organisation. Die angestrebte Veränderung im Tagesgeschäft am POS/POA wird durch diese Voraussetzungen aber noch lange nicht erreicht.

Entscheidende Bedeutung für die Transmission der Ziele in die Tagesarbeit kommt den „Soft Factors" zu, d.h. der Unternehmens- und Führungskultur, dem Personalmanagement, der Personalentwicklung, den Schulungsmethoden und -inhalten sowie den Beurteilungs- und Controllinginstrumenten.

Diese Einflußfaktoren stehen in einem Wirkungsverhältnis zueinander. Aus den formulierten und kommunizierten strategischen Zielen der Bank, den darin eingebetteten Bereichszielen und der entsprechenden Organisation leiten sich klare Vorgaben für die zu schaffende Führungskultur und das Personalmanagement her. Sowohl die Gestaltung und Ausprägung der personalwirtschaftlichen Instrumente als auch deren konkrete Inhalte müssen aus der Bankstrategie abgeleitet werden und können daher auch nicht unabhängig von dieser entwickelt und angewendet werden.

Gerade hier werden in fast allen deutschen Banken noch erhebliche Versäumnisse begangen. Eine Verknüpfung von Bankstrategie und Personalmanagement findet weder instrumentell noch inhaltlich statt. Das Top-Management ist in die Entwicklung und Gestaltung dieser Konzepte meist nicht involviert und reklamiert dies auch nicht.

Dabei ist unbestritten, daß zu einer stärkeren Leistungsorientierung der Bank auch die entsprechende Gestaltung des Personalmanagement gehört. Wer Leistung und Eigenmotivation bringen soll, der muß auch entsprechend leistungsabhängig entlohnt werden. Wer als Leistungsträger, als „Champion", besondere Leistungen bringen soll, muß auch als Leistungsträger identifiziert und behandelt werden und darf nicht in einem personalwirtschaftlichen Einheitsbrei mitschwimmen. Wer die offene Kommunikation proklamiert, der darf auch keine Hemmungen haben, die Führungskräfte von den Mitarbeitern beurteilen zu lassen (Upward Feedback).

Damit wird deutlich, daß zwischen Konzepterstellung und -verabschiedung einerseits und nachhaltiger Implementierung andererseits noch ein weiter Weg zurückzulegen ist. Es wird auch deutlich, daß dieses allein von externen Beratern nicht zu leisten ist, sondern aus dem Unternehmen selbst entwickelt und umgesetzt werden muß. Die Herausforderung besteht nicht in der Bewältigung eines einmaligen Kraftaktes (dieses könnte auch durch Externe geschehen), sondern im Erreichen einer nachhaltigen Befähigung zum kontinuierlichen Wandel, der sich in einer ständig optimierten Tagesarbeit ausdrückt.

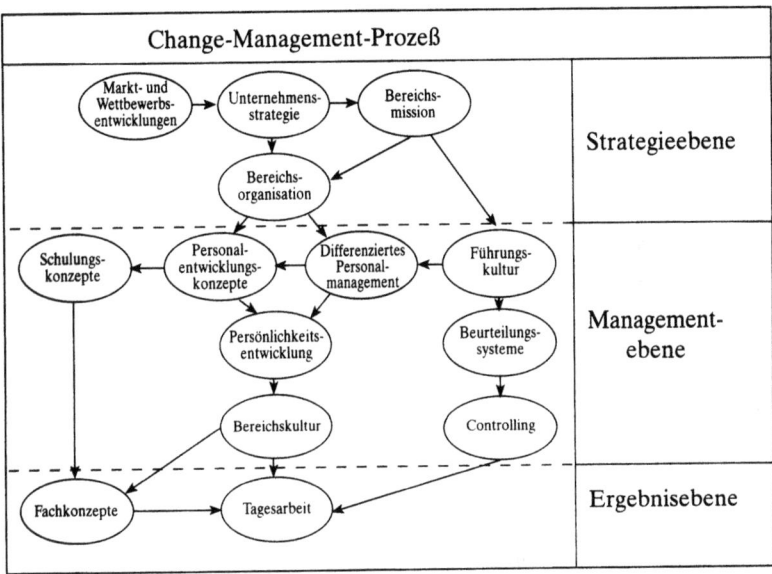

Abbildung 85: Die Anforderungen an das Change Management

Schlüssel einer solchen „lernenden" Organisation sind wiederum die „Champions", d.h. die Leistungsträger, deren Eigenmotivation sehr stark auf die strategischen Ziele der Bank konzentriert ist. Eine „Champion"-Kultur zu etablieren, erfordert

- eine entsprechende Führungskultur, die die Leistung in den Mittelpunkt der Erfolgsmessung stellt
- das Bekenntnis zur Differenzierung, d.h. zur bewußt unterschiedlichen Behandlung von Leistungsträgern und Nicht-Leistungsträgern

- ein Personalentwicklungskonzept, das sich an den spezifischen Anforderungen der Kernprozesse orientiert
- angepaßte Schulungskonzepte zum gezielten Abbau von Defiziten in Kernfunktionen
- das Aufsetzen spezieller Programme zur Persönlichkeitsentwicklung der Leistungsträger
- das Entwickeln intensiver Beurteilungskonzepte „top down" und „bottom up", die jedem Mitarbeiter wenigstens zweimal im Jahr die Gelegenheit geben, mit seinem Vorgesetzten über Ziele, Zielerreichung und Verbesserungsmöglichkeiten zu sprechen und seinerseits Kritik anzubringen
- die Erarbeitung von Detailstrategien und Fachkonzepten, um den fachlichen Rahmen für die Verknüpfung von Gesamtstrategie, Personalmanagement und Tagesarbeit zu schaffen und
- vor allem die kontinuierliche Kommunikation als Voraussetzung zur Schaffung einer Unternehmenskultur, die den Wandel als Normal- und nicht als Ausnahmefall begreift.

Das Ziel dieses Maßnahmenbündels ist nicht nur, die bestehenden Champions in der Bank zu halten, sondern eine Kultur zu etablieren, die möglichst viele Mitarbeiter motiviert, selbst ein Champion zu werden. Je höher die Eigenmotivation der Mitarbeiter, umso geringer ist die Notwendigkeit, zu regeln und zu kontrollieren.

Kraft und Richtung verbinden sich idealtypisch dort, wo sich die hohe Eigenmotivation des einzelnen Mitarbeiters aus den Zielen des Unternehmens und den Instrumenten der Mitarbeiterführung herleitet.

Alle beschriebenen Maßnahmen müssen daher konzeptionell aufeinander abgestimmt sein und inhaltlich von den Bankstrategen mitgeprägt sein. Wie auf der Kundenseite auch, muß dem Trend zur Individualisierung konsequent Rechnung getragen werden. Nicht nur der Kunde, auch der Mitarbeiter will und muß individuell behandelt werden, vor allem, wenn es in Zeiten der Veränderung auf die „Champions" ankommt, die qua Vorbildfunktion als Multiplikator der angestrebten Veränderungen große Wirkung erzielen können.

Auch die Funktion und Position der Personalbetreuung ändert sich nach diesen Vorstellungen völlig. Sie ist nicht mehr länger Administrator oder nachgelagerte Servicestelle, die Beschaffung, Betreuung und Entsorgung von Personal durchzuführen hat, sondern ist aktiver Manager der wertvollsten Ressource der Bank. Analog den IT-Verantwortlichen entscheidet die Qualität des Personalmanagement ganz wesentlich über Erfolg oder Mißerfolg der Bank im Markt.

Die Personalbetreuung muß daher dafür Sorge tragen, daß die „Champions" identifiziert werden und daß ihnen besondere Behandlung zuteil wird. Sie muß auf das Top-Management dahingehend einwirken, daß Schlüsselpositionen mit eben diesen „Champions" auch besetzt werden, daß die strategischen Inhalte durch das Top-Management kommuniziert und die erforderlichen Verhaltensmuster auch vorgelebt werden und daß die personlawirtschaftlichen Instrumente kontinuierlich mit den zu kommunizierenden Inhalten abgestimmt werden.

Der Personalleiter muß daher in erster Linie Manager sein, seine Führungskräfte müssen vor allem das Handwerk des Prozeßmanagement verstehen, um die Konzepte und Abstimmungen laufend durchführen zu können.

Die Welt in den deutschen Banken sieht heute allerdings noch ganz anders aus. Die Personalarbeit ist in der Regel kein integraler Bestandteil strategischer Konzepte. Der Personalbereich erarbeitet „im eigenen Saft" Fortbildungskonzepte und personalwirtschaftliche Instrumente, ohne die Kernanforderungen der Bankstrategie verinnerlicht zu haben. Der Personalchef ist in erster Linie Administrator in einer Organisation, die sich nichts so sehr wünscht, wie das Bestehende zu bewahren.

Die erforderliche Eigenmotivation der Mitarbeiter kann auf diese Weise weder geschaffen noch gesteigert werden. Leistungsorientierte und wandlungsfähige Organisationen und damit Mitarbeiter sind aber genau das, was die deutschen Banken mehr als alles andere brauchen. An strategischen Konzepten hat es nie gemangelt; die Anforderungen sind bekannt und liegen auf dem Tisch. Woran es gemangelt hat, ist ein auf die tatsächlichen Einflußfaktoren des Erfolges, zu denen das Personal zweifellos gehört, ausgerichtetes Managementkonzept. Dieses Managementkonzept ist die Plattform-Organisation.

3. Anforderungsprofile in der Plattform-Organisation

Das Charakteristische der Plattform-Organisation ist ihre explizite Ausrichtung auf die Markt-, die Technik- und die Personalerfordernisse der Bank. Im Zentrum der personalpolitischen Komponente der Plattform-Organisation steht das Bestreben, den Engpaßfaktor Personal optimal einzusetzen und die Effizienzreserven der Mitarbeiter durch signifikante Erhöhung der Eigenmotivation zu heben. Eigenmotivation entsteht durch Übertragung von Verantwortung für Prozesse. Die Plattform-Organisation stellt den Prozeß in das Zentrum der Ausrichtung der Bank.

Durch die Bündelung der Verantwortung für die Kernerfolgsfaktoren und Kernprozesse Information/Beratung, Produktentwicklung, Processing und Steuerung wird die Voraussetzung für die Erhöhung der unternehmerischen Motivation bzw. der Eigenmotivation der Mitarbeiter geschaffen.

Innerhalb der Kernprozesse übernehmen Teams, die die erforderlichen Know-how-Komponenten zusammenführen, die entsprechenden Aufgaben. So betreut ein Information/Beratungs-Team umfassend die individuell zugeordneten Kunden; die Produktentwicklung wird von ergebnisorientierten Kompetenzcentern verantwortet.

Während sich in der Vertriebsschiene eine kundenorientierte Dienstleistungskultur etabliert, die den Wettbewerb um den Kunden und den damit verbundenen Geschäftserfolg des Teams zu ihrem geschäftlichen Lebensinhalt macht, entwickeln die Kompetenzcenter eine ergebnisorientierte Forschungsinstituts-Kultur, die sich an Innovationszyklen und Kreativität mißt.

Im Processing dominiert die Zielsetzung der Effizienz, d.h die permanente Suche nach Reduzierung der Administrationskosten durch Einsatz neuer Technologien oder Veränderung von Prozessen nach den Prinzipien des Reengineering.

Die Steuerung ist demgegenüber an der Effektivität der Steuerungsinstrumente und deren fortlaufender Weiterentwicklung ausgerichtet. Die Besonderheit der Verbindung strategischer mit Kontrollfunktionen ermöglicht das Etablieren einer Kultur, die Vorausschauendes mit Nachvollziehendem verbindet und daher im Prinzip die Aufgaben des

Top-Management wahrnimmt bzw. unterstützt. Sowohl im Processing als auch in der Steuerung ist das Einsetzen von Teams nicht nur möglich, sondern sogar zwingend, wenn Verantwortungsbewußtsein für Prozesse geschaffen werden soll.

Während heute in den meisten Banken die Zahlungsverkehrsabwicklung von deren technischer und organisatorischer Unterstützung getrennt ist, wird im Rahmen der Plattform-Organisation diese Aufgabe von einem Team von Technikern, Organisatoren und Zahlungsverkehrsfachleuten wahrgenommen, die für die sichere Abwicklung der Aufträge verantwortlich sind und über Bonussysteme an den erreichten Einsparungen partizipieren. Auf diese Weise wird auch in den nachgelagerten Einheiten die Ergebnisorientierung geschaffen und bewahrt.

Im Bereich Steuerung gilt ebenfalls, daß bspw. die Marktrisikodisposition von einem Team, das aus Disponenten, Technikern und Organisatoren besteht, verantwortet wird. Dieses Team berichtet, wie alle Teams, direkt an den verantwortlichen Top-Manager, in kleinen und mittleren Banken also direkt an das Vorstandsmitglied.

Der entscheidende Vorteil der Plattform-Organisation im Hinblick auf die Schaffung von wahrgenommener Mit-Verantwortung des einzelnen Mitarbeiters ist die Ausrichtung an Kernprozessen, die jeweils

Mitarbeitertypen	Anforderungen	Plattform
Vertrieb	Aufgeschlossenheit, Flexibilität	Information und Beratung
Tüftler	Kreativität, Know-how	Produktentwicklung
Abwickler	Genauigkeit, Effizienzorientierung	Processing
Controller	Konzeptionelles Denken, Strategieverständnis	Steuerung

Abbildung 86: Mitarbeitertypen und Einsatzplattformen

unterschiedliche Mitarbeitertypen erfordern. Erst die Konzentration der Ressource Mensch auf die spezifischen Anforderungen eines bestimmten Prozesses nach den individuellen Fähigkeiten und Neigungen jedes Mitarbeiters schafft die erforderliche Voraussetzung zur Identifikation mit den Bankzielen.

Jeder Kernprozeß erfordert bestimmte Mitarbeitertypen, die diese Fähigkeiten und Neigungen mitbringen.

Kein Mitarbeiter ist gleichzeitig mit vollem Herzen Verkäufer und Kostenmanager oder Wissenschaftler und Stratege; er ist immer nur eines von diesen Möglichkeiten mit vollem Herzen. Selbstverständlich bedarf es im Prozeß Information/Beratung auch Strategen, die Verkausstrategien entwickeln, aber sie sind nicht typisch für den Prozeß und seine Anforderungen.

Der Typus des Abwicklers, der akurat die Geschäfte durchführt, Übersicht behält und die Besonderheiten der Geschäfte kennt, hat keine Freude am direkten Kundenkontakt. Es ist daher ein großer Fehler, wenn Personalentwicklungskonzepte im Kreditgeschäft die Kundenbetreuung erst zulassen, nachdem sich jemand über Jahre durch die Sachbearbeitung gequält hat. Vertriebliche Talente verkümmern auf diesem Weg, bevor sie das erste Mal einen Kunden sehen. Vertrieb heißt in diesem Fall die Aufgabe, und im Konzept der Plattform-Organisation werden die Vertriebsteams so zusammengesetzt, daß immer das erforderliche Know-how im Team vorhanden ist.

Die Plattform-Organisation ermöglicht und erleichtert daher nicht nur die Bildung verantwortlicher Teams, sondern vor allem den Einsatz der Mitarbeiter nach ihren individuellen Fähigkeiten und Neigungen. Die Plattform-Organisation baut gerade auf diesen individuellen Unterschieden der Mitarbeiter auf und berücksichtigt sie. Auf diese Weise wird sichergestellt, daß der hervorragende Kundenbetreuer nicht nur den gewerblichen Großkunden in Bilanzstrukturfragen berät, wie es in nach Kundengruppen ausgerichteten divisionalen Strukturen der Fall wäre, sondern auch den institutionellen Großanleger, der sein Portfeuille gegen bestimmte Risiken absichern möchte. Die Wahl der Instrumente und die methodische Vorgehensweise sowie die erforderliche Beraterqualität sind bei beiden Kundentypen nahezu identisch. Der optimale

Einsatz der wertvollen Ressource Mensch kann nur durch diese Organisationsphilosophie gewährleistet werden.

Die Anforderungen an den einzelnen Mitarbeiter und das Management ändern sich durch die Plattform-Organisation grundlegend und nachhaltig.

Parameter	Bank heute	Plattform-Organisation
Verantwortung	eng	multidimensional
Mitarbeiter	kontrolliert	eigenmotiviert
Organisation	hierarchisch	teamorientiert
Arbeitshilfe	geregelt	selbstorganisiert
Ausrichtung	funktional	prozessorientiert
Erfolgsmessung	Aktivitäten	Ergebnisse
Management	überwachend	coachend
Führung	Bewahrer	Führer

Abbildung 87: Neue Anforderungen durch die Plattform-Organsiation

Veränderungen erfordern neue Ausgestaltungen der Parameter. Der einzelne Mitarbeiter muß im Zentrum der Aktivitäten stehen. Erst wenn der einzelne Mitarbeiter die Botschaften verstanden und zu seinen eigenen gemacht hat, ist die Bank wirklich anders geworden. Und anders müssen die deutschen Banken werden, wenn sie den Herausforderungen des Wettbewerbs begegnen wollen, getreu dem Satz Lichtenbergs: „Es ist nicht gesagt, daß es besser wird, wenn es anders wird. Damit es aber besser werden kann, muß es anders werden."

Die Veränderung erfahrbar machen, die nachhaltige Befähigung zum kontinuierlichen Wandel erreichen, die Eigenmotivation des Mitarbeiters durch Übertragung von Verantwortung auf Teams in wahrhaft flachen Hierarchien fördern, das sind die elementaren Ziele der Plattform-Organisation. Das Management-Prinzip der Plattform-Organisation schafft die notwendigen Voraussetzungen zur signifikanten Verbesserung, fordert jedoch auch die entsprechenden Führungsqualitäten.

Eine Bank, die im Top-Management nicht über den notwendigen Willen zum Wandel verfügt, kann auch mit der Plattform-Organisation nur Teilerfolge erzielen. Der Weg von der Strategie führt, wie beschrieben, über eine Kaskade von miteinander verknüpften Bausteinen. Die Inhalte des Tagesgeschäftes vorgeben, weitergeben und kontrollieren ist eine Führungsaufgabe, die von keinem Konzept der Welt übernommen und abgedeckt werden kann.

Insofern bleibt auch bei der Implementierung der Plattform-Organisation ein beachtliches „Restrisiko", wenn es nämlich an den Führungskräften fehlt, die sich zum wirklichen Wandel bekennen. Jeder Impuls zum Wandel kommt in der Regel von oben. Veränderungen sind zuallererst eine Top-Management-Aufgabe. Wahrscheinlich ist die durch das Top-Management geprägte Unternehmenskultur überhaupt der einzige Ansatzpunkt, der eine dauerhafte Veränderung überhaupt ermöglicht.

Vor allem deshalb muß die Plattform-Organisation als Management-Konzept und nicht als Organisationsform begriffen werden. Nur wer die Plattform-Organisation als Management-Philosophie oder gedankliche Strukturierungsplattform versteht, wird ihr gerecht. Wer dagegen in diesem Konzept ein Rezeptbuch zum Erfolg oder gar ein Organigramm sieht, hat es nicht verstanden.

4. Erfolgsgeheimnis Führung

Die große Unbekannte bei allem Bemühen um Verbesserung der künftigen Wettbewerbsposition deutscher Banken ist die Qualität der Führung. Besitzen Banken trotz einer über Jahrzehnte bestehenden Behördenmentalität in ihren Organisationen das Potential an Führungskräften, das sie in die Lage versetzt, neue Wege zu gehen und unternehmerisch zu denken? Die Antwort lautet eindeutig: ja!

Banken befinden sich im Aufbruch, sie wissen nur noch nicht genau, wohin. Banken haben in den vergangenen Jahren erheblich in ihr Personal investiert, leider eher quantitativ als qualitativ geleitet. Banken verfügen ohne Zweifel über viele hervorragende Mitarbeiter, sie haben sie nur noch nicht in den Führungsetagen etabliert. Überspitzt formuliert könnte man sagen: Die Hälfte der Mitarbeiter in den Banken besitzt hervorragendes Potential, nur weiß niemand, welche Hälfte.

Dies soll verdeutlichen, daß die Ausgangssituation der deutschen Banken im Hinblick auf ihre Potentiale durchaus gut ist, daß es aber vor allem an Führungspersönlichkeiten mangelt, die den Mut und das Engagement besitzen, Veränderungen durchzuführen. Es fehlt den deutschen Banken an Unternehmertypen, von deren sich die Branche wachrütteln und mitreißen läßt. Und es fehlt in den Banken an Führungskräften, die unternehmerisch denken und agieren können. An dieser Stelle liegt in erster Linie das Risiko der deutschen Banken.

Deutsche Banken sind gekennzeichnet durch Führungsstrukturen, die durch besonderes Detailwissen und nicht durch Management-Fähigkeiten gewachsen sind. Es war eben in den meisten Instituten so, daß nur das Kreditgeschäft zählte (nicht umsonst heißt es ja noch oft genug „Kreditinsitute") und der beste Sachbearbeiter Vorstand wurde. Wenn Führungskräfte erst einmal Arbeitsprozesse geprägt und durchlaufen haben, sind sie selten geneigt, diese vollkommen in Frage zu stellen. Sie überzeugen nicht durch Führungsqualitäten, sondern durch Fachwissen. Sie delegieren nicht, sondern kontrollieren. Sie übertragen Verantwortung nicht, sondern zerteilen sie so, daß sie bei ihnen zusammenläuft.

Die flachen Strukturen der Plattform-Organisation und ihre Ausrichtung nach gesamtverantwortlichen Teams erfordern eine vollkommen neue Definition des Inhaltes von Führung.

Die Führungskraft in der Bank der Zukunft ist Coach und Sparringspartner der verantwortlichen Teams. Er formuliert Visionen und Strategien, motiviert und gestaltet die Rahmenbedingungen für die Teams in der Gesamtorganisation. Er versucht, andere Standpunkte einzubringen und bislang nicht erkannte Interdependenzen mit Aktivitäten anderer Teams zu verdeutlichen.

Damit löst sich die Führungskraft in ihrer Rolle und Existenzberechtigung von der aufbauorganisatorischen Struktur. War die Führungskraft bislang meist deshalb als Führungskraft ausgewiesen, weil sie in einem Organigramm an einer bestimmten Stelle aufgeführt wurde, so erwächst der Führungsanspruch künftig deutlich mehr aus der individuellen Führungs- und Fachqualität des einzelnen. Je weniger hierarchisch eine Organisation strukturiert ist, umso mehr zählt die persönliche Qualität des einzelnen.

Der Zusammenhang zwischen der Qualität der Bankdienstleistung am POS/POA und der Qualität der Führung läßt sich an einem Schaubild verdeutlichen.

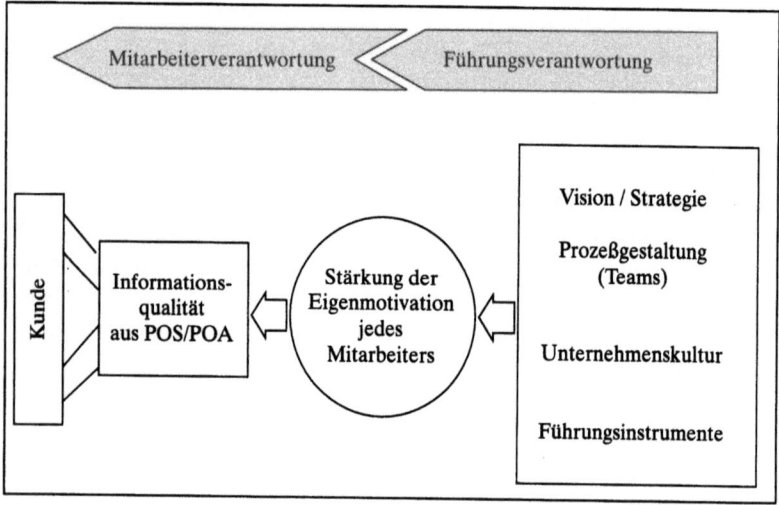

Abbildung 88: *Der Zusammenhang zwischen Informationsqualität und Führung*

Die Qualität der Bankdienstleistung am POS hängt von der System- und der Personalqualität ab. Die Personalqualität wird ganz wesentlich getrieben von der Eigenmotivation des einzelnen Mitarbeiters. Eigenmotivation ist eine Konsequenz aus der Übernahme von Verantwortung für überschaubare Gesamtprozesse. Die Übergabe von Prozeßverantwortung an Mitarbeiter erfordert flache Strukturen und Führungskräfte, die eine Bündelung von Verantwortung auch fördern und nicht versuchen, die eigene Position nur dadurch zu festigen, daß Aufgaben zerteilt werden.

Führung ist daher eine besondere Herausforderung für die deutschen Banken. Das aus der Plattform-Organisation resultierende neue Anforderungsprofil an die Führungskraft ist daher auch sehr viel mehr persönlichkeits- und fähigkeitsorientiert. Die Befähigung zum Denken in komplexen Prozessen ist ebenso conditio sine qua non wie das Beherrschen wesentlicher Sachzusammenhänge und die Fähigkeit, fachliche Strukturen zu erkennen und zu hinterfragen. Dies bedeutet gerade nicht, Sachbearbeitung besser betreiben zu können und zu wollen als der zuständige Mitarbeiter, sondern ihn zu unterstützen.

Das Bankgeschäft erfordert dabei vor allem die Befähigung zum Denken in komplexen Strukturen und Prozessen. Der Trend zum kundenindividuellen Problemlösungsansatz, kürzeren Produktlebenszyklen und komplexeren Problemstellungen wird sich weiter beschleunigen. Das Bankgeschäft wird nicht einfacher, sondern wesentlich schwieriger.

Führungskräfte in Banken müssen daher in besonderer Weise in der Lage sein, in Teamstrukturen und Prozessen zu denken. Daher wird Personal immer mehr zu einem Engpaßfaktor von besonderer Qualität.

IX. Wettlauf mit der Zeit

1. Vielfalt im Wettbewerb der Zukunft

Die Veränderungen im deutschen Finanzdienstleistungsmarkt werden in der interessierten Öffentlichkeit und in Fachkreisen intensiv diskutiert. Im Mittelpunkt der Diskussionen steht meist die Frage, ob durch die technologischen Veränderungen in den Vertriebswegen und -medien sowie die neuen Wettbewerber die deutsche Bankenlandschaft nachhaltig verändert und ob ein neuer Bankentyp an die Stelle der heute vorherrschenden Universalbanken treten wird.

Auch bei diesen Diskussionen ist das Phänomen zu beobachten, daß nach einem Orientierungsmodell gesucht wird, das für die gesamte Branche Gültigkeit hat. Werden sich auf Geschäftsfelder spezialisierte Banken wie Investment-Banken stärker durchsetzen oder entstehen auf Teilausschnitte der Wertschöpfungskette spezialisierte Institute wie Abwicklungsbanken, Portfolio-Banken oder Vertriebsbanken mit Außendienst?

Analysiert man die Driftrichtung der tektonischen Platten im Finanzdienstleistungsmarkt, so spricht vieles dafür, daß wir eine Vielfalt an Anbieterstrukturen und nicht die „Monokultur" einer bestimmten Bankenausprägung erleben werden.

Der wesentliche Grund für diese Einschätzung ist die Tatsache, daß Finanzdienstleistungen kein Randbedürfnis einer kleinen Gruppe von Kunden abdecken, sondern Basisdienstleistungen darstellen, die jeden Haushalt und jedes Unternehmen in seiner Individualität tangieren. Die Vielfalt eben dieser Individualität erfordert eine entsprechende Vielfalt auch der Anbieterstrukturen.

Als die ersten Supermärkte entstanden, sprach man schnell vom Sterben der Tante-Emma-Läden um die Ecke. Tatsächlich ist die Zahl der Tante-Emma-Läden zurückgegangen, aber die Vielfalt der Kundenbedürfnisse hat viele vergleichbare Läden als Ergänzung zu den Supermärkten entstehen lassen. Die Welt der Lebensmittelhändler hat sich durch das Aufkommen einer neuen Art (Supermärkte) verändert; die Vielfalt der Arten (Anbieter) hat sich dadurch eher erhöht als verringert.

Ähnliches läßt sich, ohne ein Prophet sein zu wollen, auch für den Finanzdienstleistungsmarkt voraussagen. In der Vergangenheit bestand eine „Monokultur" der Universalbanken, die heute nicht mehr die veränderten Bedürfnisse der Kunden umfassend abdecken kann.

Das Anbieten von Finanzdienstleistungen ist keine Geheimwissenschaft. Insofern ist das Entstehen neuer Arten, das eigentlich immer schon in kleinerem Rahmen stattfand, durch die neuen Technologien und die Veränderung anderer Parameter des Geschäftes nur erleichtert worden. Wettbewerb ist durch Vielfalt, nicht durch „Monokulturen" gekennzeichnet.

Letztlich entscheiden die Kunden, welche Arten sich im Wettbewerb durchsetzen werden. Der Kunde bevorzugt a priori keinen bestimmten Bankentyp – er bevorzugt die beste Informationsqualität. Daher sind Voraussagen über die Erfolgschancen einzelner Banktypen nicht machbar.

Die bereits dargestellte Vielfalt der Einflußfaktoren auf die Informationsqualität schafft eine Vielzahl von Erfolgs- und Mißerfolgsmöglichkeiten. Die bankindividuelle Managementqualität wird daher künftig eine noch entscheidendere Rolle für den Erfolg der Bank spielen. Je größer die Anzahl der Handlungsalternativen, umso wichtiger die Qualität der Entscheidungsverantwortlichen.

Schwache Managementqualität verlangt nach einem Orientierungsmodell, um bei der wachsenden Anzahl der realen Handlungsalternativen Hilfestellung zu erhalten. Das von vielen herbeigesehnte Orientierungsmodell für den erfolgreichen Banktyp der Zukunft kann und wird es aber nicht geben. Die Komplexität des Geschäftes schafft die Vielfalt im Lebensraum. Diese Vielfalt des Lebensraumes Finanzdienstleistungsmarkt ist Voraussetzung für die Vielfalt der Arten (Banktypen). So werden sich erfolgreiche Universalbanken als Regional- und als Multispezialisten durchsetzen. Daneben werden Geschäftsfeldspezialisten der unterschiedlichsten Art erfolgreich existieren, indem sie beständig neue Nischen schaffen und diese hochflexibel ausschöpfen.

In einem Markt, der durch beständige Veränderungen gekennzeichnet ist, profitiert letztlich nur der Kunde von der Vielfalt der Anbieter und Dienstleistungen. Für den einzelnen Anbieter bedeutet dies, daß keine Sicherheit im absoluten Sinne mehr besteht, ob man auch dauerhaft mit der bestehenden Strategie überleben kann. Positionen müssen kontinuierlich neu erobert werden.

2. „Structure Follows Strategy"

Die skizzierten Strukturdiskussionen im Bankenmarkt sind von ihrer Systematik und ihrer Zielrichtung her völlig verfehlt. Das Credo jedes Veränderungsprozesses, daß nämlich die Strukturen der Strategie folgen müssen und nicht umgekehrt, ist auch für den Bankenmarkt gültig. Alles andere würde bedeuten, das Pferd von hinten aufzuzäumen.

Freilich ist die Versuchung groß, anhand von Organigrammen Veränderungspotentiale zu diskutieren. Und tatsächlich denken und arbeiten viele Top-Manager in den Banken noch immer nach diesem Muster. Veränderungen werden nach dieser Philosophie an ihrer Auswirkung auf das Organigramm gemessen.

Wer allerdings tatsächlich etwas dauerhaft verändern will, der muß sich der Mühe der sorgfältigen Erarbeitung einer Differenzierungsstrategie unterziehen, der begreift Veränderung als Chance und nicht als Risiko.

Das vorliegende Buch versteht sich als Leitfaden für die Erarbeitung einer solchen Differenzierungsstrategie und entfaltet die Komplexität und gegenseitige Abhängigkeit der einzelnen Parameter für den Geschäftserfolg der einzelnen Bank.

Das Grundkonzept für die erfolgreiche Bank der Zukunft, der individuelle Schaltplan, ist im folgenden noch einmal dargestellt.

Ein ernsthaftes Auseinandersetzen mit der Positionierung der eigenen Bank im Wettbewerb beginnt mit der Analyse der Driftrichtung der tektonischen Platten. Dies bedeutet, eine gründliche Analyse des eigenen Marktes, der regional oder geschäftsfeldbezogen definiert sein kann, an den Anfang zu stellen. Dabei ist zu berücksichtigen, daß alle Märkte der permanenten Veränderung unterliegen. Simulationen der erwarteten Veränderungen und ihrer Auswirkung auf die Anforderungen sind daher unverzichtbar.

Ergebnis dieser Analysen ist die Transparenz des relevanten Marktes. Diese liefert die Basis für die Erarbeitung einer nachhaltigen Diffe-

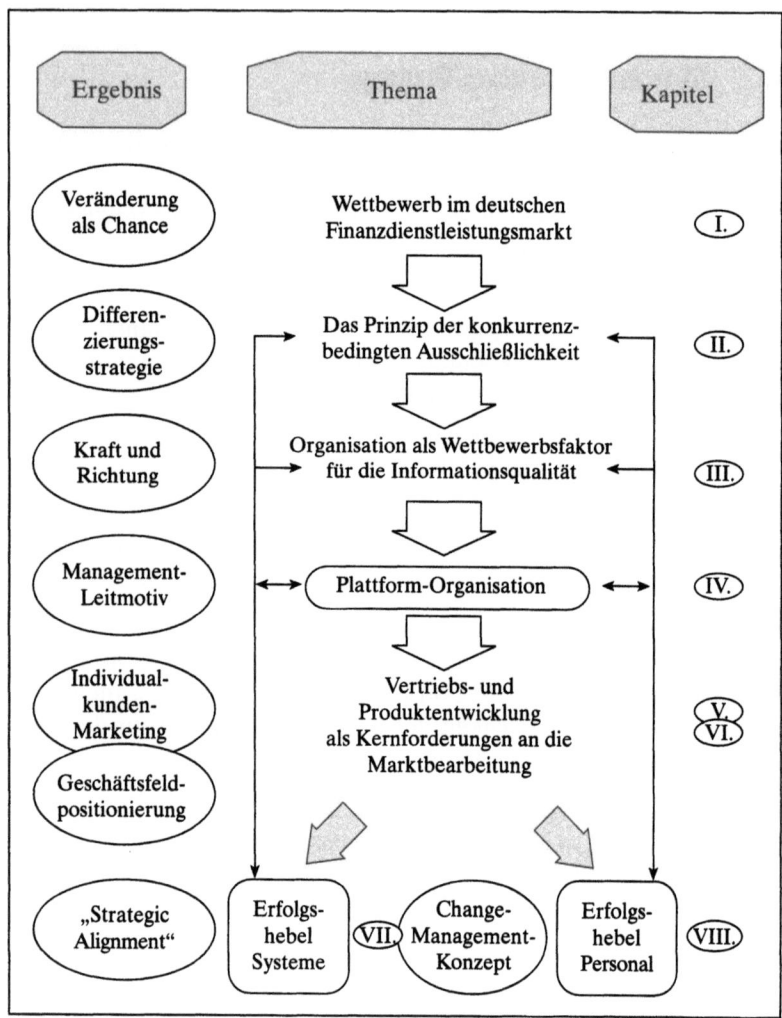

Abbildung 89: Der Schaltplan der Bank der Zukunft

renzierungsstrategie. Auf der Systematik der dargestellten Erfolgsmuster Regional-, Geschäftsfeld- und Multi-Spezialist läßt sich ein individuelles Management-Konzept entwickeln, das die Fähigkeiten der Organisation (Kraft) mit der Vision und der Strategie (Richtung) verbindet.

Die Philosophie der Plattform-Organisation schafft die Orientierung für ein solches integriertes Prozeßmodell, das die Grundlage für ein anforderungsadäquates Formalsystem (Aufbauorganisation) darstellt. Die Forderung nach dezentralem Unternehmertum und gezielter Steuerung kann dabei nur über Plattformstrukturen abgebildet werden. Die Plattformphilosophie als Leitidee eines integrierten Management-Konzeptes hat ihren Ursprung in der Notwendigkeit der expliziten Integration von System- und Personalanforderungen. Beide zentralen Erfolgsfaktoren werden horizontal, nach Plattformen, optimiert. Für das optimale Zusammenwirken der Erfolgsfaktoren bedarf es der Kongruenz organisatorischer, technischer und personeller Anforderungen mit dem Formalsystem (Aufbauorganisation).

Die nach der Plattformphilosophie ausgerichtete Bank differenziert sich im Wettbewerb über die Informationsqualität und ist daher proaktiv im Markt tätig. Die Zuordnung der Kunden geschieht dabei individuell nach Anforderungen des Kunden sowie nach den Fähigkeitenprofilen der Betreuerteams.

Entscheidend ist, daß die Individualität der Kundenbetreuung konsequent verfolgt wird, d.h. jeder Kunde ist sein eigenes Segment.

Die Fokussierung auf die Informationsqualität als Differenzierungsinstrument schafft auch die Voraussetzung für die notwendige Produktentwicklungskompetenz (Financial Engineering). Diese Kompetenz ist auszurichten an den Anforderungen des jeweiligen Geschäftsfeldes, in dem oder in denen die Bank tätig ist.

So stellt das Family-Business völlig andere Anforderungen an das Leistungsprofil der Bank als das High-Tech-Segment. Die Geschäftsfeldpositionierung stellt dabei die Konkretisierung der Differenzierungsstrategie dar. So muß der Regionalspezialist zwar einerseits alle seine Kunden detailliert analysiert haben, um deren Bedürfnisse verstanden zu haben. Die Fähigkeiten der Bank, d.h. ihre Produktkompetenzen, richten sich jedoch nach den Geschäftsfeldern aus. Die Differenzierung gelingt nachhaltig nur über die Informationsqualität, d.h. die Produktkompetenz, zu der auch die Beratungleistung zu zählen ist.

Die Beratungsqualität, und hier schließt sich gewissermaßen der logische Kreis der Argumentation wieder, ist Ergebnis des Zusammenwirkens von Personal und Systemen. Beide Faktoren sind die elementaren Produktionsfaktoren für die Bank und sie stehen daher auch im Mittelpunkt der Ausrichtung von Prozessen und Strukturen. Wer die Bedeutung der Organisation als entscheidendem Wettbewerbsfaktor bejaht, der muß seine Bank explizit an den Anforderungen der Systeme und des Personalmanagement ausrichten. Dies geschieht im Konzept der Plattform-Organisation.

3. Mut zum Wandel

Die Geschichte der Evolution ist eine Geschichte der Veränderung. Die Natur sorgt über die Vielfalt der Arten für eine ständige Optimierung der Leistungsfähigkeit des Lebens.

Es scheint fast so, als sei die Motivation der Evolution die beständige Suche nach einer Verbesserung. So ist der vorprogrammierte Tod von Lebewesen gewissermaßen die Versicherung des Lebens gegen Stagnation und Rückschritt.

Es ist so einfach wie genial. Wären die Lebewesen unsterblich, so wäre die Gefahr der Beendigung der kontinuierlichen Veränderung beträchtlich größer, denn jede Art verfolgt vor allem das Ziel der Arterhaltung. Der Motor der Veränderung einer Art ist aber gerade das kontinuierliche Sterben und Geborenwerden, weil die Anpassung eines Lebewesens an eine sich kontinuierlich verändernde Umwelt hohe Anforderungen an dessen Anpassungsfähigkeit stellt. Um das Überleben der Art zu sichern, müssen Lebewesen sterben, um Platz für neue, sich besser anpassende Lebewesen der gleichen Art zu schaffen.

Die Evolution muß sich derart konsequenter Methoden bedienen, um die permanente Entwicklung der Arten sicherzustellen. Sie sichert durch die damit verbundene Vielfalt den Fortbestand des Lebens schlechthin.

Die Natur muß so handeln, denn die Natur kennt kein Mißmanagement. Unternehmen dagegen können auf vielfältige Weise sterben; sie können theoretisch auch unsterblich werden. Sie müssen sich nur ständig anpassen.

Bruce Henderson stellt daher auch folgerichtig fest, daß der entscheidende Unterschied zwischen dem natürlichen und dem ökonomischen Wettbewerb darin besteht, daß die Teilnehmer am ökonomischen Wettbewerb die Spielregeln und die Veränderungsgeschwindigkeit beeinflussen können und daß deshalb auch die Veränderungsintervalle im allgemeinen deutlich kürzer sind als in der Natur.

Eine solche Beschleunigung der Veränderungsgeschwindigkeit erleben wir gegenwärtig im deutschen Finanzdienstleistungsmarkt. Die Vielfalt und die Komplexität der Einflußfaktoren auf Markt und Wettbewerb nimmt mit steigender Geschwindigkeit zu.

Viele Bankmanager begegnen diesem Phänomen mit aus Unsicherheit geborenem Verharren in traditionellen Denkmustern. Sie verweigern sich der notwendigen Veränderungsimpulse. Es wird daher schon aus diesem Grund zu einer spürbaren Reduzierung der Bankenanzahl kommen, weil viele Banken den sich ändernden Anforderungen des Marktes dauerhaft nicht nachkommen können.

In einem Markt, der durch eine wachsende Wettbewerbsintensität gekennzeichnet ist, muß das Management die kontinuierliche Anpassung an die Marktanforderungen sicherstellen. Und diese kontinuierliche Anpassung erfordert Veränderungsimpulse und das Schaffen einer Veränderungskultur. Beides gehört nicht eben zu den Stärken im deutschen Bankmanagement.

So wie die Arten auch entweder aussterben oder sich anpassen, wird das Bankmanagement abgelöst oder es paßt sich an. So wie jede Art den Trieb zur Selbsterhaltung und damit die Gefahr der Stagnation in sich trägt, haben Manager in den Banken zu oft das Bewahrende im Blick und übersehen dabei, daß nur die kontinuierliche Veränderung wirklich bewahren kann, nämlich vor Schaden. Etwas mehr Mut zum Wandel müßte es schon sein: „Ein Schiff im Hafen ist sicher. Aber für den Hafen ist ein Schiff nicht gebaut".

Die Veränderungen im Markt für Finanzdienstleistungen sind keineswegs so überraschend gekommen, wie viele es heute darstellen. Sowohl die technologischen als auch die Nachfrageentwicklungen waren und sind in weiterentwickelten Märkten wie den USA schon lange erkennbar gewesen.

Die andere Qualität des Wettbewerbs wird am deutlichsten in den Bestrebungen des Software-Giganten Microsoft, in das Geschäft mit Finanzdienstleistungen einzusteigen. Dabei interessiert Microsoft weniger das Bankgeschäft an sich. Bill Gates, der Gründer und heutige CEO von Mircosoft, sieht das Bereitstellen von Finanzdienstleistungen nur als einen Teil eines Gesamtleistungsangebotes, das elektronisch via Multimedia dem Kunden zu Hause angeboten wird. Neben den Finanzdienstleistungen werden alle Bedürfnisse des täglichen Lebens, von den Lebensmitteln über Kleidung, Autos, Reisen bis zu Konzertkarten über den Bildschirm angeboten. Microsoft will für diesen gigantischen virtuellen Markt die technische Infrastruktur bereitstellen und an der Nutzung des zugrundeliegenden Netzwerkes sowie der notwendigen Software verdienen.

Das Privatkundengeschäft, für die meisten Banken das zentrale Standbein, durch dessen stabile Erträge die ein oder andere Eskapade finanziert wurde, steht damit im Mittelpunkt gravierender Veränderungen. Strategisch bedeutet dies eine neue Definition des Marktes schlechthin. War das Bankgeschäft bislang ein in sich abgeschlossenes Geschäftsfeld, in dem sich mit anderen Banken oder auch Versicherungen auseinanderzusetzen war, so wird das Bankgeschäft künftig auch von Wettbewerbern abgedeckt, die dieses Geschäftsfeld nur als Abrundung ihrer Dienstleistungspalette betrachten. Diese Wettbewerber haben wenigstens drei Wettbewerbsvorteile:

Erstens verfügen sie in der Regel über wesentlich besser geschulte Vertriebsorganisationen, die z.B. aus dem Konsumgüter-Marketing kommen und trainiert sind, Vertriebskonzepte konsequent und zeitnah umzusetzen.

Zweitens ist für sie das Geschäft mit Finanzdienstleistungen nur ein Zusatzgeschäft, das einen Deckungsbeitrag erbringen muß, das aber nicht Kernertragsfaktor für das Unternehmen ist. Demzufolge können diese Dienstleistungen auch ganz anders bepreist werden.

Drittens verfügen diese Unternehmen weder über ein aufwendiges Filialnetz noch über aufwendige, historisch gewachsenen Arbeitsprozesse, so daß sie schon aus diesem Grund wesentlich günstiger anbieten können.

Mit der Einbindung in völlig andere Geschäftsfelder verliert das Bankgeschäft endgültig den Nimbus, ein gänzlich anderes Geschäft zu sein, für das vielleicht andere Wettbewerbsregeln gelten als für andere Branchen. Das Bankgeschäft mit privaten und gewerblichen Kunden wird dadurch in die allgemeinen Entwicklungen der Märkte eingebunden. Dies führt dazu, daß von dem Übergang der atomaren in die digitale (Informations-)Gesellschaft auch das Bankgeschäft elementar betroffen ist. Das sich verändernde Nachfrageverhalten muß von den Banken nachvollzogen, begleitet und auch gestaltet werden. Dieser Prozeß beginnt, wie beschrieben, mit der Definition der Information als Kernprodukt der Banken.

Mancher mag argumentieren, daß diese Veränderungen, die vor allem technologisch getrieben sind, so schnell nicht greifen werden und vor allem, daß Entwicklungen, die in der USA zu beobachten sind, nicht ohne weiteres auf den deutschen Markt übertragen werden können. Diese Argumentation ist die moderne Version der uns allen bekannten Floskel: Das haben wir schon immer so gemacht.

Zum einen sind die Gesellschaften und Märkte heute wesentlich enger verknüpft als noch vor zwanzig Jahre, so daß die Entwicklungen in einem Land wesentlich schneller auch andere Länder betreffen als früher. Sowohl die sprachlichen als auch die informationstechnologischen Barrieren sind verschwunden.

Zum anderen wird auch durch eine weniger dramatische Entwicklung der Akzeptanz der neuen Technologien der deutsche Markt, der deutlich „overbanked" ist, einen noch nie dagewesenen Verdrängungswettbewerb erleben, den viele Banken nicht überleben werden.

Von diesem Verdrängungswettbewerb ist kein Bankentypus ausgenommen. Trotzdem sind vor allem die Regionalspezialisten, so sie denn wirklich welche sind, und mit ihnen die regional orientierten Verbundstrukturen betroffen. Gerade für die Sparkassen- und die Volks- und Raiffeisenbanken-Verbände stellen diese Entwicklungen eine große ordnungspolitische Herausforderung dar. Das Regionalprinzip läßt sich vor dem Hintergrund virtueller Netze und überregionaler Angebote nicht ohne weiteres aufrechterhalten. Wer will einer Sparkasse in Norddeutschland verbieten, ihre Dienstleistungen in ein überregionales Netz einzuspeisen, so daß auch ein Kunde in Niederbayern diese Dienstleistungen in Anspruch nehmen kann. Nicht umsonst tun sich die Verbünde mit dem Thema Direct-Banking so schwer. Wollen die Verbünde nicht den freien und ungesteuerten Wettbewerb in ihrer Organisation, so müssen sie zeitgemäße Antworten auf diese Probleme finden.

Aber auch die Produkt- und Multispezialisten sind von diesen Entwicklungen betroffen. Internationale Verbindungen wie das Internet ermöglichen es schon heute, Informationen über Produkte und Dienstleistungen weltweit zu verschicken, so daß gesicherte Märkte oder Segmente nicht länger existieren.

Diese Entwicklungen sind real und schon lange nicht mehr visionär. Die beobachtbaren Reaktionen der deutschen Banken reichen von Panik bis Ignoranz. Es dominiert die über viele Jahrzehnte eingeübte Verhaltensweise, nämlich das zu tun, was die anderen auch tun. Operative Hektik verdeckt strategische Windstille.

Die Botschaften dieses Buches lauten:

- Analysiere und verstehe dein eigenes strategisches Umfeld.
- Finde deinen eigenen Weg und unterscheide dich vom Wettbewerb.
- Besinne dich auf deine Kernerfolgsfaktoren Personal und Systeme.
- Bilde die Gesamtkomplexität deines Geschäftes in einem prozeßorientierten Ansatz ab.

Die Plattform-Organisation ist das Gerüst für diese Arbeit, denn bei allem Respekt für die technologischen Entwicklungen und ihren ungeheuren Einfluß auf die Vertriebspolitik und -organisation der Banken muß immer bedacht werden, daß nur derjenige dauerhaft Wettbewerbsvorteile generiert, der sich von seinen Wettbewerbern unterscheidet. Wer nur das tut, was die anderen auch tun, realisiert lediglich die notwendige Bedingung für wettbewerblichen Erfolg. Die hinreichende Bedingung für den Erfolg ist nach wie vor die Qualität der gelieferten Information.

Dies bedeutet, daß die Banken sehr wohl die technologischen Entwicklungen und die veränderten Verhaltensmuster in ihrer Strategie berücksichtigen müssen, daß sie sich damit aber noch nicht von ihren Wettbewerbern unterscheiden. Gerade diese Unterscheidung entsteht durch die Inhalte, die Qualität der Information, die über die neuen Technologien transportiert werden. In einigen Jahren, wenn die meisten Kunden ihr Brot-und-Butter-Geschäft über den Bildschirm abwickeln, kann sich eine Bank mit dem Hinweis auf Home-Banking nicht mehr differenzieren, weil es alle anbieten. Nur die Bank, die es nicht anbietet, wird verschwunden sein.

Die zentrale Botschaft lautet daher, daß ungeachtet der neuen Technologien der Wandel in den Banken Platz greifen muß. Es muß ein Wandel sein, der auf einer durchgehenden und umfassenden Strategie basiert sowie vor allem die Komplexität der Einflußfaktoren, wie beschrieben, berücksichtigt. Mit isolierten Teil-Konzepten kommen wir nicht mehr weiter. Die bescheidenen Erfolge der vergangenen Veränderungsinitiativen sind hierfür ein deutlicher Beleg. Nicht der Wille an sich ist das Problem, sondern die Entschlossenheit, einen solchen Veränderungsprozeß auch durchzustehen.

Die Voraussetzung für den Mut zum Wandel kann durch die Erkenntnis entstehen, die in brillanter Form durch das folgende, oben schon einmal erwähnte Bild beschrieben ist, mit dem der renommierte Economist die heutige und künftige Wettbewerbsstruktur charakterisiert hat:

Every morning in Africa, a gazelle wakes up. It knows it must

run faster than the fastest lion or it will be killed.

Every morning a lion wakes up. It knows it must

outrun the slowest gazelle or it will starve to death.

It doesn't matter whether you are a lion or a gazelle.

When the sun comes up you'd better be running

Institute for International Research

Über I.I.R.

Das Institute for International Research ist eine unabhängige, weltweit operierende Konferenzorganisation mit Büros in allen Wirtschaftszentren der Welt, u.a. London, New York, Singapur, Hongkong, Sydney, Amsterdam, Brüssel, Paris, Mailand, Stockholm, Wien und Frankfurt. Mit unseren Veranstaltungen schaffen wir Foren sowohl für den dringend notwendigen Know-how-Transfer als auch für den Meinungsaustausch von Vertretern aus Industrie, Wissenschaft und Politik. Besonders in Zeiten einer wachsenden Informationsflut und der zunehmenden Internationalisierung der Märkte benötigen Wirtschaftsvertreter - unsere Kunden - hochqualifiziert aufbereitetes Fachwissen sowie praktische Entscheidungshilfen. Um diesem zunehmend differenzierter werdenden Informationsbedürfnis entsprechen zu können, entwickeln wir unsere Veranstaltungen zielgruppengerecht. Anerkannte Praktiker, Wissenschaftler, Berater und Vertreter des öffentlichen Lebens zählen zum Kreis unserer Referenten.

Den Höhepunkt unserer Veranstaltungen für Kreditinstitute stellt der alljährliche I.I.R.-Bankenkongress dar.

I.I.R.-Bankenkongress '96

Die Bank mit Zukunft

♦ Kundenorientiert ♦ Konzeptstark ♦ Kostenbewußt

Themenschwerpunkte

- ♦ Neue Anforderungen an die Geschäftspolitik der Banken
- ♦ Kundenkontakte im Wandel
- ♦ Neue Wege des Vertriebs
- ♦ Einfluß der Informationtechnologien auf Bank und Kunde
- ♦ Rentabilitätsorientierte Banksteuerung
- ♦ Strategien für das Privatkundengeschäft
- ♦ Neue Entwicklungen im Firmenkundengeschäft

8. bis 10. Oktober 1996, Kurhaus Wiesbaden

Nähere Informationen erhalten Sie von:
Institute for International Research GmbH & Co, Management-Konferenzen
Martin Knobling, Senior Marketing Manager
Taunus-Büro-Zentrum, Gebäude IV, Otto-Volger-Str. 17, 65843 Sulzbach,
Telefon: 06196/585-0, Fax: 06196/585-485

MIX
Papier aus verantwortungsvollen Quellen
Paper from responsible sources
FSC® C105338

If you have any concerns about our products,
you can contact us on
ProductSafety@springernature.com

In case Publisher is established outside the EU,
the EU authorized representative is:
**Springer Nature Customer Service Center GmbH
Europaplatz 3, 69115 Heidelberg, Germany**

Printed by Libri Plureos GmbH
in Hamburg, Germany